Teoria Geral do Estado e Ciência Política

Paulo Ferreira da Cunha

Teoria Geral do Estado e Ciência Política

1ª edição
2018
2ª tiragem
2019

saraiva jur

ISBN 978-85-53172-43-6

DADOS INTERNACIONAIS DE CATALOGAÇÃO NA PUBLICAÇÃO (CIP)
ANGÉLICA ILACQUA CRB-8/7057

Cunha, Paulo Ferreira da

Teoria geral do Estado e ciência política / Paulo Ferreira da Cunha. – São Paulo : Saraiva Educação, 2018.

1. O Estado 2. Estado - Teoria 3. Ciência política I. Título.

18-0511 CDU 320.101

Índice para catálogo sistemático:

1. Teoria geral do Estado : Ciência política 320.101

SOMOS EDUCAÇÃO | saraiva jur

Av. das Nações Unidas, 7.221, 1º andar, Setor B
Pinheiros – São Paulo – SP – CEP 05425-902

SAC 0800-0117875
De 2ª a 6ª, das 8h às 18h
www.editorasaraiva.com.br/contato

Diretoria executiva	Flávia Alves Bravin
Diretoria editorial	Renata Pascual Müller
Gerência editorial	Roberto Navarro
Consultoria acadêmica	Murilo Angeli Dias dos Santos
Edição	Eveline Gonçalves Denardi (coord.) Aline Darcy Flôr de Souza
Produção editorial	Ana Cristina Garcia (coord.) Luciana Cordeiro Shirakawa Rosana Peroni Fazolari
Arte e digital	Mônica Landi (coord.) Claudirene de Moura Santos Silva Fernanda Matajs Guilherme H. M. Salvador Tiago Dela Rosa Verônica Pivisan Reis
Planejamento e processos	Clarissa Boraschi Maria (coord.) Juliana Bojczuk Fermino Kelli Priscila Pinto Marília Cordeiro Fernando Penteado Mônica Gonçalves Dias Tatiana dos Santos Romão
Diagramação e revisão	Know-How Editorial
Capa	Idée arte e comunicação
Produção gráfica	Marli Rampim Sergio Luiz Pereira Lopes
Impressão e acabamento	Gráfica Paym

Data de fechamento da edição: 2-5-2018

Dúvidas? Acesse www.editorasaraiva.com.br/direito

CL 603062 CAE 627204

OUTROS LIVROS DO AUTOR

1987

(1) *O Procedimento Administrativo*, Coimbra, Almedina, 1987 (esgotado).

(2) *Quadros Institucionais – do social ao jurídico*, Porto, Rés, 1987 (esgotado); refundido e aumentado no volume.

(2a) *Sociedade e Direito. Quadros Institucionais*, Porto, Rés, 1990 (esgotado).

1988

(3) *Introdução à Teoria do Direito*, Porto, Rés, 1988 (esgotado).

(4) *Noções Gerais de Direito*, Porto, Rés, 1. ed., 1988, 2. ed. 1991, outras edições ulteriores (em colaboração). Edição bilíngue português-chinês, revista, adaptada e muito aumentada: *Noções Gerais de Direito Civil*, I, tradução de Vasco Fong Man Chong, Macau, Publicações O Direito, edição subsidiada pelo Instituto Português do Oriente e Associação dos Advogados de Macau, 1993.

(5) *Problemas Fundamentais de Direito*, Porto, Rés, 1988 (esgotado).

1990

(6) *Direito*, Porto, Edições Asa, 1990; 2. ed. 1991; 3. ed., 1994 (esgotado).

(7) *Mito e Constitucionalismo. Perspectiva conceitual e histórica*, Coimbra, 1988, Separata do "Suplemento ao Boletim da Faculdade de Direito de Coimbra", v. III, Coimbra, 1990 (esgotado).

(8) *Pensar o Direito* I. *Do realismo clássico à análise mítica*, Coimbra, Almedina, 1990 (esgotado).

(9) *Direito. Guia Universitário*, em colaboração, Porto, Rés, 1990 (esgotado).

1991

(8b) *Pensar o Direito* II. *Da Modernidade à Postmodernidade*, Coimbra, Almedina, 1991 (esgotado).

(10) *História da Faculdade de Direito de Coimbra*, Porto, Rés, 1991, 5 v. (com colaboração de Reinaldo de Carvalho), Prefácio de Orlando de Carvalho.

1992

Mythe et Constitutionnalisme au Portugal (1777-1826). *Originalité ou influence française?*, Paris, Université Paris II, 1992 (Tese policopiada e apenas editada ainda parcialmente).

1993

(11) *Princípios de Direito. Introdução à Filosofia e Metodologia Jurídicas*, Porto, Rés, 1993 (esgotado).

1995

(12) *Para uma História Constitucional do Direito Português*, Coimbra, Almedina, 1995 (esgotado).

(13) *Tópicos Jurídicos*, Porto, Edições Asa, 1. e 2. eds., 1995 (esgotado).

(14) *"Peço Justiça!"*, Porto, Edições Asa, 1995 (esgotado), há edição em Braille, Porto, Centro Prof. Albuquerque e Castro, n. 1176, 8 volumes.

(15) *Amor Iuris, Filosofia Contemporânea do Direito e da Política*, Lisboa, Cosmos, 1995 (esgotado).

1996

(16) *Constituição, Direito e Utopia. Do Jurídico-constitucional nas Utopias Políticas*, Coimbra, Faculdade de Direito de Coimbra, Studia Iuridica, Coimbra Editora, 1996.

(17) *Peccata Iuris. Do Direito nos Livros ao Direito em Acção*, Lisboa, Edições Universitárias Lusófonas, 1996.

(18) *Arqueologias Jurídicas. Ensaios Jurídico-humanísticos e Jurídico-políticos*, Porto, Lello, 1996.

1998

(19) *Lições Preliminares de Filosofia do Direito*, Coimbra, Almedina, 1998, esgotado, há 2. e 3. edições.

(20) *A Constituição do Crime. Da Substancial Constitucionalidade do Direito Penal*, Coimbra, Coimbra Editora, 1998.

(21) *Instituições de Direito. I. Filosofia e Metodologia do Direito*, Coimbra, Almedina, 1998 (organizador e coautor), Prefácio de Vítor Manuel Aguiar e Silva.

(22) *Res Publica. Ensaios Constitucionais*, Coimbra, Almedina, 1998.

1999

(23) *Lições de Filosofia Jurídica. Natureza & Arte do Direito*, Coimbra, Almedina, 1999.

(24) *Mysteria Ivris. Raízes Mitosóficas do Pensamento Jurídico-Político Português*, Porto, Legis, 1999.

2000

(25) *Le Droit et les Sens*, Paris, L'Archer, dif. PUF, 2000.

(26) *Teoria da Constituição*, v. II. *Direitos Humanos, Direitos Fundamentais*, Lisboa, Verbo, 2000.

(27) *Temas e Perfis da Filosofia do Direito Luso-Brasileira*, Lisboa, Imprensa Nacional-Casa da Moeda, 2000.

(20a) *Instituições de Direito*. v. II. *Enciclopédia Jurídica*, (organizador e coautor), Coimbra, Almedina, 2000.

(28) *Responsabilité et culpabilité. Abrégé juridique pour médecins*, Paris, PUF, 2000 (esgotado).

2001

(29) *O Ponto de Arquimedes. Natureza Humana, Direito Natural, Direitos Humanos*, Coimbra, Almedina, 2001 (esgotado).

(30) *Propedêutica Jurídica. Uma Perspectiva Jusnaturalista*, Campinas, São Paulo, Millennium, 2001 (em colaboração com Ricardo Dip).

2002

(31) *Lições Preliminares de Filosofia do Direito*, 2. ed. revista e atualizada, Coimbra, Almedina, 2002.

(25a) *Teoria da Constituição*, v. I. *Mitos, Memórias, Conceitos*, Lisboa, Verbo, 2002.

(32) *Faces da Justiça*, Coimbra, Almedina, 2002 (esgotado).

2003

(33) *Direitos Humanos. Teorias e Práticas*, Coimbra, Almedina, 2003 (org.), Prefácio de Jorge Miranda.

(34) *O Século de Antígona*, Coimbra, Almedina, 2003.

(35) *Teoria do Estado Contemporâneo* (org.), Lisboa/São Paulo, Verbo, 2003.

(36) *Política Mínima*, Coimbra, Almedina, 2003 (esgotada a 2. ed.).

(37) *Miragens do Direito. O Direito, as Instituições e o Politicamente Correto*, Campinas, SP, Millennium, 2003.

(38) *Droit et Récit*, Québec, Presses de l'Université Laval, 2003.

2004

(39) *Memória, Método e Direito*, Coimbra, Almedina, 2004 (esgotada a 2. ed.).

(40) *O Tímpano das Virtudes*, Coimbra, Almedina, 2004.

(41) *Filosofia do Direito – Primeira Síntese*, Coimbra, Almedina, 2004 (esgotado).

(42) *Direito Natural, Religiões e Culturas* (org.), Coimbra, Coimbra Editora, 2004.

2005

(43) *Anti-Leviatã*, Porto Alegre, Sérgio Fabris, 2005.

(44) *Repensar a Política. Ciência & Ideologia*, Coimbra, Almedina, 2005 (esgotado; há 2. ed., com Apresentação de J. J. Gomes Canotilho).

(45) *Lusofilias. Identidade Portuguesa e Relações Internacionais*, Porto, Caixotim, 2005 (Menção Honrosa da SHIP).

(46) *Escola a Arder*, Lisboa, O Espírito das Leis, 2005.

(35a) *Política Mínima*, 2. ed. corrigida e atualizada, Coimbra, Almedina, 2005 (esgotado).

(47) *Novo Direito Constitucional Europeu*, Coimbra, Almedina, 2005.

(48) *História do Direito. Do Direito Romano à Constituição Europeia*, Coimbra, Almedina, 2005 (em colaboração com Joana de Aguiar e Silva e António Lemos Soares), esgotado, há reimpressão.

(49) *Direito Natural, Justiça e Política* (org.), Coimbra, Coimbra Editora, v. I, 2005.

(50) *O Essencial sobre Filosofia Política Medieval*, Lisboa, Imprensa Nacional-Casa da Moeda, 2005.

2006

(51) *O Essencial sobre Filosofia Política Moderna*, Lisboa, INCM, 2006.

(52) *Per-Curso Constitucional. Pensar o Direito Constitucional e o seu Ensino*, Prefácio de Manoel Gonçalves Ferreira Filho, São Paulo, CEMOROCEDF-FEUSP, Escola Superior de Direito Constitucional, Editora Mandruvá, 2006 (esgotado).

(53) *O Essencial sobre Filosofia Política da Antiguidade Clássica*, Lisboa, Imprensa Nacional-Casa da Moeda, 2006.

(54) *Pensamento Jurídico Luso-Brasileiro*, Lisboa, Imprensa Nacional-Casa da Moeda, 2006.

(55) *Raízes da República. Introdução Histórica ao Direito Constitucional*, Coimbra, Almedina, 2006 (esgotado).

(56) *Direito Constitucional Geral*, Lisboa, Quid Juris, 2006 (esgotado; há nova edição).

(57) *Filosofia do Direito*, Coimbra, Almedina, 2006 (esgotado; há 2. ed.).

(56a) *Direito Constitucional Geral. Uma Perspectiva Luso-Brasileira*, São Paulo, Método, 2006, Prefácio de André Ramos Tavares (Prémio Jabuti para o melhor livro de Direito).

(58) *Constituição da República da Lísia*, Porto, Ordem dos Advogados, 2006.

2007

(59) *A Constituição Viva. Cidadania e Direitos Humanos*, Porto Alegre, Livraria do Advogado Editora, 2007, Prefácio de Ingo Sarlet.

(45a) *Repensar a Política. Ciência & Ideologia*, 2. ed., revista e atualizada, Coimbra, Almedina, 2007, Apresentação de J. J. Gomes Canotilho.

(60) *Direito Constitucional Aplicado*, Lisboa, Quid Juris, 2007.

(61) *O Essencial sobre Filosofia Política Liberal e Social*, Lisboa, INCM, 2007.

(62) *O Essencial sobre Filosofia Política Romântica*, Lisboa, INCM, 2007.

(63) *Manual de Retórica & Direito*, Lisboa, Quid Juris, 2007, colaboração com Maria Luísa Malato (esgotado; 2. ed. em preparação).

(64) *Constituição, Crise e Cidadania*, Porto Alegre, Livraria do Advogado Editora, 2007, Prefácio de Paulo Bonavides.

2008

(65) *Direito Constitucional e Fundamentos do Direito*, Rio de Janeiro/São Paulo/Recife, Renovar, 2008, com um texto de J. J. Gomes Canotilho.

(66) *Comunicação e Direito*, Porto Alegre, Livraria do Advogado Editora, 2008.

(67) *Tratado da (In)Justiça*, Lisboa, Quid Juris, 2008.

(68) *Direito Constitucional Anotado*, Lisboa, Quid Juris, 2008 (esgotado).

(69) *Fundamentos da República e dos Direitos Fundamentais*, Belo Horizonte, Forum, 2008, Apresentação de André Ramos Tavares.

(70) *O Essencial sobre Filosofia Política Contemporânea* (1887-1939), Lisboa, Imprensa Nacional-Casa da Moeda, 2008.

(71) *O Essencial sobre Filosofia Política do século XX* (depois de 1940), Lisboa, Imprensa Nacional-Casa da Moeda, 2008.

2009

(72) *Filosofia Jurídica Prática*, Lisboa, Quid Juris, 2009.

(73) *Direito Constitucional & Filosofia do Direito*, Porto, Cadernos Interdisciplinares Luso-Brasileiros (coord.), 2009 (esgotado).

(72a) *Filosofia Jurídica Prática*, Belo Horizonte, Fórum, 2009, Prefácio de Willis Santiago Guerra Filho, Apresentação de Regina Quaresma.

(74) *Da Declaração Universal dos Direitos do Homem*, Osasco, São Paulo, Edifieo, 2008 (2009).

(75) *Geografia Constitucional. Sistemas Juspolíticos e Globalização*, Lisboa, Quid Juris, 2009.

(76) *Direito & Literatura*, (coord.), Porto/São Paulo, Cadernos Interdisciplinares Luso-Brasileiros 2009 (esgotado).

(77) *Síntese de Filosofia do Direito*, Coimbra, Almedina, 2009.

(67a) *Breve Tratado da (In)Justiça*, São Paulo, Quartier Latin, 2009.

(31a) *Lições Preliminares de Filosofia do Direito*, 3. ed., Coimbra, Almedina, 2009.

(39a) *Iniciação à Metodologia Jurídica. Memória, Método e Direito*, Coimbra, Almedina, 2009 (esgotada a 2. ed.; 3. ed. em preparação);

(78) *Pensar o Estado*, Lisboa, Quid Juris, 2009.

2010

(79) *Presidencialismo e Parlamentarismo*, Belo Horizonte, Fórum, 2010, Prefácio de Marcelo Figueiredo, Apresentação de Maria Elizabeth Guimarães Teixeira Rocha.

(80) *Traité de Droit Constitutionnel. Constitution universelle et mondialisation des valeurs fondamentales*, Paris, Buenos Books International, 2010 (também com edição em e-book).

(81) *Justiça & Direito. Viagens à Tribo dos Juristas*, Lisboa, Quid Juris, 2010.

(82) *Para uma Ética Republicana. Virtude(s) e Valor(es) da Republica*, Lisboa, Coisas de Ler, 2010, Prefácio de Eduardo Bittar.

(83) *Filosofia Política. Da Antiguidade ao Século XXI*, Lisboa, Imprensa Nacional-Casa da Moeda, 2010.

2011

(84) *O Essencial sobre a I República e a Constituição de 1911*, Lisboa, Imprensa Nacional-Casa da Moeda, 2011.

2012

(85) *Droit naturel et méthodologie juridique*, Paris, Buenos Books International, 2012, Prefácio de Stamatios Tzitzis.

(86) *Avessos do Direito. Ensaios de Crítica da Razão Jurídica*, Curitiba, Juruá, 2012, Prefácio de Lênio Streck, Apresentação de Maria Francisca Carneiro.

(87) *Constituição & Política. Poder Constituinte, Constituição Material e Cultura Constitucional*, Lisboa, Quid Juris, 2012.

2013

(88) *Rethinking Natural Law*, Berlin/Heidelberg, Springer, 2013, Prefácio de Virginia Black;

(57a) *Filosofia do Direito. Fundamentos, Metodologia e Teoria Geral do Direito*, 2. ed. revista atualizada e desenvolvida, Coimbra, Almedina, 2013.

(89) *Filosofia do Direito e do Estado*, Prefácio de Tercio Sampaio Ferraz Junior, Apresentação de Fernando Dias Menezes de Almeida, Belo Horizonte, Fórum, 2013.

(90) *Repensar o Direito. Um Manual de Filosofia Jurídica*, Prefácio de Mário Bigotte Chorão, Posfácio de José Adelino Maltez, Lisboa, Imprensa Nacional-Casa da Moeda, 2013.

(56b) *Direito Constitucional Geral*, Nova Edição (2ª): Aumentada, Revista e Atualizada, Lisboa, Quid Juris, 2013.

(57b) *Filosofia do Direito. Fundamentos das Instituições Jurídicas*, Rio de Janeiro, G/Z, 2013.

(91) *Nova Teoria do Estado. Estado, República, Constituição*, São Paulo, Malheiros, 2013, Prefácio de Paulo Bonavides, Apresentação de Carmela Gruene.

2014

(92) *O Contrato Constitucional*, Lisboa, Quid Juris, 2014.

(93) *La Constitution naturelle*, Paris, Buenos Books International, 2014.

(94) *Direitos Fundamentais. Fundamentos e Direitos Sociais*, Lisboa, Quid Juris, 2014.

(95) *Desvendar o Direito. Iniciação ao Saber Jurídico*, Lisboa, Quid Juris, 2014.

(96) *Republic: Law & Culture*, Saarbruecken, Lambert Academic Publishing, 2014.

(35b) *Política Mínima*, nova edição (3ª), com Prefácio de Adriano Moreira, Lisboa, Quid Juris, 2014.

(39b) *Iniciação à Metodologia Jurídica*, 3. ed., Coimbra, Almedina, 2014.

(97) *Constitution et Mythe*, com prefácio de François Vallançon, Quebeque, Presses de l'Université Laval, 2014.

2015

(98) *Fundamentos del Derecho. Iniciación Filosófica*, Prólogo de Francisco Puy Muñoz. Estudio Introductorio de Milagros Otero Parga, Epílogo de Santiago Botero Gómez, Biblioteca Jurídica Americana, México, Editorial Porrúa y Red Internacional de Juristas para la Integración Americana, 2015.

(86a) *Avessos do Direito. Ensaios de Crítica da Razão Jurídica*, edição portuguesa, Lisboa, Juruá, 2015, Prefácio de Lênio Streck, Apresentação de Maria Francisca Carneiro, Posfácio de António Braz Teixeira.

(99) *Political Ethics and European Constitution*, Heidelberg, Springer, 2015, Prefácio de Paulo Archer de Carvalho.

2016

(100) *Palimpsesto*: a democracia. Rio de Janeiro, Lumen Juris, 2016 (org. em colab. com Sérgio Aquino).

2017

(101) *Direito Internacional. Raízes & Asas*, Belo Horizonte, Fórum, 2017, Prefácio de Marcílio Franca e Posfácio de Sérgio Aquino.

(102) *Pour une Cour Constitutionnelle Internationale*, em colaboração com Yadh Ben Achour, Oeiras, A Causa das Regras, 2017.

(103) *Direito Fraterno Humanista*. Novo Paradigma Jurídico, Rio de Janeiro, G/Z, 2017, Apresentação de

Sérgio Ricardo Fernandes de Aquino, Prefácio de Germano Schwarz, Posfácio de Reynaldo Soares da Fonseca.

(104) Tributo a César. *Arte, Literatura & Direito.* Florianópolis: Empório do Direito, 2017, Prefácio de António Arnaut, Posfácio de Paulo Bomfim.

Ficção e Poesia

(1) *Tratado das Coisas não Fungíveis*, Porto, Campo das Letras, 2000.

(2) *E Foram Muito Felizes*, Porto, Caixotim, 2002.

(3) *Escadas do Liceu*, São Paulo, Mandruvá, 2004, Apresentação de Gilda Naécia Maciel de Barros.

(4) *Livro de Horas Vagas*, São Paulo, Mandruvá, 2005, Prefácio de Jean Lauand.

(5) *Linhas Imaginárias*, Dover, Buenos Books America, 2013, com um Prólogo de José Calvo.

(6) *Caderno Permitido,* Lisboa, A Causa das Regras, 2014.

(7) *Relatório sem Contas,* Oeiras, A Causa das Regras, 2017, Prefácio de Luís Rodolfo de Sousa Dantas, Posfácio de Roberto Senise Lisboa.

(8) *Estado das Cidades*, Oeiras, A Causa das Regras, 2018.

Ao Pedro Ary.

"En effet, on appelle science politique (ou civile)
tout ce que la cité dit ou fait
de manière rationnelle."
Thierry de Chartres

"Eu não quero ter poder
Mas apenas liberdade
P'ra dizer aos do poder
O que entendo ser verdade."
Agostinho da Silva

PREFÁCIO

EM BUSCA DA POLÍTICA E DO ANIMAL POLÍTICO

Bem-vinda aos umbrais dos sodalícios brasileiros a transdisciplinar e lúcida obra sobre Filosofia e Teoria Política Contemporânea, do grande pensador lusitano cujas reflexões de muito desbordaram de sua terra-mãe, mais que professor e amigo de todos nós, uma referência do humanismo à ciência jurídica *hard*, Paulo Ferreira da Cunha, em cuidada versão que inclui todos os avanços e modificações havidos na terceira e mais recente edição portuguesa.

O cuidadoso texto, esteticamente concebido, com o esmero do artista, apaixona pela esquecida crença do espaço humano, tecnicizado pela morbidez do pensamento científico moderno, encarnado no positivismo que atravessou o Direito e a Política dos últimos séculos, agora acompanhados de um lombrosiano discurso economicista e determinista, repleto das costumeiras certezas que, mesmo quem as possuía, viu se esvanecerem. Repleta de um discurso humanizado, a obra encanta pela riqueza que encarna, em densidade de tematização e fundamentação, perceptivo de um mundo que atravessa diversas crises na política, diante do natural esgotamento dos modelos clássicos desgastados pelo curso social e pelo vilipêndio dos diversos interesses que intercruzam-se por suas esquinas históricas.

Uma obra que tem o poder de dialogar com a aldeia sem descurar do globo, atenta ao fenômeno que os franceses costumam apontar como mundialização; da qual os impactos de muito já se fazem sentir, porém estão longe de se esgotar ou reduzir. A receptividade dos elementos de complexidade e interdisciplinaridade, fundamentais ao pensador contemporâneo e normalmente avessos para fácil compreensão dos sentidos, está facilitada pela arte com que o autor desfila sua didática, privilegiando o leitor com um universo metaforicamente rico, para ilustrar seu robustecido discurso.

Aporta um texto no Brasil, vindo de Portugal, em um certo sentido como em 1808 chegara a família real. Uma obra que vem para ficar e adensar raízes na literatura jurídica brasileira. E que seja bem-vinda como é receptiva ao seu leitor, da prosa ao verso.

Em acolhedor tom, nunca professoral e sempre poético, faz perceber as aporeses das reduções tecnicistas de escopo formal, hoje preponderantemente econômicas, havidas no cenário dos modelos em crise, do Estado-Nação moderno, no curso da contemporaneidade. Traduz, pois, o cerne das discussões de núcleo para quem percebe a política para além dos mapas orçamentários diante dos quais uns oram e com que outros "iluminam a racionalidade de suas escolhas", no reencontro da eticidade sobre a qual devem assentar-se as relações e fundamentar as instituições.

Como humanista que é, Paulo Ferreira da Cunha, ao lançar suas luzes sobre o mundo do político, traduzindo-o pelo nó complexo de suas relações, acaba por iluminar àquele que o pensamento moderno sempre esqueceu, enquanto preocupava-se em lhe tutelar: o homem.

No úmido final do inverno porto-alegrense do ano de 2015.

Ricardo Aronne
Professor Titular da Faculdade de Direito da PUCRS

PRÓLOGO

Este é um manual de *Teoria Geral do Estado e de Ciência Política*. Um manual não assético e pretensamente objetivo, antes um livro com assinatura, com autor. Pretende-se um *textbook* interdisciplinar (na verdade, já será pós-disciplinar, para termos em atenção a mais recente teoria de G. Mayos) desde logo em diálogo com a Filosofia Política e o Direito Constitucional. Assumindo-se no cruzamento entre a Ciência Política e a Teoria do Estado, ou Teoria Geral do Estado, naturalmente. Mas as coisas na casa epistémica são ainda mais ricas, e por isso complexas (ou muito mais simples), como veremos na Lição a que quisemos chamar propositadamente 0 (zero)...

Esta obra tem como tela de fundo a terceira edição portuguesa de *Política Mínima*, e a parte de Teoria do Estado constante da segunda edição portuguesa de *Direito Constitucional Geral*. Esse fundo foi bastante corrigido, aditado e crê-se que substancialmente melhorado, na suspeita opinião do autor.

Tudo foi assim visto à luz de um novo olhar: repensado, e atentamente corrigido e atualizado. A passagem do texto para a norma determinada pelo novo Acordo Ortográfico da Língua Portuguesa, tendo dado muito trabalho, foi a menor das mudanças, porque não de fundo, mas de mera forma. Assim, não será incomum encontrar agora, além de acrescentos da mais variada ordem, também algumas mudanças de ênfase, e aqui e ali de perspetiva.

Confessamos ter-nos surpreendido como tão pouco tempo cronológico entre a edição daquelas obras e o lançamento desta puderam transformar algumas contextualizações em referências menos atuais, ao mesmo tempo que nos deleitamos (há que confessá-lo) com a perenidade das referências aos clássicos. Essas continuam válidas, totalmente, e parece que cada vez mais atuais. Tal é uma das grandes vantagens de uma formação e de um ensino clássicos, por definição: estão muito menos sujeitos à erosão do tempo.

Este facto mais nos firmou na conceção inicial do livro: continuamos a achar que a introdução à Ciência Política e à Teoria Geral do Estado deve ser algo de sintético e direto, como que dialogando com o leitor, falando de coisas do dia a dia e não de abstrações longínquas ou tecnicidades abstrusas para especialistas de minúcias, e tudo a nosso ver tem de ser explicitado com um verbo simples.

Mas, sobretudo, quanto ao fundo, colocando principalmente os grandes problemas, e com apoio nos grandes autores de sempre. Alguns estranharão não ver aqui bibliografias da moda, e muito menos da sua capelinha privativa, certamente. É um facto, optamos por obras já mais testadas, as mais das vezes. As modas e os particularismos, por definição seriam rapidamente perecíveis, fugazes. E não quereríamos tudo de novo rever numa próxima edição. Além do mais, continuamos a tentar que as bibliografias também fossem mínimas.

Importará ainda deixar claro desde já que a aposta deste manual não é a de tornar (artificial e ideologicamente) inócuas coisas polémicas, planificando dificuldades e operando *pro domo*, silenciando fontes e conflitos entre perspetivas, como se debitássemos ciência certa.

Pelo contrário. Este livro é uma obra com autor, logo, com posição. Obviamente não tecendo o fio da teia a partir do nada ou da mera subjetividade, sem mais, mas, sobretudo, nutrido da lição de autores clássicos, amadurecidos e ponderados.

Nunca achamos que fosse pedagógico-didaticamente recomendável, nem sequer deontologicamente defensável, a linguagem redonda e tecnocrática dos que transformam qualquer disciplina agónica e polémica por natureza (na Política como no Direito) numa sensaboria pronta a decorar, e sem nenhum contacto com o espírito, a alma, e os nervos, numa palavra, as idiossincrasias e as opções, a própria Humanidade da Pessoa. Mas obviamente também não podemos aceitar, em ciência (ainda que *scientia* ou *episteme*) um discurso meramente ideológico fazendo as vezes de teoria. Procuramos, pois, a objetividade posicionada de que temos já falado noutras ocasiões.

Este livro nasceu diretamente da nossa docência na Faculdade de Direito do Porto, sendo por isso justo que recordemos os nossos Estudantes quer da cadeira de Ciência Política, quer da cadeira de Direito Constitucional I, quer do Curso Livre de Filosofia Política, aliás comum a Mestrado da Faculdade de Letras. Foram eles que tivemos diante de nós para a redação de versões anteriores de algumas passagens, como dissemos. E foram eles que, de novo, imaginamos diante de nós, ao fazer a presente obra. Mas agora pensando já também nos nossos estudantes brasileiros a quem lecionamos regularmente.

Assinalamos finalmente nossa dívida de gratidão para com o Senhor Prof. Doutor Ricardo Aronne, que nos brindou com o Prefácio a esta edição, muito penhorante e generoso. Infelizmente, o nosso Amigo Ricardo não veria a edição desta obra, pois faleceu prematuramente, quando tanto tinha ainda para dar como Jurista e como Artista e como Pessoa, a 30 de agosto de 2017. Até sempre!

SUMÁRIO

PARTE V

ESTADO: DOS FUNDAMENTOS AO FUTURO

PARTE VI

ESTADO E POLÍTICA, ESTABILIDADE E CONFLITO

INTRODUÇÃO

LIÇÃO 0

Política, Estado e Ciência(s)

LIÇÃO 0

POLÍTICA, ESTADO E CIÊNCIA(S)

"A fusão dos géneros é uma tendência da história do espírito europeu, cuja intenção irónica plenamente partilho".
(Wolf Lepenis. *Ascensão e Declínio dos Intelectuais na Europa*, p. 85.)

Como começar um primeiro livro sobre Política e Estado, de vocação geral, mas com preocupação e génese primacialmente universitárias? Como habitualmente, procurando explicitar a nossa perspetiva sobre aquilo de que vamos falar. É uma *démarche* de índole metodológica, por um lado, e, por outro, uma questão científica ou disciplinar, a que se costuma chamar, na linguagem técnica da filosofia, *epistemológica*.

A epistemologia é, como se sabe, uma filosofia e uma metodologia geral das ciências. As ciências *lato sensu* veem-se ao espelho nela. E é sempre bom fazer essa reflexão preliminar: de que estamos nós a falar? Do que se trata neste livro é, assim, de Ciências Políticas ou da Política, de Teoria Geral do Estado, ou de Estado. Em suma, do problema do Poder, mais ou menos organizado.

Todos temos uma ideia empírica do que seja o Poder, a Política e o Estado.

Todavia, o tipo de abordagem visado não se compadece com explícitas ou implícitas noções do senso comum[1]. E todavia... nem todas as abordagens valerão o mesmo. Detenhamo-nos por um momento sobre essa problemática, prévia ao próprio começar...

Sobre as grandes questões merecedoras de tratamento universitário[2] pode haver e tem havido vários tipos de abordagem preparatória, inicial,

---

1 Para uma análise crítica do senso comum, cf. o nosso livro *Desvendar o Direito. Iniciação ao Saber Jurídico*. Lisboa: Quid Juris, 2014.

2 E na Universidade digna desse nome apenas têm lugar matérias com especial elevação, como o estudo de grandes temas, dotados de universalidade, abertura para o todo. Ou melhor: assim deveria ser... Cf., especificamente, Josef PIEPER. *Offenheit fuer das Ganze – die chance der Universitaet*, trad. port. de Luiz Jean Lauand e Gilda N. Maciel de Barros. *Abertura para o Todo: A Chance da Universidade*. São

introdutória. De forma elementar, poderíamos dizer que o processo mais corrente é o das definições. Na verdade, trata-se de definições de vários tipos: axiomas definitórios, descrições definitórias, etimologias definitórias e até... tautologias definitórias. Começaremos por estes vários modelos, para seguidamente apreciarmos outras propostas, sobretudo históricas e epistemológicas. No final, tentaremos um balanço e uma posição crítica.

Nesta Introdução curaremos, pois, de questões epistemológicas e metodológicas. Nas epistemológicas privilegiaremos a epistemologia externa ou geral (segundo uma perspetiva que colhemos em Miguel Reale), que confronta a *episteme* (ou ramo do saber) em causa com outras disciplinas, outras realidades, outros desafios.

0.1. A DEFINIÇÃO *TOUT COURT* E A DESCRIÇÃO DEFINITÓRIA. CIÊNCIA POLÍTICA E TEORIA DO ESTADO

Durante muito tempo, foi hábito começar os estudos das diferentes disciplinas pela sua definição. Tal ainda se faz muito correntemente, embora o número de manuais, tratados e afins que por aí comecem vá declinando. Sendo aparentemente lógico e útil, todavia em alguns casos, sobretudo no campo artístico, filosófico, e humanístico em geral, incluindo o jurídico e o político, o procedimento definitório, sobretudo se inicial, revelou-se muito formalista, e até manietador. Nalguns casos reprimiria mesmo a evolução e expansão ou profundidade dos estudos, por confinar *a priori* o objeto ou outro elemento determinador do *quid* em análise.

Embora as disciplinas vivas pouco se incomodem com as teorias enclausurantes e tenham em si uma vocação totalitária, de expansão por largos "espaços vitais". Em outros casos, uma observação mais rigorosa e crítica descobriria que a definição apresentada e o desenvolvimento dos estudos se encontravam muitas vezes divorciados, como que justapostos, não correspondendo este aos limites traçados por aquela.

Do mesmo modo que a definição, também a chamada "descrição" acaba por fazer correr perigos semelhantes, já que a descrição pouco mais será que uma definição loquaz, mais longa, mais pormenorizada, quando

---

Paulo: APEL, 1989. A Universidade é, por excelência, o lugar da universalidade dos saberes, dos especialistas do geral (passe a aparente contradição). Querer transformá-la em escolas profissionais especializadas para menos maus empregos (e agora para o desemprego...) é que tem destruído a sua qualidade e o seu espírito.

não mesmo apenas redundante. Por outro lado – e este aspeto não é de pouca monta – a definição é, desde logo, um elemento de uma determinada metodologia. Uma metodologia não universal nem objetiva, como se pretendia, mas datada, contingente, e em grande medida falseadora: a metodologia positivista.

Acresce à debilidade da definição o facto de (como no meio universitário tradicional cada cabeça normalmente produzia sua sentença) a pulverização de definições de cada disciplina ter crescido em progressão geométrica. Na verdade, poucos docentes se conformavam com uma definição das usuais, chegando-se ao extremo de composição artificial de novas definições a partir das existentes, numa pretensa originalidade que apenas constituía *ars combinatoria*[3].

E no *mare magnum* das definições desencontradas, acabou em alguns casos (nomeadamente para a Economia e a Sociologia) por recorrer-se a uma tautologia: assim, a ciência *x* seria *o que os cientistas que cultivam tal ciência fazem. A Economia é o que os Economistas fazem, a Sociologia é o que os Sociólogos fazem.*

Esta fórmula de modo nenhum convém à Política (nem sequer às disciplinas da Política), que não é de modo nenhum apenas o que os políticos fazem. O que se tornará mais complicado ainda se enveredarmos por essa outra dissolução conceitual dos que afirmam que todos somos políticos, ou todos os nossos atos são políticos, ou, numa frase feita, "tudo é política"... Uma generalização tão exagerada e imprestável quanto aquela ingénua (ou manhosa) afirmação de uma certa voz corrente que afirma: "Eu não me meto em política, a minha política é o trabalho".

Coisa semelhante ocorre com o Poder. Há uma identificação de senso comum entre este e política.

E também não é diferente o que sucede com o Estado. Uma das expressões mais vazias de conteúdo e de cunho ou ideológico ou de alienação é aquela que diz: "O Estado somos todos nós". Portanto, não nos queixemos do Estado: a culpa é nossa. Resignemo-nos. Sim, num certo sentido o Estado, enquanto País, sujeito de Direito Internacional Público, somos todos nós. E daí? O Estado são também "os outros", os do Poder, os da Política.

---

[3] Cf., *v.g.*, a crítica de um procedimento semelhante in Jacques LECLERCQ. *Do Direito Natural à Sociologia*, trad. port., São Paulo: Livraria Duas Cidades, s/d.

E nisso vai toda a diferença. O Estado pode ser entidade dita "soberana", pode ser "aparelho", "burocracia", mas é também encarnação e rosto do poder que manda. Todos os sentidos são importantes, não podemos limitar--nos a um único.

Se folhearmos comparativamente livros de Ciência Política (ou Politologia) e Teoria (Geral) do Estado, à parte por vezes de um sentido mais sociológico-político nos primeiros e mais formal-juridista nos segundos, facilmente compreenderemos uma grande confluência. Há também casos em que na Ciência Política se pode ver muito de Filosofia Política e até de Filosofia do Direito...

Se quisermos desvendar um pouco do que está por detrás da cortina do enorme manipanço do Mágico de Oz (do verdadeiro, que é humano, muito humano), diríamos que falar em Ciência Política e em Teoria Geral do Estado é, em grande medida, falar de um objeto muito semelhante, por vezes até o mesmo, e também o mesmo de alguns setores do Direito Constitucional, da Filosofia Política, da Filosofia do Estado, etc. Com muito acerto, objetividade e franqueza falou Hermann Heller a este propósito, e cremos que não há melhor forma de dizer o que desejamos senão citá-lo, para mais sendo uma autoridade na matéria.

Explica o grande juspublicista alemão que o acrescento da designação "geral" foi uma forma de justificar que a Teoria do Estado se tinha vindo a limitar ou reduzir "a pouco mais que a história e a construção de alguns conceitos fundamentais de Direito Político"[4], expressão que, como é sabido, é quase sinónima, embora algo mais arcaica, de Direito Constitucional.

Mas o seu contributo mais interessante para este apartar (ou nem tanto) de águas epistémicas ocorre quando precisamente compara os estudos do Estado com os da Política. Se essa outra Teoria Geral do Estado acaba por se aproximar do Direito Constitucional ou Político, "Em compensação – acrescenta a presente Teoria do Estado (...) acha-se mais perto da 'Política' no sentido de Dahlmann, Waitz e Droysen ou da Enciclopédia das Ciências do Estado, de Mohl, esse último intento acadêmico de compreender o Estado segundo amplas conexões"[5]. E parece explicar afinal que

---

4 HELLER, Hermann. *Staatslehre*. Leiden: A. W. Sijthoff's Uitgeversmaatschappij, trad. port. de Prof. Lycurgo Gomes da Motta, *Teoria do Estado*. São Paulo: Mestre Jou, 1968, p. 22.

5 *Idem, ibidem.*

a Teoria do Estado é a forma germânica do que nos países latinos e anglo-saxónicos assume a forma de Ciência Política: "Semelhante conceito da Política, que os povos latinos e a Inglaterra também conhecem sob as denominações de *science politique*, *scienza politica*, *ciência política* e *political science*, não evoluiu, infelizmente, entre nós na Alemanha. É característico que o economismo apolítico do século XIX tenha chegado a esvaziar a denominação de "Ciência do Estado" do seu verdadeiro sentido, limitando-a quase exclusivamente ao círculo das ciências económicas"[6].

Não se pode também esquecer que, nos Prefácios às 2ª e 3ª edição da sua *Teoria do Estado*[7], o grande constitucionalista Paulo Bonavides explica que aí incluiu matérias que recuam à sua lecionação de Filosofia do Direito e do Estado, na Universidade Federal do Ceará. São tudo matérias muito conexas, e interessa mais é saber o mais possível, e bem, e não traçar exclusoras fronteiras de papelão, ou simplesmente de papel.

0.2. A DEFINIÇÃO PELA ETIMOLOGIA

Mas voltemos às tentativas científicas. Uma outra forma de começar foi a etimológica. Buscando a origem das palavras, normalmente das palavras componentes da designação da disciplina, procurava-se encontrar uma noção da mesma. Fascinante procedimento, esse. E instrutivo, além de simbólico, muitas vezes. Mas, para além do caráter hipotético (ou até fantasioso) de certas etimologias[8], não só nem sempre as escolhas fundadoras ou prevalecentes foram felizes, não espelhando sempre cabalmente o que se trata, como ainda a evolução semântica e a derrapagem semântica dos vocábulos em questão é suscetível de causar refrangências interpretativas.

0.3. A INTRODUÇÃO HISTÓRICA

Outro modo de introduzir uma área do saber é o histórico.

Nietzsche, numa intuição brilhante, afirmou que "o que tem história não tem definição".

---

6 *Idem, ibidem.*

7 BONAVIDES, Paulo. *Teoria do Estado.* 3. ed., 3. tir. São Paulo: Malheiros, 2001.

8 A efabulação etimológica é registrada mesmo em Isidoro de Sevilha (na verdade, um autor genial e importantíssimo), e retratada nos nossos dias com graça por um Javier MARÍAS. *Todas las Almas*, trad. port. de Salvato Telles de Menezes, com Prefácio de António Lobo Antunes. *Todas as almas.* Lisboa: Dom Quixote, 2002.

Embora, como António Sérgio bem observou, haja entre nós (ou tenha havido) uma tendência excessiva para a introdução "histórico-genético-filosófico-preparatória"[9] de que este mesmo texto de algum modo poderia considerar-se exemplo), se forem guardadas as devidas proporções, a compreensão de um objeto no presente – e *a fortiori* se se trata de coisas humanas, sociais, humanísticas, normativas, políticas – depende da sua compreensão no devir histórico, porque depende da sua contextualização e evolução.

As coisas não são só *como são* agora. Na verdade, as coisas são agora na sua circunstância e desaguam no hoje com o caudal de suas águas passadas. O presente é em parte o seu passado.

0.4. A FILOSOFIA E A EPISTEMOLOGIA

Não chega, porém, a compreensão histórica para introduzir uma matéria. Ela necessita de uma compreensão filosófica.

Ora nessa compreensão filosófica vários tipos de preocupação podem condensar-se. Nas últimas décadas, e acelerando-se em paralelo com a ascensão universitária dos cultores de certas visões da pós-modernidade[10],

---

9 António SÉRGIO. *Cartas de Problemática*. Carta n. 4, Lx., 1952. Vale a pena citar o trecho, muito saboroso e instrutivo: "Liga-se a este culto da sabichice estreme o portuguesíssimo apego às introduções gerais. Sempre que um típico intelectual lusitano tem por mira instruir-nos sobre determinado assunto – embrenha-nos na selva de uma introdução genérica, histórico-genético-filosófico-preparatória, cheia de cipoais onde se nos enreda o espírito e de onde nunca se avista a estrada reta e livre. Depois, quando já nos achamos cerca da orla da floresta, principiando-se a enxergar o bom caminho e o objetivo – pronto!, acaba-se o fôlego ao nosso autor e a nós próprios, exatamente no instante em que se ia abordar o tema".

10 Essas perspetivas pós-modernas melhor se designariam por "tardo-modernas". Mas de nada vale lutar contra rótulos instalados. Todavia, o que sucede é que alguns dos que, de início, saudaram a post-modernidade como uma verdadeira rutura com a modernidade decerto já não se identificam com o que viria, em certos casos, a significar. Cf., como eco dos primeiros tempos, o nosso *Pensar o Direito,* II. *Da Modernidade à Postmodernidade*. Coimbra: Almedina, 1991, máx. p. 15-57. V., ainda, Fernando DOS SANTOS NEVES. *Introdução ao Pensamento Contemporâneo. Razões e Finalidades*. Lisboa: Edições Universitárias Lusófonas, 1997. Sobre a camuflagem de posições de modernidade sob a capa pós-moderna (no caso, o positivismo jurídico, mas há muitas mais e mais vastas), Jaime Francisco COAGUILA VALDIVIA. La postmodernidad light. Crítica sobre las nociones de Postmodernidad en el discurso jurídico contemporáneo. *Revista Telemática de Filosofía del Derecho*. <http:// www.filosofiayderecho.com/rtfd/numero5/postmodernidad.htm> (16 – VIII– 2002).

embora nem sempre em diálogo explícito com tais correntes e paradigmas, temos assistido a um proliferar das preocupações epistemológicas como matéria introdutória às diferentes disciplinas.

Se a própria *démarche* definitória já constitui, embora de forma depurada, reduzida à sua expressão mais simples, uma preocupação epistemológica, estamos agora perante estudos tão agudos, tão subtis, tão pormenorizados, que, desta vez sim, nos arriscamos a não passar da introdução, por perda de fôlego, como ironizava Sérgio para um tipo completamente diferente de introduções.

Sem negarmos a importância de que se aprofundem estas questões, e a utilidade dos seus resultados finais, estamos, todavia, convencidos de que não pode ser essa a estrada que leve ao conhecimento primeiro (e, sobretudo, introdutório) de qualquer área de estudos, ao menos sociais e humanísticos.

0.5. PRIMEIROS CAMINHOS PARA O ESTUDO DA POLÍTICA E DO ESTADO

Mas concentremo-nos especificamente agora na nossa matéria, a Política e o Estado. O caminho deve ir-se fazendo caminhando, e assim a componente histórica e filosófica da introdução, mais do que história de uma ciência (no sentido geral de *episteme*) e filosofia, na sua especialidade epistémica sobre a mesma, deverá ser história da própria matéria em estudo e reflexão filosófica (e não especificamente epistemológica) sobre os grandes temas da mesma.

Compreender-se-á a Política sobretudo pela História das Ideias Políticas e pela Filosofia Política em si mesmas, entrando sem muita delonga nelas, sem consumir previamente o espírito na respeitável (mas muito menos urgente) polémica sobre o caráter científico (e, se afirmativamente, de que tipo, e com que afinidades, etc.) da disciplina, sobre o ser singular ou plural (ciência política ou ciências políticas). Ou outras questões do estilo.

Autores muito respeitáveis colocam sérias reticências a esta vaga de epistemologismo e metodologismo[11], que por vezes parecem quererem afastar-nos dos problemas de fundo.

---

[11] Como preâmbulo à consideração do metodologismo, haverá que considerar obras como a de Paul DE MAN. *The Resistance to Theory*, trad. port. de Teresa Louro Pérez, *A Resistência à Teoria*. Lisboa: Edições 70, 1989, ou (mais próxima do nosso tema) de Nelson SALDANHA. *Da Teologia à Metodologia. Secularização e Crise no*

Do mesmo modo que se poderá falar de *peri-filosofia*, para designar esses estudos que *ficam pelo caminho* da finalidade última e substancial, da mais vasta e essencial "investigação fundamental" em Filosofia[12], também poderíamos falar em *peripolitologia* para referir, entre outros, os estudos epistemológicos prévios ao estudo da Política. Não se tratará, neste caso, de "saberes de substituição"[13], mas de saberes "de preparação". A menos que tal exercício prévio e indagação preliminar, de tão preocupada com os longes da lógica e da gnoseologia mais profundas, ou com as sempre mesquinhas guerras de delimitação de território (imperialista ou purificadora, conforme por excesso ou por defeito), nos faça esquecer o que mais importa. Nesse caso, ainda que involuntariamente, estaríamos perante *estudos de substituição.*

A verdade é que o estudo especificamente destinado a politólogos pode justificar essa preocupação. Tal não é o nosso caso, porém. O público que visamos, sem querer excluir, obviamente, os oficiais do ofício (que, todavia, aqui não aprenderão certamente muito, antes poderão observar múltiplas imperfeições), é muito mais vasto, e na verdade pouco preocupado com os problemas do círculo interior das congregações destas matérias. O que visamos antes de mais é, pois, o conhecimento da Política, não o estudo de um ou vários tipos de reflexão sobre ela.

Muito do que dizemos para a Política aproveita ao Estado. O seu estudo não faz sentido desgarrado dos grandes pressupostos do estudo da Política. As ciências sociais e humanas podem muito auxiliar o estudo do Estado. E também as jurídicas. Há mesmo que integre a Teoria Geral do Estado no próprio Direito Constitucional. Nestas áreas, umas disciplinas são auxiliares das outras, delas afins e complementares. Tanto o estudo do Estado ajuda o Direito Constitucional como este aquele, por exemplo. E

Pensamento Jurídico. Belo Horizonte: Del Rey, 1993. Cf. ainda os nossos *Metodologia Jurídica*. 3. ed. Coimbra: Almedina, 2014; *Crítica da Razão Jurídica*. Lisboa: Juruá, 2014; *Desvendar o Direito*. Lisboa: Quid Juris, 2014. Macrofilosofia é coisa diversa. Cf. A obra de Gonçal MAYOS. Por todos, v. <http://www.ub.edu/histofilosofia/gmayos/PDF/MacrofilosoXXI.pdf>.

12 Cf. Gilles LANE. *À quoi bon la Philosophie*. 3. ed. Québec: Bellarmin, 1997.

13 Jean-Marc TRIGEAUD. *La Théorie du Droit Face Aux Savoirs de Substitution*. In: "Persona y Derecho", v. 32, 1995, p. 23 s. Numa outra clave, mas também muito esclarecedor, Bernard EDELMAN. *Le Droit, les "Vraies" Sciences et les "Fausses" Sciences*. In: "Archives de Philosophie du Droit", XXXVI, Paris, Sirey, 1991, p. 55 s.

sempre é importante o conhecimento histórico, filosófico e sociológico do fenómeno estadual.

0.6. EPISTEMOLOGIA

Apesar de todo o exposto, não conseguimos deixar de ceder à tentação de exprimir algo da nossa conceção sobre o estatuto epistemológico dos estudos sobre a política e o Estado.

Os estudos sobre a política só ganham, a nosso ver, em ser trans-multi-inter-disciplinares. Quiçá mesmo pós-disciplinares, como dissemos. Se a construção de uma ciência autónoma da política, chame-se Politologia, Ciência Política, ou outra coisa, é um empreendimento inegável e de grande pujança na pesquisa e com presença real nas Universidades de todo o mundo e entre nós[14], a sua compreensão limitadora (designadamente quando, implícita ou quase explicitamente, se reconduz a uma simples sociologia política, ou estatística ou matemática da política) não é obviamente de molde a fazer compreender toda a vastidão do fenómeno político. Entre nós, sob a designação de Ciência Política têm tido perfeito e pacífico acolhimento, além destas matérias, e até prevalecendo sobre elas, quer a História das Ideias Políticas, quer a Teoria Geral do Estado, quer matérias da própria Filosofia Política e até da Filosofia do Direito (e/ou do Estado).

Se algumas inclusões podem ser discutíveis no plano do rigor epistemológico, já não parecem sê-lo no plano formativo, pois bem se compreende, por exemplo, que um estudante de Ciência Política ou Relações Internacionais (e de muitas outras Ciências Sociais e Humanas *lato sensu*) tem muito a ganhar com o conhecimento da Filosofia Política e Jurídica, o que, em certos casos, não pode ser senão feito em disciplinas de Teoria

---

[14] Sínteses da evolução institucional da Ciência Política podem colher-se, *v.g.*, Miguel CAMINAL BADIA (ed.). *Manual de Ciencia Política*. 2. ed., reimp. Madrid: Tecnos, 2001, máx. p. 23-29. Para a evolução portuguesa destes estudos, conforme José Adelino MALTEZ. *A Procura da Ciência Política*. Lisboa: Relatório de Agregação no ISCSP, 1997 – <http://maltez.home.sapo.pt/>. Em geral, v. ainda, em língua portuguesa, por todos, Francisco LUCAS PIRES. *Introdução à Ciência Política*. Porto: Universidade Católica, 1998, p. 9 s., máx. p. 19-37; José Adelino MALTEZ. *Princípios de Ciência Política*. Lisboa: ISCSP, 1996, máx. p. 23 s.; Marcelo REBELO DE SOUSA. *Ciência Política. Conteúdos e Métodos*. Coimbra: Coimbra Editora, 1989; Paulo BONAVIDES. *Ciência Política*. 4. ed. Rio de Janeiro: Forense, 1978, p. 1 s., máx. p. 18-27. E o nosso *Repensar a Política*.

Política ou mesmo Ciência Política. Em sentido inverso se diga do que poderia ocorrer com um estudante de Direito, que, na maioria dos casos, na maioria dos *curricula* vigentes, ficaria sem grandes hipóteses de conhecer matérias essenciais de quase todo o fenómeno político (aliás, vital para o Direito Público, designadamente o Constitucional e o Internacional Público, mas não só: e sabemos da centralidade e essencialidade destes estudos e desta realidade, cada vez mais) se o estudo da Ciência Política se circunscrevesse à sua dimensão matemática ou sociológica, ou se, por seu turno, a Filosofia Política ou do Direito (e do Estado) se limitassem ao seu muito específico âmbito.

E o curioso é que chegamos assim ao cerne do problema. Não consideramos haver, em geral, uma qualquer questão de substância, de essência, nas disciplinas.

Duvidamos seriamente que no céu dos arquétipos inteligíveis existam estátuas frias e estáticas de mármore, com dísticos gravados a oiro, dizendo: Ciência Política, Filosofia Política, Matemática para Ciências Sociais, Teoria Geral do Estado, Filosofia do Direito e do Estado, etc., etc. Ao invés se nos afigura que estas divisões são coisas humanas (por vezes *demasiado humanas*), e que servem essencialmente objetivos de ordenação de investigação e também de ensino. Quando não são simplesmente pretextos de poder "universitário"...

Não curando especificamente da alta e especializada pesquisa, atenta a situação do ensino (que inúmeras vezes temos tido ensejo de comentar), afigura-se-nos ainda mais imprescindível este estudo não compartimentado, nem preocupado com a invasão de searas alheias. A falta clamorosa de cultura geral deve-se a uma demissão criminosa do dever de ensinar e avaliar, mas também se deve a uma negligência culposa que se traduz pela reiterada devolução de matérias e responsabilidades aos outros. Tudo, nesse endosso constante, deveria ser ensinado pelo colega do lado... Cada educador, cada docente, desde os primeiros bancos da escola, tem tido a arte de atirar as culpas e a função de ensinar e/ou educar para os demais: para cima ou para baixo. A *bola* (ou a *batata quente*) do ensinar não pode ser atirada de ânimo leve para o vizinho... E, noutra versão, tudo o que consideramos importante é do nosso foro epistémico, e não dos colegas do lado. Que feudalismo mental!

No estudo da Política, o constitucionalista não poderá endossar para o politólogo, o politólogo para o filósofo político, o filósofo político para o filósofo do direito, este de novo para o constitucionalista. Nesta ou noutra ordem qualquer... Assim como não pode nenhum oficial destes ofícios privar os demais de se adentrarem por matérias que quer privativas da "sua área".

Há, evidentemente, matérias mais de uns que de outros. Mas a compreensão global do fenómeno exige o concurso de saberes de todas estas áreas (e outras: como a História política, das instituições, das mentalidades, a História constitucional, etc., etc.).

Encurtando razões, sem querer usurpar matérias nem impor matérias a outros, afigura-se-nos que o mais importante é mesmo compreender os grandes temas e problemas da política de sempre, debatendo-os sem perder de vista a sua expressão jurídica, mas, sobretudo, de forma histórica e filosófica. Mas, mais do que tudo, trata-se é de não ignorar as próprias limitações de qualquer disciplina, e de não esquecer o caráter esquivo, indomável até, da política, que é avessa a encarcerar-se em malhas racionais e formalistas, sobretudo as científicas[15].

Aliás, já se havia em geral considerado que não só a modernidade tinha, desde pelo menos o pré-romantismo, esbatido consideravelmente as barreiras entre ciências e ciências e artes, como o advento dos tempos atuais, a que alguns chamam pós-modernos, terá imposto a total confusão dos géneros[16]. Na verdade, porém, a tendência começa a desenhar-se desde o Renascimento – desde logo com a própria elevação da arte a uma espécie de ciência: atente-se na Pintura como *cosa mentale* em Leonardo Da Vinci, no rigor dos seus tratados, e na multidisciplinaridade da sua ação...

---

15 Sobre os limites referidos, por todos, Nevil JOHNSON. *The Limits of Political Science*. Oxford: Oxford University Press, 1989, trad. cast. de Julia Moreno San Martín, *Los Límites de la Ciencia Política*. Madrid: Tecnos, 1991. Sobre a "compatibilização" entre os termos "ciência" e "política", conforme, *v.g.*, Jean-Marie DENQUIN. *Science Politique*. 4. ed. Paris: PUF, 1992, máx. p. 7-125, máx. p. 103 s. Sendo uma obra muitíssimo útil, interessante e sábia, todavia não nos convence completamente quanto à verdadeira especificidade da Ciência Política face a uma Sociologia Política. E, todavia, a questão é mais complexa ainda: não esqueçamos que "(...) a literatura foi a melhor das sociologias e (...) tantas vezes a sociologia procurou imitar a literatura – quase sempre sem o conseguir", como afirmou Wolf LEPENIES. *Ascesa e declinio degli Intellettuali in Europa*. Roma/Bari: Laterza, 1992, trad. port. de João Gama. *Ascensão e declínio dos intelectuais na Europa*. Lisboa: Edições 70, 1995, p. 85. Ainda sobre de "uma ciência para a política", entre nós, Nuno ROGEIRO. *Política*. 3. ed. s/l: Quimera, 2002, p. 89 s.

16 Wolf LEPENIES. *Ascensão e declínio dos intelectuais na Europa*, cit., p. 85-86.

Por isso é que nos parece muito compreensível o aparecimento de cada vez mais obras – em geral ligadas a cadeiras universitárias – que vão fugindo a uma catalogação epistemológica muito clara, e que se acolhem sob o manto protetor da Teoria Política, Pensamento Político, ou Ideias Políticas, e não raro ainda apondo-lhes a modelação protetora de "Introduções"[17]...

Nesta Introdução, procuraremos, assim, não utilizar axiomas definitórios, descrições definitórias, etimologias definitórias ou tautologias definitórias. E não nos preocuparemos em definir polémica ou eruditamente as grandes malhas teóricas que presidem ao nosso estudo.

Todavia, é impossível prescindir, logo nos "grandes temas" de estudo, da discussão de algumas questões que são, efetivamente, daquilo a que se pode chamar "epistemologia geral" ou "externa" (retomando uma inspiração designatória de Miguel Reale). Desde logo, não seria possível prescindir de algumas considerações sobre as relações entre Direito e Política. Mas, evidentemente, não se trata de discutir (senão incidentalmente) as relações entre os *saberes* e os *fazeres* do Direito (arte ou ciência jurídica, técnica jurídica, etc...) e os *saberes* e os *fazeres* da Política (arte, ciência(s), técnica, doutrinas, teorias, etc., etc.).

Mas primacialmente distinguir as águas do que é político e do que é jurídico. Sobretudo num tempo como o nosso em que tanta confusão impera. Também importa relacionar a Política e a Economia, a qual é muito mais do que "aquilo que os economistas fazem"...

Como curámos dessas questões noutros livros, não nos pareceu, porém, muito curial, nem prático, repetir ou sequer resumir aqui o já dito, pelo que expressamente remetemos para os estudos em que curámos *ex professo* dessas questões. Apenas fazemos (no ponto 8 desta Introdução) uma referência mínima à questão, remetendo, em nota, para esses textos[18]. Que são essencialmente, para o que agora importa, *Filosofia do Direito*, *Direito*

---

17 Dentre muitos, cf., *v.g.*, Michael ROSEN & Jonathan WOLFF (eds.). *Political Thought*. Oxford: Oxford University Press, 1999; Andrew HEYWOOD. *Political Theory. An Introduction*. 2. ed. Houndmills/Nova Iorque, 1999; PETER M. R. STIRK & DAVID WEIGALL. *An Introduction to Political Ideas*. Londres: Pinter, 1995.

18 Coisa diversa sucede com a Lição 13, na questão da Separação dos Poderes, que recupera, depurando-o, desenvolvendo-o, repensando-o, um perdido ensaio sobre a matéria num livro que é fundamentalmente de Filosofia do Direito: *Pensar o Direito*, v. I, cit. O seu lugar parece ser mais aqui do que lá, embora, para as conexões míticas da questão e a sua relação com a trifuncionalidade social indo-europeia deva voltar-se a esse texto inicial.

Constitucional Geral, *Pensar o Estado*, *Repensar a Política*. *Ciência & Ideologia* e *Nova Teoria do Estado*.

A Teoria Geral do Estado ganha, a nosso ver, muito ao ser contextualizada particularmente pelo estudo da política. Ao invés de ser um discurso legitimador juridista mas pleno de pressupostos ideológicos camuflados, esta matéria deve dialogar com a crítica de um estudo da política ele também não reduzido à expressão mais simples da estatística, da matemática, dos métodos quantitativos ou de algum sociologismo inócuo. Por isso se trata de ir ao cerne de duas áreas que, vistas com visão clara e sem véus e vendas, mutuamente se iluminam: um estudo da política politológico e filosófico-político, no limite, e um estudo do Estado que, conhecendo o Direito, e em especial o Direito Constitucional e o Direito do Estado em geral, deles não é um ponto de Arquimedes artificial, um fundamento ideológico.

0.7. METODOLOGIA

Com mais atualidade no panorama das ciências e saberes (*epistemai* em geral) do que o conflito dos métodos (*Methodenstreit*) só mesmo a *epistemomaquia*, a luta entre as congregações científicas. Felizmente que cientistas políticos e juristas são amigos, e têm entre si uma *santa aliança* (no bom sentido, claro) que, alargada a outros Humanistas, procura defender o saber do Homem contra a barbárie tecnocrática. E outras barbáries que se elevam... Diz-se, por exemplo, que no tradicional Japão um ministro já teve a ideia de que as Universidades acabem ou reformem tecnocraticamente os estudos de Humanidades. O que está a causar algum escândalo, mas não tanto quanto deveria... Se a moda pega...

Inserida classicamente nas Ciências Humanas, e depois nas Ciências Sociais, a Ciência Política tem sido levada a comungar dos métodos das mesmas[19], especialmente da Sociologia, da Economia (embora muito mais da primeira), e obviamente não esquecendo aportações metodológicas históricas, demográficas, da Geografia Humana, etc., etc. A estatística e afins têm tido grande importância no domínio da matemática eleitoral, que passa não só pelas formas matemáticas de representação (desde logo o nosso célebre método de Hondt...), como se espraia pelo universo fascinan-

---

19 Cf., *v.g.*, Madeleine GRAWITZ. *Méthodes des Sciences Sociales*. 7. ed. Paris: Dalloz, 1986 (há edições mais recentes).

te do cálculo de probabilidades. Sondagens, projeções eleitorais e outros rituais a que nos habituámos pela televisão têm na sua base (ou devem ter) sólida metodologia de Ciências puras e duras ou exatas.

Mas é evidente que a *Scientia Politica* não é apenas uma politologia meramente sociológica, muito menos sociologista e restrita aos métodos quantitativos. Ela necessita de um sopro de humanidade e um suplemento de alma, e não prescinde da Filosofia Política, da História Política, e respetivos métodos, e, enfim, da intuição, da criatividade, da arte, ou seja, de algum impressionismo metodológico de quando em vez.

Também deverá ficar claro que a Teoria Geral do Estado não é um belo conto de fadas para tranquilizar o sono dos juristas futuros. O Estado é importantíssimo, mas é uma ferramenta, um molde, uma criação humana e social, e política que se deve conhecer para melhorar. E eventualmente superar...

0.8. POLÍTICA, PODERES E NORMATIVIDADES

A Política conexiona-se profundamente com o sagrado, o mágico, o mítico e o teológico[20] (veja-se o caráter sacral da soberania, da representação, ou o caráter ritual ou sacrificial da guerra)[21]. Mas também está cada vez mais dependente das trocas e das riquezas, da cataláctica e da crematística – da Economia[22].

E o seu veículo clássico, em sociedades da palavra como as ocidentais, era a retórica, e o seu palco é hoje a comunicação social: a política semiotizou-se e, infelizmente, banalizou-se também, na nossa sociedade do espetáculo, onde há mais circo que pão. Por outro lado, o Direito procura discipliná-la, e ela só verdadeiramente é benfazeja quando, em tempos de justa bonança, se desenvolve no respeito pelo Direito positivo, e em tempos de pérfida tirania o rompe, apelando para o Direito Natural ou para a Justiça. O último apelo já não é jurídico: ou é para o céu (Locke e Hume)

---

20 Cf., *v.g.*, Michel VILLEY. *Théologie et Droit dans la Science Politique de l'Etat Moderne*. Rome: Ecole française de Rome, 1991; e o nosso *Anti-Leviatã*. Porto Alegre: SAFE, 2005.

21 Pistas para a questão nos nossos livros *Teoria da Constituição*, I. *Mitos, Memórias, Conceitos*. Lisboa/São Paulo: Verbo, 2002, máx. p. 23-248, e *O Direito e o Sagrado*. In: "Psicologia, Educação e Cultura", v. VI, n. 2, dezembro 2002, p. 363-377, hoje in *Anti-Leviatã*, cit., p. 11 s.

22 Sobre Direito, Economia e Política (mas especialmente sobre os dois primeiros), conforme o nosso "Direito e Economia", in *Princípios de Direito*. Porto: Rés, 1993, p. 233-277.

ou para a rotura política. Por isso é que os tão incompreendidos e por vezes vilipendiados Tribunais Constitucionais e afins são o último reduto da juridicidade, e também a sua última palavra (até à criação, que esperamos, de uma Corte Constitucional Internacional). Oxalá continuem a defender a Constituição. Quem desejaria que tudo fosse mera força (política, mas política anticonstitucional) é que não gosta de jurisdições constitucionais e – paradoxo dos paradoxos – acusa essas jurisdições de serem políticas. É verdade que em alguns países isso pode ocorrer em excesso. Mas *est modus in rebus*. Em geral há equilíbrio.

Pelas polémicas do quotidiano vemos como é absolutamente imprescindível saber rigorosamente onde começa e onde acaba o Direito e a Política: e compreender que o Direito, tal como foi criado pelos Romanos, constituiu uma espécie de "reserva" face à mutabilidade incessante da Política[23]. E à possibilidade de a política manter a injustiça, instaurar a injustiça, promover injustiças.

O verdadeiro conhecimento da política, a vera *Scientia Politica*, não pode, assim, enquistar-se nas apertadas regras de um método (para lembrar um livro de Durkheim[24]), antes não deve hesitar em utilizar todas as fórmulas possíveis de captação do real, desde a mais depurada ciência à mais simples intuição criativa.

Não nos esqueçamos de que a Política é coisa de Homens, seres racionais, mas também muito irracionais: e ela é, precisamente, testemunho tanto de uma coisa como de outra. O que, longe de constituir uma debilidade face às pretensões de estudos pretensamente mais rigorosos ou "puros", pelo contrário é uma vantagem. Quem não aspira à pureza imaculada da "Verdade" não cai tão facilmente no "erro".

Por seu turno, o Estado, criação mais elaborada até ao momento do génio político não pode permanecer cristalizado no psitacismo de algumas teorizações antigas, nem no ritualismo de críticas sem alternativa aos resultados mumificados de uma reflexão hoje ultrapassada. É necessário repensar o Estado com as melhores aportações de todas as disciplinas, a começar pelas politológicas.

---

[23] É indispensável a clareza de ideias nestas matérias. Sobre a autonomia do Direito, por todos, v. o nosso *Lições Preliminares de Filosofia do Direito*. 2. ed., revista e atualizada. Coimbra: Almedina, 2002. E o nosso *O Ponto de Arquimedes. Natureza Humana, Direito Natural, Direitos Humanos*. Coimbra: Almedina, 2001, p. 135 s., máx. p. 149-160; *Idem*, *Repensar a Política*, máx. p. 60 s.

[24] Emile DURKHEIM. *Les Règles de la Méthode Sociologique*. Paris: PUF, ed. de 1990.

PARTE I

PESSOA E PODER

LIÇÃO 1

NATUREZA HUMANA

1.1. POLÍTICA, ATIVIDADE HUMANA

A política é, antes de mais nada, uma atividade humana. A revolta luciferina dos anjos não é política, mas do domínio da teologia, ou da mitologia, ou de ambas. Os conflitos entre bandos de primatas ou os duelos de lobos não são questões de política. A Etologia, ciência do comportamento animal, muito ensina à Ciência Política, mas apenas naquilo que possa ser comum a homens e animais (e tal relembra-nos, curiosamente, o Direito Natural do Digesto). E as tendências recentes de sobrevalorizar os "direitos dos animais" (não discutiremos aqui a questão, que tem subtilezas jurídicas), como as teorias de um Peter Singer, dizem mais de alguma confusão do próprio Direito em certos setores e áreas culturais do que podem esclarecer os problemas do justo (Direito) ou do poder (Política).

A política, com efeito, não apenas é uma atividade humana, como é própria da natureza humana. Ou, pelo menos, da condição humana (sendo a natureza o ideal e a condição o real). Sem homem e sem sociedade não há política. E com sociedade há sempre política. Certamente Robinson Crusoé não tinha política quando sozinho na sua ilha, mas quando encontrou Sexta-Feira, passou a haver política[1]...

1.2. REALIDADE E NATUREZA DA NATUREZA HUMANA

Discute-se longamente se realmente existe essa tal natureza humana, muitas vezes sem nos darmos conta de que tal problema nos remete para uma questão absolutamente radical: se o próprio Homem realmente existe.

Sem uma essência, uma finalidade, um "programa", sem uma maneira de ser, ao menos em potência, o Homem, casca de noz sem norte no oceano revolto das circunstâncias, seria para alguns um simples existir, um

[1] Para além do clássico de Daniel Defoe, v. TOURNIER, Michel Tournier. *Vendredi ou les limbes du Pacifique*. Paris: Gallimard, 1967.

ser sem relevantes instintos, e, portanto, com a inteira liberdade de conformar o seu destino. O existencialista Jean-Paul Sartre remete a inexistência de uma natureza humana para a inexistência de Deus: sem Deus, não haveria, pois, verdadeiramente Homem. São a antropologia e o existencialismo que muitas vezes fazem duvidar dessa base comum, a chamada "natureza humana". Mas há certamente a possibilidade de a entender de várias formas: como realidade ontológica, como manifestação de facto, ou como metáfora e projeto de Humanidade.

Todavia, se é certo que a crença religiosa pode firmar e tranquilizar mais fortemente, sobretudo no plano psíquico, as diferentes ideias de Homem dos crentes dos vários credos, nem por isso se poderá dizer que, em absoluto, o Homem dependa de um Deus para justificar-se. E, mais ainda: uma das provas da perfeição da obra divina parece-nos ser, precisamente, o não ser necessária uma crença transcendente para se poder concluir da ordem do mundo (ou desejá-la). E com os mesmos "dados" os filósofos têm visto o mundo ora como *cosmos* ora como *caos*.

Há um lugar paralelo na filosofia jurídica. Já Grotius afirmara que, mesmo que Deus não existisse, ainda assim existiria Direito Natural. Ora o Direito Natural é a decorrência jurídica de uma natureza humana. E apenas porque existe este e fundado naquela podemos, por exemplo, tranquilamente afirmar, sem dúvidas, a legitimidade dos Direitos Humanos. Falhasse acaso qualquer dos pressupostos, jurídico (Direito Natural) ou fáctico (natureza humana), já essa grande linguagem comum da Política e do Direito dos nossos dias se encontraria em sérios apuros para encontrar um ponto de apoio seguro: um ponto de Arquimedes. E os Direitos Humanos não podem fundar-se na força.

Consequentemente, abalam-nos as teorias negadoras do Homem e da Natureza Humana. Perante a complexidade do fenómeno humano, diante da multiplicidade de soluções concretas que os diferentes homens, em várias sociedades e civilizações, encontraram para os seus problemas, é natural que espíritos menos panorâmicos, menos sistemáticos, ou menos sintéticos, mais propensos à disjunção e à análise que à visão de conjunto, mais dados a separar do que a unir (mas não a *separar para melhor unir*), desesperem por encontrar esse fio agregador das pérolas do colar humano. Perante a variedade e contraditoriedade de atitudes, crenças, soluções, o seu veredito é o da desordem, da ausência de uma realidade essencial comum. E quem pode realmente permanecer tranquilo ante as desumanidades, as barbáries e as alienações, com que "pacientemente se erguem os grandes vazios da condição humana" (Levi Malho)? No Direito e na Moral manifesta-se também essa descrença na unidade do justo, e tal sucede aparentemente mesmo em autores crentes, e de crença rigorista (jansenista) como Blaise Pascal.

São célebres as suas reflexões sobre a mudança do justo para cá ou para lá dos Pireneus, ou de uma margem para a outra de um rio, ou com a diferença de latitude. Neste aparente ceticismo relativista, Pascal parece Montaigne...

Uma historieta já clássica, porém, nos ajudará a compreender o sentido dessa variedade, por vezes desalentadora, por vezes pretensamente confirmadora da geral anomia ou libertinagem normativa planetária...

Reunidos certa vez representantes de várias culturas, começaram a discutir sobre o tratamento a dar aos seus mortos. Uns advogaram a inumação, outros, a incineração, outros, a exposição no alto das montanhas, outros, até, o canibalismo... E todos se chocaram profundamente uns aos outros, parecendo-lhes estranhas umas práticas, e outras totalmente bárbaras. Contudo, alguém, mais sábio e mais transculturalista (porque o multiculturalismo não resolve este problema), perguntando a cada um qual o motivo pelo qual assim procediam para com os mortos, obteve de todos e de cada um a mesma resposta: assim faziam para os venerar, para os honrar. Estava esclarecido o mistério, e o nosso problema acaba também por obter mais luz: por muitas vias se procura afinal o mesmo... É assim a natureza humana – vária no modo, una na essência. Laxismo e preconceito ficam-se normalmente pela superfície...

E por isso é que, sem lhe aceitarmos os pressupostos, compreendemos a observação negadora de Delfim Santos: "O descontentamento é muitas vezes resultante de a codificação moral ser feita para o 'Homem'. Mas o Homem não existe. Existem homens como realidades complexas, únicas, repetidas na aparência, mas sempre diferentes"[2]. Sem sermos nominalista, atente-se que se fala ainda no *Homem* e nos *homens*. Porque assim se faria, se nenhum homem nada tivesse a ver com outro? Ainda se deveria chamar homens aos dois? Recordando o poeta Paulo Bomfim, "Se as palavras per-

---

2 SANTOS, Delfim. "O Normativo e o Humano", in *Obras Completas*. Lisboa: Fundação Calouste Gulbenkian, 1982, v. I, p. 368.

dessem o seu valor, Pedro seria Francisco, Francisco seria cachoeira, e a cachoeira seria clamor que afogava em si mesmo"[3].

1.3. FINS E MEIOS NA POLÍTICA

Com a política sucede coisa idêntica também à da variedade dos meios e das opções e das perspetivas dos diferentes Homens, nas suas várias civilizações, culturas, e épocas... Não raro, várias ideologias e posições políticas visam, em última análise, o mesmo fim: a que poderemos chamar, *grosso modo*, Bem Comum (sem dúvida expressão mais de sabor medieval), felicidade humana (típica referência iluminista), Justiça Social, conforme o ideolecto de cada qual.

Se lermos, por exemplo, os *Diálogos de doutrina democrática* de António Sérgio[4], poderemos verificar que as oposições entre o Libertário e o Estadista por vezes se cruzam (*chassé croisé*), e embora, como é óbvio, se trate de um texto apologético da posição do primeiro, o autor não pôde evitar que escapassem algumas posições de uma banda que melhor pareceriam defendidas por outra. O próprio autor disso se dá conta parcialmente, quando, por exemplo, põe o seu herói, o Libertário, a detetar várias contradições no discurso do Estadista burguês, que não consegue conciliar cristianismo e maquiavelismo, ou que (obviamente sem disso se dar conta) se aproxima perigosamente do bolchevismo soviético. António Sérgio era uma bela inteligência.

Há, evidentemente, pontos de convergência entre várias (e mesmo todas) das posições – Duverger assinala as duas faces de Jano da política: mesmo um governo cruel e sanguinário tem de prover a algumas necessidades básicas (o exemplo clássico é o da recolha do lixo); além de que, como disse alguém, até um governo de mafiosos não seria um governo da Máfia, e um governo da Máfia não seria certamente em absoluto e sem mistura e contradição um governo mafioso. O grande problema é outro: é quando parece haver elementos "mafiosos" nas práticas de governos com legitimidade de título, designadamente em regimes democráticos, que assim se degradam. Não fomos nós a ir buscar a palavra. Está aí, no debate público... Que, aliás, em alguns lugares sobe de tom de forma inflamada e inflamante...

---

3 BOMFIM, Paulo. *Migalhas de...* São Paulo: Migalhas, 2014, p. 240.

4 SÉRGIO, António. Diálogos de Doutrina Democrática, in *Democracia*. Lisboa: Livraria Sá da Costa, 1974.

Mas que esta comum confluência dos vários setores políticos na preocupação (ainda que enviesada) com a coisa pública nos não faça cair numa informe ataraxia, para a qual tudo se reverteria a tudo, e cada coisa se reconduziria a qualquer outra, numa unidade do tipo *Om*, totalmente improfícua no domínio do nosso estudo. Não: nem todos são iguais. Nem tudo é igual a tudo.

Aqui há efetivamente necessidade de, pelo menos em certa medida, *separar para melhor unir.*

Não podemos, por exemplo, confundir meios efetivamente muito diversos (e em si avaliáveis) com fins (vagos, teóricos, longínquos) aparentemente coincidentes ou convergentes. Nesta ordem de ideias, a tão falada máxima "os fins justificam os meios" fica assim totalmente infirmada, dado que, se os fins últimos serão, na maior depuração das depurações, em grande medida os mesmos (paz, bem-estar, felicidade, humanidade, etc. – pelo menos excluindo algumas propostas políticas mais extremas, e mesmo assim "de boas intenções está o inferno cheio"), então sempre bons fins haveriam de justificar quaisquer meios, e nomeadamente os mais repelentes.

No fundo, o estudo da política é, sobretudo, o dos meios que usa, até porque os fins funcionam em grande medida como mitos. Ora os mitos políticos, tais como Raoul Girardet os explicitou, são, essencialmente, três coisas: narrativas primordiais fundantes (ou discursos legitimadores, diria João Baptista Machado, para o Direito), ideias-força ou *slogans*, ou puras e simples ilusões (e até mentiras). Não nos parece dever fazer-se qualquer distinção ulterior. Mito é qualquer destas coisas.

1.4. A POLÍTICA NA NATUREZA HUMANA

A política, enquanto realidade agonística, luta pelo poder (sua obtenção, conservação, expansão), encontra-se, indubitavelmente, entre as características da natureza humana. Pelo menos é um elemento do *fenómeno humano* (para recordar a expressão de Teilhard de Chardin[5]), algo que a condição humana concreta nunca deixou de conhecer. Várias outras características lhe foram assinaladas, como diferenças específicas, nomeadamente face ao reino animal (já que face aos anjos e a Deus, ou outras criaturas,

[5] CHARDIN, Pierre Theilhard. *Le phénomène humain*. Ed. de Paris: Seuil, 1970.

espirituais ou extraterrestres, sempre seria mais complexo fazer o cotejo, pela descrença de vários). De entre essas qualidades distintivas contam-se, por exemplo, a linguagem, o riso, o dinheiro, a religião, a arte, a capacidade de pensar o pensado (pensamento de segundo grau), pensamento abstrato e relacional, a memória histórica, a escrita, o direito... e até o amor, decerto nessa mescla explosiva e realmente tipicamente humana de *philia*, *eros* e *agapé*. E outros consideram ainda mais categorias, como é o caso de C. S. Lewis[6].

De algum modo, a política, arte ou atividade de obter, conservar e expandir o poder, numa formulação asséptica (algo maquiavélica) e, numa dimensão mais neutra, arte de governar, ou numa variante mais eticizada, arte ou atividade de governar para o bem comum e/ou para a felicidade dos povos, acaba por ser quer a *longa manus* do amor, quer a sua mais clara e evidente negação. Políticos e políticas há que são a continuação do amor por outros e mais vastos meios, e outros e outras a verdadeira encarnação do desamor que os homens se podem fazer uns aos outros "por pensamentos, palavras, atos e omissões".

Aliás, atentando nas características sociais do reino animal, de que partilharíamos, referidas pelos etólogos, a política encerra efetivamente todas elas: de um lado, as menos simpáticas, como a agressividade, territorialidade, propriedade, hierarquização; do outro, a solidariedade. Tudo isso está na política, amor e ódio: manifestação normalmente ainda muito elementar da verdade da natureza humana.

Ao longo dos tempos, várias conceções de tal natureza se espelharam, naturalmente, em filosofias políticas.

1.5. NATUREZA HUMANA E FILOSOFIAS POLÍTICAS

Em geral, podemos encontrar três posições fundamentais sobre a natureza humana, que se repartem por duas opções quanto à origem das sociedades políticas.

Assim, os que consideram que a sociedade política nasceu de um contrato (de forma mais ou menos histórica, mítica ou hipotético-conceitual – porque há variantes nesta crença), dividem-se claramente entre

---

6 LEWIS, C. S. *The Four Loves*, trad. port., *Os Quatro Amores*. São Paulo: Martins Fontes, 2009.

pessimistas quanto à natureza humana (como Hobbes), e otimistas (como Rousseau), havendo também moderados (como Locke). O contrato social, fórmula de passagem do "estado de natureza" inicial para a sociedade política deve-se em Hobbes ao facto de os homens necessitarem de se submeter a um soberano que evite que o homem seja lobo do homem (*homo homini lupus*), dada a sua natureza perversa. Na perspetiva de Hobbes, de algum modo tirada da Física, os átomos dispersos e egoístas agregam-se e harmonizam-se, ainda que à força, sob a pressão de um forte poder que pressiona do alto, o poder do monarca absoluto.

Já para Rousseau se passa de algum modo o contrário, pois o seu herói mítico é o bom selvagem do estado natural. Numa passagem significativa, afirma: "L'homme est né libre, et partout il est dans les fers"[7].

E esta escravatura em que se encontra o Homem é-lhe sem dúvida imposta pela sociedade política, contrária à sua natureza boa e livre. Cremos que se trata *desta* sociedade política. Não, necessariamente de toda e qualquer organização política.

Por seu turno, Locke faz residir a importância da aludida mutação na possibilidade de, em estado de natureza, sem um poder superior e imparcial, os homens poderem exagerar ou exorbitar, nomeadamente na resposta às afrontas sofridas, sendo o seu julgamento em causa própria (e concomitante vingança) muito atreito a *excesso intensivo de legítima defesa*. O Homem de Locke é, pelo menos, bastante falível...

Mas este Homem (esta conceção de Homem) também parece ser o mais humano de todos, nisto se aproximando Locke dos autores da outra corrente: os naturalistas, para os quais o homem nasceu e sempre viveu em sociedade, sem haver por isso necessidade de qualquer contrato social.

Autores como Aristóteles e Tomás de Aquino se encontram neste grupo (naturalista), e não será certamente por simples coincidência que estes pensadores são também filosoficamente realistas, recusando, assim, o nominalismo, o conceptualismo, o idealismo. E procurando ver efetivamente a realidade das coisas. Esta posição filosófica terá a maior importância no domínio jurídico, mas já aqui, em matéria política, se verifica esse desejo de não ficcionar ou efabular. Num desses eloquentes rasgos de realismo, Tomás de Aquino, olhando a realidade dos homens vivendo sempre

---

7 ROUSSEAU, Jean-Jacques. *Le Contrat Social*, I, 1.

uns com os outros, e sempre em situações de poder e de governo (posto que nem sempre com Estado, ao contrário do que hoje possa parecer), detetou apenas três situações de exceção a essa normal sociabilidade do homem, que Aristóteles considerara já própria do Homem (*zoon politikon* – animal social): *excellentia naturæ, corruptio naturæ* e *mala fortuna*. Na verdade, há naturezas superiores, de santos eremitas ou sábios com vocação de anacoreta, que se distanciam do mundo para meditar, orar, ou investigar. No outro extremo, loucos, associais, débeis mentais, também podem ser avessos ao convívio humano. E finalmente não estão em sociedade os que dela forem privados por acasos da sorte como os de Robinson Crusoé, ou de Tarzan, ou Mogli: naufrágios ou perda em florestas não humanamente habitadas levou-os a uma temporária (mais ou menos longa) privação do convívio humano. Mas são todas exceções.

Estes autores são todos realistas quanto à sua posição filosófica sobre a natureza humana. E, particularmente, Tomás considera-a perfetível, sem ignorar que, em muitas das suas manifestações, o homem é mau, e está muito aquém do que é.

No fundo, o realismo (aqui ligado ao naturalismo político) procura que o Homem, como diria o poeta grego Píndaro, se *torne no que é*. E pressupõe que o Homem é essencialmente bom, não de uma bondade ingénua do bom selvagem das Américas, afinal infirmada em grande medida pelos factos históricos (pois nos tempos pré-colombianos havia *guerra de todos contra todos* na América do Norte, sacrifícios humanos e até canibalismo na América do Sul), mas de uma bondade feita de evolução mental e espiritual, filogenética e ontogenética... À essência humana positiva pode corresponder uma contingência humana muito negativa... Mas tal é apenas um acidente, uma imperfeição no *sendo*, não no próprio *ser*...

Temos, contudo, de ter o maior cuidado para não embarcar em simplismos, alguns deles ideologicamente afeiçoados. E esta matéria anda muito enredada com explicações de catálogo e manual, psitacismos que se vão repetindo sem crítica. Por exemplo: o ser-se realista não nos parece completamente contraditório com adotar-se uma visão mítica, simbólica ou simplesmente prática e operativa do Contrato Social. O Contrato Social tem uma realidade nesse plano, ainda que não tenha certamente ocorrido historicamente jamais. Sem o Contrato Social não se pode entender a subsistência das sociedades políticas. É pelo apelo ao Contrato Social que percebemos quando os governantes estão a exagerar nos poderes que lhes delegámos, ainda que apenas por tácito consentimento[8].

Além disso, a tripartição Hobbes, Locke e Rousseau tem sido utilizada de forma enviesada, sobretudo atraiçoando muito o pensamento do primeiro e do último. Hobbes não é um desabrido totalitário: há ainda alguma liberdade civil no seu autoritarismo. Mas pior é o que ocorre com Rousseau: é-nos normalmente apresentado como um totalitário, quando o seu simultâneo amor à liberdade e à igualdade faz dele um pensador muito mais complexo (e em certo sentido mais "moderado") do que o pintam.

Incompreensões várias atingem outros grandes nomes, como Tomás de Aquino, Tomás Moro, ou Maquiavel... Uma das primeiras higienes do pensamento político é o de limpar o nome e a honra desses clássicos. Como? Relendo-os nos originais, e no seu contexto.

1.6. NATUREZA, CULTURA, ESSÊNCIA

Importa ter em todo o caso presente que ao falar-se de natureza humana frequentemente se confundem dois níveis: o da natureza por assim dizer física (da *physis*), ou, no caso, biológica (e zoológica), e o da natureza cultural, expressão que para alguns poderá parecer uma contradição nos próprios termos (*contradictio in terminis*), na medida em que precisamente oponham natureza a cultura, ou, sobretudo no mundo anglo-saxónico, *nature* a *nurture*. O problema é muito complexo, mas o que parece decorrer da natureza das coisas (*natura rerum*) é que a natureza do Homem será, por natureza, cultural: a simples natureza biológica é própria dos animais, não dos Homens. Assim, o grande problema passa a ser que elementos culturais é que são (ou poderão ser tidos por ou como) naturais...

E problema é ainda como poderá conceber-se uma natureza cultural, dado que normalmente se define o cultural como o apreendido e o natural como o dado.

Mas ainda assim a questão poderá ser iluminada (ainda que quiçá não plenamente esclarecida) pelo facto de muitos autores, sobretudo os chamados realistas, não desejarem tratar de uma natureza meramente posta, dada, atual, imanente, e presente em todos os espécimes humanos em todo o *aqui*

---

8 V., em geral, o nosso livro *O Contrato Constitucional*.

e agora (*hic et nunc*), mas antes de uma natureza que poderia de algum modo assemelhar-se a uma essência, ou até à própria Ideia de Homem.

Na verdade, poderão outros argumentar que esta natureza é muito pouco natural, que é quase toda cultural, e, em particular, quase toda ideal. Mas logo os primeiros ripostarão que o Homem não é o seu casulo, a sua prisão, a sua contingente situação, e que não podemos tomar a nuvem por Juno, confundindo o ser com simples acidentes. A este propósito, o filósofo do Direito Michel Villey lembrava algures que a sua miopia não era própria da natureza humana, mas um simples acidente, que não pode contrariar o projeto ou ideia de Homem, a natureza vera do Homem, de visão plena.

1.7. NATUREZAS POLÍTICAS DO HOMEM

Em suma, muito se tem discutido sobre a natureza da natureza humana (*dificiliter quæstio de natura naturæ*). Desde a ideia de natureza decaída, pelo pecado original, a natureza intrinsecamente má, presente já em algum pensamento helénico (*oi anthropoi kakoi eisin* – os homens são maus) e desenvolvida na modernidade por um Hobbes, a natureza falível e suscetível de erro e exagero (Locke), a natureza boa em estado puro (Rousseau), ou a natureza perfetível e axiologizada (como é o caso da teoria que acabámos de expor na secção anterior).

Mas, sendo a política (e, sobretudo, a política no sentido de *statu quo* dominante num dado tempo e lugar) profundamente determinadora da circunstância social de cada pessoa, pergunta-se então não já como o homem é enquanto fenómeno, qual o seu *estar a ser* ou *estar sendo* – pois o que vai sendo em boa medida deriva da política que o moldou –, mas pelo que o homem, no fundo, seria. E nesta questão se pressupõe que a política atual ou a passada, ou as passadas, pode(m) ter contrariado e distorcido essa essência humana originária, essencial, vernácula.

Nesse sentido se podem perguntar, classicamente, coisas como se o Homem é um ser sociável ou uma mónada singular, se é individualista ou solidário, se é informal ou dado a hierarquias, se é regulador ou desprendido de normas, se é moral, amoral ou imoral, se aprecia mais a liberdade ou lhe prefere a ordem, etc., etc.

Grande parte das questões, ou das formulações concretas destas questões são estilizações e extremismos mais ou menos subtis, que não permitem captar senão argumentos mais ou menos ideológicos sobre o que seja o Homem. Em grande medida, uma visão realista, não apenas olhando o que o Homem é, como mesmo o que deva ser, optará normalmente pelo termo médio, mas um médio positivo e ético: o Homem parece ser, tanto no real como no ideal, um ser pessoal singular, irrepetível, dotado de uma dignidade própria, mas de forma alguma um ser isolado, e rebaixa-se (a uma infra-humanidade) quando cai no egoísmo ou no solipsismo (pelo menos, no caso de um solipsismo sem dimensão transcendente de cultura ou espiritualidade); é por isso um ser solidário, embora frequentemente mais por palavras que por atos; não prescinde de hierarquias, mas na medida de competências, méritos, e de qualquer modo nunca permite a nenhuma elite ou aristocracia que se corrompa em oligarquia sem a condenar como forma de afastamento da natureza; é um ser moral (mas há um aperfeiçoamento e progresso na descoberta da vera moralidade, não se trata de mera submissão a dogmatismos ancestrais, de forma acrítica), e sabe que a verdadeira liberdade comporta em si a ordem, e nenhuma ordem pode subsistir se não integrar a própria liberdade, etc., etc... Assim como liberdade sem igualdade (uma igualdade que não é coletivização ou anulação das diferenças) e ambas sem o elo superador da fraternidade têm levado a unilateralismos sempre limitadores e injustos.

Esta visão ponderada, equilibrada, moderada do Homem corresponde, muito provavelmente, também a opções políticas (plurais, mas confluentes: dir-se-ia que os valores políticos superiores a que aqui nos referimos constituem o cerne dos Estados Constitucionais pré-*neoliberalismo repressivo*, para usar a designação de Adriano Moreira; que são estados de direito, democráticos, sociais e de cultura, retomando a lição de Peter Häberle). E os extremos terão igualmente eco em posições políticas extremistas.

É assim natural que, no plano das ideologias, o tipo-ideal de anarcocapitalismo (hoje mais corrente entre nós sob a versão ultraliberal ou do tal neoliberalismo autoritário) conceba o Homem como um ser sobretudo individualista (e de individualismo possessivo e aguerrido, sem lei), e o tipo-ideal dos totalitarismos (chamemos-lhes assim) decorra de uma ideia de Homem sobretudo gregário, coletivo: quer nas versões (pretensamente?) de direita, quer nas (pretensamente?) de esquerda. E dizemos pretensamente porque há direitistas que se negam a integrar os seus equivalentes totalitários, o mesmo ocorrendo com as esquerdas nos casos respetivos do seu quadrante político.

Costuma também afirmar-se, numa generalização algo temerária, mas não sem alguma razão, que as direitas são céticas ou pessimistas quanto à bondade do Homem, e as esquerdas nela crentes. E daí alguns assacam o irrealismo e utopismo destas e o por vezes cínico pragmatismo daquelas. Há matizes, porém... Os tempos mais recentes mostraram quão utópica pode ser a política anarcocapitalista ultraliberal, sem a maleabilidade pragmática das direitas clássicas, sem a sua sabedoria conservadora e adaptativa, sem mesmo a sua sensibilidade social, à sua maneira.

Na verdade, sempre procurando relacionar as teorias políticas com as teorias jurídicas, não deixa de ser interessante e decerto algo desconcertante que, por exemplo, as teorias do realismo clássico, criticadas por alguns positivistas como sendo das direitas, reforçadas nos ambientes anglo-saxónicos pela sua alegada indissociabilidade com a Igreja Católica Romana (ou até com regimes ditatoriais – franquista ou latino-americanos – o que corresponde a um reducionismo deformador), se baseiam afinal numa ideia de Homem absolutamente positivo e, nesse sentido, são otimistas quanto à natureza profunda, essencial, da Humanidade.

Do mesmo modo, é, sobretudo, o anarcocapitalismo, apresentando-se hoje como especificamente neoliberal, que é ferozmente individualista e indiferente à sorte dos mais fracos. Não, evidentemente, o veteroliberalismo e o liberalismo social. E, ainda que histórica e teoricamente, poderão considerar-se comunismos não totalmente gregaristas, como os de feição mística ou religiosa, sendo totalitários coletivismos, sobretudo as versões soviéticas ou afins. Cremos, porém, que ainda está para vir o tempo em que se fará o balanço positivo quer do legado social (nas suas diferentes experiências), quer do legado capitalista "pré-fundamentalista" – ou seja, o contrário dos seus respetivos "livros negros".

Mas voltemos aos presentes lugares-comuns: chamar "egoísta" ao liberal, "totalitário" ao comunista utópico, ou "papista" (ou "direitista ditador") ao jusnaturalista são pelo menos generalizações temerárias. Embora haja certamente quem considere precisamente tais apodos como rigorosos, e outros até eventualmente os não enjeitem, no todo ou em parte.

O torna-viagem das teorias e a deformação por falta de conhecimento abrangente são alguns dos muitos perigos a detetar desde já e a evitar nesta curta circum-navegação ao mundo da política.

Um aspeto curioso a ponderar é o da imagem que da sua ideologia faz o seu partidário, o que tem também influência sobre a respetiva imagem das demais ideologias. O jogo de espelhos e de ilusões é quase inevitável.

O que da ideologia x pensa o adepto da mesma não será, em muitos casos, a realidade da prática (nomeadamente histórica, e desde logo partidária) dessa ideologia x. Talvez pior ainda em afastamento da realidade será o preconceito do militante da ideologia x sobre a ideologia y. E tanto mais, certamente, quanto sejam x e y ideologias inimigas...

BIBLIOGRAFIA

FERREIRA DA CUNHA, Paulo. *O Ponto de Arquimedes. Natureza Humana, Direito Natural, Direitos Humanos.* Coimbra: Almedina, 2001, máx. p. 19-85; *Idem. Filosofia do Direito. Fundamentação das Instituições Jurídicas.* Rio de Janeiro: GZ, 2013.

LIÇÃO 2

HOMEM E SOCIEDADE. O "ANIMAL POLÍTICO"

2.1. NOMINALISMO, COLETIVISMO, INDIVIDUALISMO

Para um nominalista, com tendência para pensar as coisas isoladas (e isoladamente), fragmentárias, e de às coisas preferir ou antepor os nomes, o que importa é o homem e não a sociedade. Melhor, o que lhe importa são os átomos-homens, tendo até dificuldade em conceber uma realidade maior, a Humanidade (como qualidade de ser Homem, ou condição de ser Homem). Já para um coletivista, quer ideológico, quer civilizacional, o Homem em si conta muito pouco perante o coletivo, a massa, perante as grandes obras multitudinárias ou a simples sobrevivência do todo social. O lobo solitário enfrenta a colmeia gregária. Mas entre um e outro há o próprio Homem.

Do nominalismo exacerbado derivariam o ultraliberalismo (e afins), de um lado, e o anarquismo, de outro, e do coletivismo, com maior ou menor grau e "heresia" ou "moderação", várias correntes comunistas, sem esquecer ainda o nazismo (nacional-socialismo) e o fascismo. Com efeito, lemas como "tudo pelo Estado, nada contra o Estado" sintetizam essa ideia da pouca importância do indivíduo, e a escassa atenção até mesmo à própria Pessoa.

Um Estado totalitário olha os indivíduos como peças de uma máquina, esquecendo que em cada indivíduo está uma Pessoa. E que a Pessoa é o ponto fulcral de toda a Sociedade.

Já o libertarismo ou o liberalismo extremo, sobrevalorizando a importância atomística, não social, e até antissocial do indivíduo, negam o geral sem passarem pela Pessoa. O descaso face à Pessoa é diferente, acabando por ser semelhante... Confluem, uns e outros, no desinteresse pelo próximo (e mais ainda pelo distante), além de um círculo mínimo muito restrito.

O tempo presente, por via de um ou outro dos exageros, transmutados e nem sempre visíveis, ou de um estranho conúbio entre ambos, esquece e ataca a Pessoa. Ao ponto de autores também de muitos quadrantes já falaram da Pessoa em perigo[1]. A estas dificuldades se acrescenta a mistificação

---

[1] Cf., *v.g.*, EDELMAN, Bernard. *La Personne en Danger.* Paris: PUF, 1999.

da Pessoa, feita tópico vazio ou vago idealismo sem raízes. E mais ainda: sem consequências. Ou pior até: discurso para encobrir precisamente o desinteresse com os dramas das pessoas concretas, das pessoas normais, não de um arquétipo ou de uma abstração, de que se dizem belas e teóricas coisas. As Pessoas estão aí, são reais Cuidemos disso. O presente drama dos refugiados (que não é só europeu) é uma oportunidade para se porem à prova as teorias e os discursos sobre a Pessoa. O que se está fazendo?

2.2. PESSOA, IDEOLOGIA E UTOPIA

O Homem é um "animal político" – melhor dito, um *zoon politikon*, que hoje traduziríamos antes por "animal social". É da sua natureza, ao que pensamos, viver em sociedade, contribuir para o todo social, mas não se diluindo nem se perdendo nele.

Esta característica de sociabilidade com individualidade é simbolizável pela *Persona*, a máscara que os atores gregos usavam.

Ela é uma imagem social, visível pelos demais, mas é ostentada e assumida por cada um dos atores. A *Persona* é o símbolo da Pessoa: um ser singular e irrepetível, infungível, mas um ser para os outros, não um ser egoísta. Bem afirma António Sérgio, embora algo enfaticamente: "De simples *indivíduo*, subi a pessoa; logrei identificar-me com o próprio Espírito"[2]. Uma das teorias mais interessantes no campo jusfilosófico é precisamente a "prosopologia" (do grego – *prosopon*).

Uma das mais sugestivas representações plásticas da questão da Pessoa (e da máscara) é um óleo do século XVI, inicialmente atribuído a Leonardo da Vinci, mas depois a Rudolfo de Ghirlandaio, que se encontra na galeria de Uffizi, em Florença, desde os finais do século XIX. A intrigante composição apresenta uma máscara quase inexpressiva (e este quase é metade do problema) rodeada de figuras mitológicas em arabesco, e encimada por uma placa onde pode ler-se uma inscrição que aos juristas de formação mais clássica lembrará um adágio bem seu conhecido: *suum cuique tribuendi*. Neste caso, o atribuir o seu a seu dono é específico: trata-se de a cada um dar a sua própria máscara (*sua cuique persona*), conforme a lição de Séneca e Quintiliano. Cada um tem direito à própria máscara. Sim, porque cada qual tem direito ao seu estatuto e papel sociais, à sua *cara*

---

2 SÉRGIO, António. *Democracia*. Lisboa: Sá da Costa, 1974, p. 89.

social. Mas daqui também vai um passo a dizer, que cada um tem direito à sua Pessoa, e também deveres para com essa mesma Pessoa.

Já que referimos este tópico essencial da nossa cultura, e em especial da cultura jurídica e política, atentemos numa contraditória interpretação. Por exemplo, o filósofo francês Luc Ferry[3] aponta uma perspetiva de algum modo socialmente fixista (contrária à mobilidade social) para o *suum cuique* clássico. Mas em contrapartida, o internacionalista brasileiro Arthur J. Almeida-Diniz considera que "toda a argumentação de Karl Marx fundamenta-se, essencialmente, no livro primeiro, título primeiro das Institutas do Imperador Justiniano (...)"[4]. Duas visões bem diferentes, e com consequências bem diversas.

As grandes questões políticas passam também por estes problemas da individualidade social da Pessoa, do individualismo ou do gregarismo e coletivismo sociais. Diferentes conceções do Homem e da Sociedade conduziram, historicamente, a várias soluções.

Há uma prevenção, contudo, a ter sempre presente. É que quando os homens se põem a gizar planos para mudar a sociedade, muito frequentemente, nessas "receitas para as tasquinhas (ou botecos) do futuro" (na expressão de Marx – que dizia recusar fazê-las –, ao criticar os utopistas) esquecem a individualidade humana e estabelecem soluções excessivamente uniformizadoras. O perigo da utopia (mito da sociedade ideal) é efetivo. E nas utopias os homens são objeto da política e não seu sujeito. O protagonista é uma sociedade abstrata, racional, mas sempre triste e enclausurante para os seus habitantes. A utopia redunda em distopia. As eutopias são raras. Mesmo viver na *utopia* de Tomas Moro nos pode parecer muito constrangedor, claustrofóbico.

Contudo, se a descrição minuciosa e enclausurante de uma cidade ideal (utopia) é em regra um exercício de ditadores frustrados, ou de bem intencionados impotentes, já o espírito utopista, o utopismo ou *Princípio Esperança*, para retomar um título de Bloch[5], é muito positivo e fermento de regeneração. Na medida em que a utopia não seja levada a sério como

---

3 FERRY, Luc (e Claude Capelier). *La Plus Belle Histoire de la Philosophie*. Paris: Laffont, 2014.

4 ALMEIDA-DINIZ, Arthur J. *Novos Paradigmas em Direito Internacional Público*. Porto Alegre: SAFE, 1995.

5 BLOCH, Ernst. *Das Prinzip Hoffnung*. Frankfurt: Suhrkamp, 1959.

projeto minucioso de "constituição", mas proposta pacífica de revolução ou reforma, aí, sim, ela pode ser de uma enorme fecundidade.

Do mesmo modo, também as ideologias, sobretudo as grandes ideologias do nosso tempo (e em especial a ideologia *ex-denominada* – como diria Barthes[6] – a que não se quer reconhecer como tal, a do politicamente correto, do pensamento único, do *there is no alternative*, TINA), têm uma grande tendência para esquecer que os Homens não são números ou carne para canhão nas suas guerras e quezílias. E dos seus negócios e negociatas.

Várias Constituições, e a principal doutrina que sobre elas se foi tecendo, insistem na importância da "dignidade da pessoa humana". O único perigo é que ela possa servir como espécie de gazua para abrir ou tentar forçar todas as portas de todos os problemas...

Não, na verdade é uma questão demasiadamente importante para que seja banalizada.

Trata-se de um princípio ou fundamento essencial da Constituição e de todo o ordenamento jurídico dos Estados democráticos de Direito. Isso significa também que a política não pode ser exercício de desumanidade. E que a sociedade terá sempre de ser uma sociedade de rosto humano.

O mesmo rosto que nos contradistingue como seres únicos – o que foi admiravelmente dito nos nossos dias por Levinas.

BIBLIOGRAFIA

CORÇÃO, Gustavo. *Dois Amores, Duas Cidades*. Rio de Janeiro: Agir, 1967, v. I, máx. p. 21-34.

FERREIRA DA CUNHA, Paulo. *Constituição, Direito e Utopia*. Coimbra: Editora Coimbra/FDUC, 1996; *Idem*. *Constituição & Política. Poder Constituinte, Constituição Material e Cultura Constitucional*. Lisboa: Quid Juris, 2012; *Idem*. *Direito Constitucional Geral*. Nova Edição (2ª): Aumentada, Revista e Atualizada. Lisboa: Quid Juris, 2013; *Idem*. *Nova Teoria do Estado. Estado, República, Constituição*. São Paulo: Malheiros, 2013, Prefácio de Paulo Bonavides e Apresentação de Carmela Grüne; *Idem*. *O Contrato Constitucional*. Lisboa: Quid Juris, 2014; *Idem*. *Direitos Fundamentais. Fundamentos e Direitos Sociais*. Lisboa: Quid Juris, 2014.

---

6 BARTHES, Roland. *Mythologies*. Paris: Seuil, 1957.

LEVINAS, Emmanuel. *L'autre, Utopie et Justice*, entretien avec..., "Autrement", n. 102, nov. 1988, p. 53 s.

RAMIRO AVILÉS, Miguel Ángel. *Utopía y Derecho.* Madrid/Barcelona: Marcial Pons, 2002.

RICOEUR, Paul. *Lectures on Ideology and Utopia*. Ed. por George H. Taylor. Nova Iorque: Columbia University Press, 1986.

PARTE II

POLÍTICA, PODER, GOVERNO

LIÇÃO 3

POLÍTICA

3.1. PRÉ-COMPREENSÃO DA POLÍTICA

Já sabemos que uma das formas mais habituais de começar a abordagem de um tema, se ele tiver algum "curso" na voz corrente, é o de afirmar desde logo: "todos temos uma noção empírica do que seja X ou Y". Com a política realmente assim é. E como já Aristóteles não desdenhava nada, para a sua análise filosófica, de arrancar dos sentidos profana e quotidianamente atribuídos às coisas, vamos seguir-lhe as pisadas, e principiar mesmo por aí.

O problema é que, em cada época, a mesma palavra, o mesmo significante, é dotado de significados e conotações que vão do nem sempre coincidente ao muito diverso: é a polissemia.

Mas isso não impede que, a partir da *vox populi*, se procure decantar um sentido rigoroso e técnico. Mais ainda: afigura-se-nos que em casos como este, insistir num sentido para uma palavra ao arrepio da voz corrente, totalmente às avessas do sentido mais comum (que espelha, afinal, o senso comum), ainda que estivéssemos firmados num consenso dos sábios (e esse consenso nem existe), seria um erro tremendo.

Daí a importância liminar da visão empírica, da pré-compreensão dos fenómenos para uma captação do sentido de palavras como "política".

3.2. DO DESCRÉDITO DA POLÍTICA

Vivemos de há muito em tempos de descrédito da política e dos políticos (mas o descrédito tem assumido proporções calamitosas: e veja-se o nível de abstenção nas eleições nos países em que o voto não é obrigatório), a que se associa, mais recentemente, o de instituições, como o futebol ou a banca, que não estávamos habituados a considerar como políticas, mas que sem dúvida o são, ou têm funções dessa índole. E podem até ser o mais determinante da vida das pessoas: uma, no plano das emoções e dos afetos coletivos (o futebol), outra na determinação das políticas, que dependem cada vez mais e mais absolutamente dos dinheiros e dos poderes que a eles estão associados. E tem-se visto que o poder da Banca se exerce quer por ter muito dinheiro, quer por o ter perdido. Em ambos os casos a sua força é enorme. E arrasta tudo...

O cidadão normal, o homem da rua, mesmo o *honnête homme*, perante um agravar das condições de vida, perante o estalar de escândalos, perante a comparação de sorte entre os atores políticos que aparecem na TV e quem silenciosamente faz o seu trabalho, tendem cada vez mais não só a afastar-se da política, como do alheamento passam facilmente à aversão, até à revolta, ou a uma lassidão desencantada e desinteressada.

Há em muitos, nos nossos dias, não só gente rude que reage passional, instintivamente, como mesmo pessoas mais ponderadas, ilustradas e que sem dúvida fariam falta à coisa pública, há nos nossos dias uma sensação de desconfiança, e mesmo de distanciamento frente ao fenómeno político. Dir-se-ia que alguns fogem dela com medo de um contágio. Os intelectuais, que outrora tão politizados foram, que constituíram, por diversas vezes e em vários quadrantes, uma espécie de vanguarda política – e que lhe emprestavam uma mais-valia de grande qualidade – parecem em muitos casos também desertar, e até "desistir".

Uma das mais significativas tomadas de posição contra o descalabro, que merece bem ficar registada, foi o artigo do escritor Francisco José Viegas "A Televisão da Canalha", onde, além de muita outra coisa importante, nomeadamente se faz este diagnóstico político:

> "É uma mediocridade que deve tudo à classe dirigente do país, a uma canalha sórdida com mau sotaque e hábitos preguiçosos, incapaz de recitar um verso de Camões ou de escrever sem erros ortográficos uma redação de segundo ciclo."

O autor termina no mais vivo pessimismo, mas que nos parece ser a verbalização do que muitos sentem sem ainda o pensarem, ou pensam sem o dizerem:

> "O país está entregue a eles. Que o devorem e lhes faça bom proveito. Podemos começar a emigrar."[1]

Perante esta situação, que traduzia, à época, um geral mal-estar (e como piorou desde então dizem as pesquisas), e de modo algum se limita

---

1 VIEGAS, Francisco José. *A Televisão da Canalha*, in "Jornal de Notícias", 23-1-2003.

à habitual dialética de críticas entre oposição e governo, mas transversalmente tudo põe em causa, é natural que a conotação do termo política o associe a coisas muito negativas, e possa até fazer pensar alguns na possibilidade de um mundo sem tão nefasta realidade.

Sobre os políticos sem sentido de Estado sempre se poderá recordar ainda Friedrich von Logau (*Heutige Weltkunst*):

> "Anders sein und anderes scheinen;
> Anders reden, anders meinen:
> Alles loben, alles tragen,
> Alle heucheln, setets behagen, Allem Winde Segel geben, Bös'und Guten dienstar leben; Alles tun und alles Dichten
> Bloß auf eignen Nutzen richten: Wer sich dessen will befleißen, Kann politisch heuer heißen."[2]

Mas é uma ilusão pensar-se que se pode prescindir da política, e um erro de avaliação julgar todos os políticos pela mesma bitola. A política é inevitável, e se nem tudo é político (como pretendem sempre os totalitários, eles próprios já presa da sua máquina de pensar utópica – o que não quer dizer quimérica, porque, infelizmente, as distopias podem concretizar-se), muita, muita coisa pode ter implicações, leituras, usos políticos. Sabemos também, desde Platão pelo menos, que o castigo de alguém não se envolver na Política é ser governado por políticos bem piores do que alguma vez o mais medíocre dos absentistas sonharia. E, contudo, a verdade é que nem sempre é fácil participar na política, que está feudalizada em grupos que obviamente defendem os seus privilégios mais ou menos oligopolistas.

---

[2] Numa tradução livre:
ATUAL ARTE MUNDIAL
Ser um mas outro mostrar
Pensar isto, outro dizer
Tudo louvar e sofrer
Sempre fingir e agradar.
Dar pano a todos os ventos
Servir aos bons e aos ruins
Mas em todos os momentos
Só servir seus próprios fins.
A quem quer que isto retrata
De política se trata.

3.3. MÚLTIPLAS DEFINIÇÕES DE POLÍTICA

Há múltiplas formas de olhar a política. Os teóricos possuem essa virtualidade da multiplicação dos pães das doutrinas. Cada novo politólogo pode sem dificuldade cunhar uma nova (nova?) definição de política a partir das antigas (simples *ars combinatoria*), ou então – empresa mais árdua – procurar ser completamente original. Sabemos já que o belga Jacques Leclercq chamava a atenção para esse procedimento tão pouco profícuo para as ciências que é a reprodução, *ad libitum*, de variantes da mesma coisa, ou de híbridos sem verdadeiramente algo de novo, especialmente no campo das definições[3].

Aliás, as definições, nas ciências humanas, são apenas um grau primário de conhecimento, e desde logo no Direito sabemos que *omnis definitio... periculosa est.* A definição é, em grande medida, uma armadilha positivista que limita (define, põe fins, limites) as coisas, como as do Homem e da sociedade, que têm demasiadas relações para se deixarem apreender simplesmente.

Porém, é inegável que do ponto de vista didático, num nível elementar, são importantes. Ou, pelo menos, podem ter alguma utilidade num certo nível de aproximação...

3.4. A POLÍTICA PARA ALÉM DO ESTADO

Hoje, com as críticas cada vez mais contundentes que lhe vão sendo feitas, algumas das quais o veem já como decadente ou superado (veja-se a crise – ou mais que isso – da soberania, pedra de toque estadual), não será de insistir muito nas perspetivas que associam a política sobretudo ao Estado. O Estado é apenas um dos lugares – e ainda muitíssimo significativo, por enquanto ao menos –, mas apenas um dos lugares em que se exerce a política.

Mais interessantes e realmente mais fecundas são as perspetivas que alargam a política para além dos limites do Estado.

Não sendo para nós o mais importante a discussão de uma delimitação conceitual que, seja como for na teoria, acabará, na prática, por se reverter aos mesmos objetos, poucas palavras nos bastarão para estas teorias.

---

3 LECLERCQ, Jacques. *Du Droit Naturel à Ia Sociologie*, trad. port., *Do Direito Natural à Sociologia*. São Paulo: Duas Cidades, s/d.

Afinal, há um fundo comum a muitas das teorias. Uns falam do poder como a oposição amigo/inimigo (*Freund/Feind*), como Julien Freund[4]; para outros, a política trataria de factos sociais polémicos, controversos, embora mantivesse os contendores dentro do jogo sem os eliminar. Isto a distinguiria da guerra (da qual, porém, se diria – jogando com um brocardo que envolve antes a diplomacia – ser "a continuação da política por outros meios"). Mas, independentemente da guerra ser ou não política (e parece-nos que é uma forma de ação política), o certo é que a política parece sempre ter uma dimensão de oposição, luta, inimizade (posto que os políticos democratas entre si se considerem, pelo menos aparentemente, sempre adversários apenas e não inimigos). Neste sentido geral – porque as várias visões são confluentes –, a política é etimologicamente diabólica. Porque o *diabolos* é aquele que lança a confusão e a desunião (*dia-ballein*), ao invés, aliás, do simbólico, expressão derivada de *symbolos*, o que reúne o que é complementar.

Mas se preferirmos um vetor mais inócuo do ponto de vista da carga semântica, e ainda assim com conotações fortes, deveremos centrar a nossa atenção no poder, que é para muitos, explicitamente, a chave do político.

BIBLIOGRAFIA

FERREIRA DA CUNHA, Paulo. *Repensar a Política. Ciência & Ideologia.* Coimbra: Almedina, 2005 (há nova edição); *Pensar o Estado.* Lisboa: Quid Juris, 2009; *Nova Teoria do Estado. Estado, República, Constituição.* São Paulo: Malheiros, 2013. Prefácio de Paulo Bonavides e Apresentação de Carmela Grüne.

FREUND, Julien. *Qu'est ce que la Politique?* Paris: Seuil, 1968, ou *O que é a Política?* Lisboa: Edições Futura, 1974.

PEREIRA MENAUT, Antonio Carlos. *Doce Tesis sobre la Política.* Santiago de Compostela. 2. ed. México: UNAM, 2014, ou *Idem. Política y Derecho. Doce Tesis sobre la Política*, in *Instituições de Direito.* Paulo Ferreira da Cunha (org.). Coimbra: Almedina, 1998, v. I, p. 149 s.

4 Para a obra deste autor, conforme, por todos, FREUND, Julien. *L'essence du Politique.* Nova edição. Paris: Sirey, 1986.

LIÇÃO 4

PODER

4.1. OMNIPRESENÇA E PSICOLOGIA DO PODER

O poder, enquanto dominação, *supra/infra* ordenação, hierarquia, exploração mesmo (numa vertente mais social) é um fenómeno humano irrecusável.

Há quem tenha a vertigem do poder, se alimente de poder, definhe sem ele. Mesmo que a um nível muito rasteiro, a febre de mandar (*Oh glória de mandar, oh vã cobiça!* – lembrava Camões) embriaga muitos. Há quem só respire para o cobiçar e exercer, quem não tenha vida além dessa doença.

Um subtil escritor observou a volúpia do nulo e bronco que se sente um imperador no trono do seu minúsculo *guichet* – infernizando a vida do cidadão que tem de passar por lá. Um grãozinho de poder, feito pessoal, a estragar a engrenagem do Estado e a poluir a convivência cívica. Poucos são os que demonstram ser espíritos superiores, usando o poder com um fim (e um fim demofílico e altruísta) e sabendo retirar-se quando a sua função terminou. O exemplo clássico (e naturalmente mitificado, até em obras de pintura e escultura) é o do romano Cincinnatus. Poucos são os que, mais especulativos, mais ascéticos, reconhecem a profunda vaidade do mundo, e o supérfluo da ação, a necessária alternativa entre a nesciência e a desilusão na política. E, como observou Alexandre O'Neil, um idiota com poder é um perigo. Corta até a respiração a generalização de Nelson Rodrigues; "O líder é um canalha". Mas ele explica-se, citando logo Estaline[1]...

Ora, se, como dizia alguém, o mundo não vale senão pelos extremos, não deixa de só poder sobreviver pela moderação.

Doença que corrói as próprias entranhas e espalha em redor desgraça, a febre do mando; espírito de serviço e dignidade no exercício do poder

---

1 RODRIGUES, Nelson. "Assim é um Líder", in *O óbvio Ululante. Primeiras Confissões.* 8. reimp., São Paulo: Companhia das Letras, 2002, p. 90 s.

como um tributo temporário aos outros, na medida da utilidade que se lhes possa prestar; distanciamento e até desprezo por uma tarefa em que se tem de sujar normalmente as mãos – até para moldar algo do barro da terra (problema ético permanente de toda a ação prática) – nestas ou noutras versões do lidar com o poder ou encarar o poder, ele não deixa de ser um interlocutor irrecusável.

4.2. MACROPODERES E MICROPODERES

Longe de se limitar às instituições clássicas do Estado, designadamente aos órgãos de soberania, o poder está obsidiantemente presente em todos os níveis e setores da vida social. Há por isso, para além do macropoder estadual, interestadual, etc., o micropoder que se desenvolve, por vezes sob formas bem menos claras, e raramente democráticas (deve dizer-se) ao nível da organização (empresa ou ente público), da família, ou mesmo nas relações interpessoais. Michel Foucault foi um dos que mais brilhantemente contribuiu para mostrar a presença dos micropoderes (ou a microfísica do poder...). Autor ainda para muitos "maldito". E para outros uma mera flor na botoeira, simples moda...

Quando Aristóteles falava da escravatura natural devia também ter em mente esses escravos sociais que se humilham e rastejam para obter benesses sociais (por vezes materiais, mas tantas outras meramente simbólicas: um sorriso, uma citação, um aparecer, uma medalha, um título nobiliárquico, académico, ou afim), e esses poderosos pusilânimes ou tíbios, etc. O carisma pessoal é, não apenas nas relações políticas clássicas, como numa simples relação entre vendedor e comprador, ou sedutor e seduzido, um poderoso elemento de poder. Poder pessoal.

Poder-se-á falar, então, em omnipresença do poder, como também falam alguns em universalidade (quase sinónima de omnipresença) do Direito? *Ubi societas, ibi ius*: onde está a sociedade, aí está o Direito. Também sucederá algo idêntico para o Poder, e, portanto, para a Política?

Já é discutível a tese para o Direito. O próprio Aristóteles de algum modo considerava, na *Ética a Nicómaco*, no que foi retomado por Tomás de Aquino, desde logo no respetivo comentário, que há relações, como as familiares (mais diretas e de diuturna convivência) e até as de amizade (mais profundas) em que o Direito tem de intervir de forma mitigada. Facilmente compreendemos que o "atribuir a cada um o que é seu" briga com alguma (maior ou menor) indistinção entre "o meu" e "o teu" entre pessoas que se querem bem. Ora, para o Poder e para a Política, a questão é semelhante, *mutatis mutandis*. Realmente o poder está em todo o lado onde a visão do outro seja sobretudo uma visão de disputa, de competição, de vontade de domínio, etc. Mesmo na indiferença aparente há essa ideia de sobranceria e supremacia, que é uma das formas do poder.

Uma Madre Teresa de Calcutá, na sua ação caritativa, não conheceria o poder. Mas, na medida em que tivesse que cuidar da gestão da sua instituição caritativa, aí dificilmente poderia livrar-se do exercício do poder. Ainda que, obviamente, justo e benévolo.

4.3. AMBIGUIDADE ÉTICA DO PODER

Claro, esta questão de novo nos leva à ambiguidade (um dualismo ou dualidade, entre o positivo e o negativo) ética do Poder, e também da Política. Há poder e há Poder...

O poder está cheio de dualidades, de oposições. De ambivalências, de claros e escuros e momentos e aspetos penumbrosos, por vezes.

Há poder legítimo e poder ilegítimo, quanto ao título e quanto ao exercício, assim como há poder *tout court* – *potestas*, e há autoridade – *auctoritas*... a qual pode até existir desprovida de poder, sendo também a inversa verdadeira (como veremos mais em pormenor *infra* – Lição 7).

Todos os conceitos se imbricam. Em geral, como sabemos, há o poder que dignifica quem o exerce na medida em que é utilizado em proveito geral, em prol da Justiça (social) ou do Bem Comum, e há o poder que é utilizado em proveito próprio ou de uma oligarquia, ou clientela (hoje passou para o léxico corrente a expressão "boys", que usufruiriam de "jobs", mas não são só "jobs" que um poder não ético distribui... distribui muito mais).

Por muito estranho que possa parecer ao observador desprevenido, há poder de um tipo e de outro, em geral. E também, como lembrava Duverger, o poder tem dois rostos, como Janus: mesmo num estado de coisas de poder perverso e corrupto os governantes têm de prover matérias de interesse público e objetivamente fazer coisas úteis (como o já referido exemplo de promover a recolha de lixo, sem o que a vida social seria para todos insuportável e impensável), assim como todo o poder tende para a concentração e para a distribuição em círculo fechado das benesses – mesmo o mais aberto: o que se relaciona com a chamada lei de bronze das oligarquias.

Péguy dizia de Kant algo como isto: Kant teria as mãos limpas porque não teria mãos. Sem de modo nenhum pretender justificar os que têm as mãos sujas (aliás, título de um sugestivo livro de Sartre, *Les mains sales*[2]), em coisas do poder é muito difícil não ter mãos, mas há duas formas de sujá-las. E se tal for feito como o Deus do Génesis, com o barro da terra, para criar, obviamente não merece desculpa sequer, mas louvor.

Em bloco, apesar das inúmeras tentações e historicamente das abundantes histórias negras, não é a política uma atividade condenável. Também não é apenas (como pretende algum idealismo, miopia, ou hipocrisia) uma altíssima atividade. Como todas as coisas nitidamente humanas há nelas a marca de Adão, *ni ange ni bête*... mas umas vezes quase uma coisa e outras quase a outra.

BIBLIOGRAFIA

DE JOUVENEL, Bertrand. *Du Pouvoir. Histoire Naturelle de sa Croissance.* Paris: Hachette, 1972.

FOUCAULT, Michel. *Microfísica do Poder*, org., introd. e rev. técnica de Roberto Machado, 18. ed. port. São Paulo: Graal, 2003.

MAQUIAVEL, Nicolau. *O Príncipe*, trad. port. de Carlos Eduardo de Soveral. Lisboa: Guimarães, 1984.

2 SARTRE, Jean-Paul. *Les Mains Sales* (*v.g.* in ed. de bolso, com trad. port. de António Coimbra Martins, *As Mãos Sujas*, Lisboa: Europa-América, 1972).

LIÇÃO 5

GOVERNO, GOVERNANTES, GOVERNADOS

5.1. UNIVERSALIDADE DO GOVERNO

Mesmo apesar do iniludível legado do constitucionalismo moderno, que de algum modo um pouco deslocou a atenção política dos governos para os parlamentos, o Governo (e não simplesmente na fórmula "o executivo") continua a ser uma personagem política central nas nossas sociedades.

Não é o Estado que constitui uma fórmula política eterna, antes o governo. Governo sempre houve e sempre haverá em todas as sociedades. O Estado, ao invés, é uma entidade criada (não natural), datada, histórica, e, portanto, perecível. Embora com algum exagero, há quem diga que o Reino Unido, ainda hoje, não seria um verdadeiro Estado. O certo, porém, é que alguns países já são chamados "Estados falhados". O que é uma situação muito diversa das Ilhas Britânicas.

Todas as formações sociais (para utilizar uma expressão marxista) conhecem, assim, um órgão (unipessoal ou coletivo) ou um conjunto de órgãos que asseguram de forma superior a cura dos negócios políticos das mesmas, e se dotam de meios para fazer cumprir as suas deliberações, sobre os quais têm uma capacidade de intervenção direta.

O monopólio da coação (outra forma de dizer "da violência" ainda que potencial, como ameaça ao menos) que existe nas sociedades políticas (as que ultrapassaram, pelo contrato social, o estado de natureza) pode dizer-se que é do Estado, em teoria. Mas é superiormente e antes de mais exercido pelos governos, e seus agentes. Ora, ao possuírem esse monopólio (considerado para mais legítimo) do uso da força, no plano interno e externo (da polícia à guerra), os órgãos da governação são, realmente, a expressão mais evidente do Poder. Pode haver poderes de várias índoles a que sejam sensíveis, que escutem, ou que os pressionem ou manipulem (a corrupção é um exemplo desse desvio do poder legítimo). Mas o rosto é ainda o desses órgãos. E também a presunção de legitimidade. E várias formas de representação, como veremos.

5.2. GOVERNANTES *VS.* GOVERNADOS: UMA DICOTOMIA CLÁSSICA

Um dos cortes analíticos possíveis na interpretação da política é a dicotomia entre governantes e governados. Embora nas sociedades pré-democráticas possa ter havido (Luc Fery observa que já ninguém morre na Europa Ocidental pelas grandes metanarrativas) uma mística de comunhão num ideal comum (teocrático, patriótico, ou outro), e nas sociedades democráticas se procure esbater a distinção entre uns e outros pela ideia de representação política (a qual, porém, é já muito antiga, e tem diversos matizes e subtilezas, como veremos *infra*), o certo é que, também precisamente por algo semelhante à já falada *lei de bronze das oligarquias*, o mundo político é sempre o mundo dos que mandam e dos que obedecem. E esta lei e a divisão cortante que traça são iniludíveis.

Não há poder e, portanto, não há política, sem força, sem imposição, sem hierarquia, sem mando. Podem é ser ou brutais, arbitrários e até pérfidos, ou democráticos e de um "jugo suave", como das suas leis dizia um quase monarca constitucional...

5.3. SABER E PODER

Outros há que, de algum modo na senda de Heródoto, acrescentam algo à divisão. O problema não seria tanto a inevitabilidade de uns mandarem e de outros obedecerem (Salazar proferiu uma frase que se celebrizou, como lema da passividade política geral: "Se soubesses quanto custa mandar, gostarias mais de obedecer toda a vida"), mas de mandar quem sabe, quem é competente (e/ou quem é virtuoso...). Assim, há quem diga, seguindo a linha de grande crítica à política contemporânea, que, no nosso Ocidente, vive de votos, popularidades, aparências em grande medida: "Quem pode não sabe, e quem sabe não pode".

Os grandes problemas na dialética governantes/governados encontram-se hoje renovados, até em alguma medida subvertidos.

Já não se trata de uma elite cultural, social e económica que segrega naturalmente os governantes, os quais, por muito medíocres que fossem, tinham ainda a marca de origem dessa elite. Não se trata mais de uma massa inculta, apta a obedecer porque a isso habituada, com o respeito interiorizado, *genético* se diria.

Quem hoje temos, de um lado e de outro, são atores muito diferentes: aos governos chegam cada vez mais não só beneficiários da mobilidade social ascendente de uma sociedade de oportunidades mais abertas (o que é um fenómeno hodierno muito positivo), mas também verdadeiros e genuínos representantes da massa que outrora jamais sonhara sequer em ser ouvida. Sobre um político que por sinal muito praguejava e acabou por ter uma carreira manchada por um grave escândalo se dizia: "Depois que Fulano foi eleito, já acredito que qualquer um o pode ser".

A verdade é que, por vezes, não já o intelectual mas o homem médio fica perplexo com alguns governantes, sua pose, atitudes e discurso. Fica estupefacto como este ou aquela chegaram ao poder. Mas a verdade é que foi, nos países democráticos, pelo voto. E porque não se conseguiram certamente candidatos suficientemente capazes de fazer passar as suas imagens e alternativas. Isso nos remete para o imenso poder dos *media*.

E, por outro lado, um fenómeno paralelo ocorre da banda da "exclusão": quer de extração aristocrática, quer de origem burguesa, quer de ascendência popular, por várias vias ascendem à cultura, ao saber, à sensibilidade e à aristocracia de espírito que acarretam, um conjunto de pessoas a quem dói verem os destinos dos países tão mal acautelados, e que, se lhes houvesse sido dada oportunidade, muito melhor governariam. Mas esses novos párias sociais não encontram uma brecha legal que lhes permita considerarem-se o que são: excluídos, segregados.

Os sistemas políticos estão ao mesmo tempo teoricamente abertos a todos e muito fechados, sendo os partidos políticos normalmente um exemplo dessa dualidade. Ora há tempos e casos em que até é difícil sequer aderir a um partido, ora se escancaram as portas de decisão partidária permitindo que votem em eleições primárias simpatizantes (e eventualmente pode haver pretensos simpatizantes, apenas apostados em que ganhe o pior dos candidatos para o partido em causa, até infiltrados: realmente simpatizantes de outros partidos).

Mas a maior dissuasão para o exercício da cidadania partidária é um espetáculo de permanente guerrilha interna, e um *fumus* de baixa qualidade de muitos (e corrupção), mesmo com cargos no Estado. Isso repele quem não tenha uma vocação política absolutamente irresistível e um sentido de dever e serviço à prova de desilusão. O que são qualidades raríssimas. Quem tem que fazer pela vida não tem tempo nem paciência que resistam, e alheia-se.

5.4. MUDANÇAS SOCIAIS E MUDANÇAS GOVERNAMENTAIS

A queda de prestígio dos governos deve-se não só aos escândalos, à corrupção, ao nepotismo de que periodicamente alguns dos seus membros são suspeitos e eventualmente culpados, nos vários países, mas também, de forma mais discreta mas ainda mais perene, à sua profunda incapacidade na resolução dos problemas, à sua atitude pouco atualizada e de respostas lentas, à promoção da burocracia, ao distanciamento face aos problemas concretos de cada lugar e de cada pessoa, à tentação periódica em cair no exagero, quer o da mão dura autoritária, quer o da luva de cetim laxista. Tudo, em grande medida, resultado da falta de vocação, de estudo, de preparação, numa palavra: de educação ou de cultura.

Tempo houve em que a propagação mediática imoderada de uma certa "ideologia dos direitos", designadamente de alegados mas realmente quiméricos direitos humanos ou fundamentais (que realmente são prejudiciais à credibilidade e aplicabilidade dos verdadeiros: sempre *a má moeda expulsa a boa*), excitou os ânimos e criou na opinião pública um estado de permanente insatisfação pelo que sempre se não tem da apregoada cornucópia a que todos alegadamente teriam direito. Essa crença em direitos que não se têm, e que a simples lei da raridade económica inviabiliza à partida, foi a grande responsável pelo clima latente de descontentamento e pelo avolumar das fricções entre os que têm e os que não têm, entre os que mandam e os que obedecem... E o governo (qualquer que ele seja) sempre foi, de todos, o principal alvo das críticas... já que, pela natureza das coisas (*natura rerum*) jamais poderá dar tudo a todos.

Mas, inversamente, denunciando as imoderadas pretensões assistencialistas, quietistas e subsídio-dependentes de quem não foi educado numa cultura de responsabilidade, outros há que, prevalecendo-se ora do seu lugar resguardado à mesa do orçamento, ora dos favores da *Fortuna*, pela riqueza, hereditária ou aleatória, ora ainda de efetiva capacidade de iniciativa (bafejada pela sorte), começaram a clamar não apenas contra os direitos ilusórios e falsos, como contra todos os direitos. Concedendo eventualmente, no limite, aos desprotegidos umas migalhas de "caridade", mas jamais lhes reconhecendo verdadeiros direitos sociais, económicos, culturais ou afins, próprios da sua natureza de Homens.

Ambos os exageros se afrontam, com maior ou menor subtileza, nos dias de hoje. Questões como a reforma da Segurança Social (que sempre se quer reformar e para consagrar situações de cada vez menos proteção), rendimento mínimo, ou legislação laboral são pedra de toque.

Hoje, o ataque contra tudo o que é social, em vários países, relegou para o esquecimento as reivindicações e interpretações exageradas dos direitos, embora algumas ainda assomem, sobretudo no sentido de privilegiar certos grupos e formas de vida e de castigar outros. Ou seja: hoje os direitos ilusórios são sobre tudo reivindicações (por vezes alcançadas) de minorias ou de comportamentos ou conceções minoritárias. Umas muito respeitáveis, outras que causam perplexidade, outras que manifestamente são ataque discriminatório de uns a outros (como o ataque feroz dos não fumadores fundamentalistas aos fumadores: em que pessoalmente somos totalmente insuspeito, porque não fumador).

BIBLIOGRAFIA

DEUTSCH, Karl. *Política e Governo,* trad. port. 2. ed. Brasília: Universidade de Brasília, 1983.

NEGRO, Dalmacio. *Gobierno y Estado.* Madrid/Barcelona: Marcial Pons, 2002, máx. p. 23-86.

PARTE III

FUNDAMENTOS E FINS

LIÇÃO 6

PESSOA E LIBERDADE

6.1. PESSOA E *PERSONA*

Todas as etimologias são importantes, mas há algumas que são realmente reveladoras, e por elas temos mesmo que caminhar.

O vocábulo "pessoa" deriva, como dissemos, da palavra grega *persona*. A *persona* era a máscara que os atores das tragédias, devidamente calçados com altos coturnos, ostentavam nos teatros da Hélade. Assim, a pessoa não é o simples número informático a que tantas vezes se quer reduzir o indivíduo (e isto não é retórica: cada um pode sentir esse fio do nada tecnocrático na cidade, no trabalho, no prédio, por toda a parte). Pelo contrário, Pessoa é cada Homem ou Mulher em situação, como "ator social": por um lado, revestido da necessária urbanidade que lhe molda o rosto à máscara; por outro lado, protegido socialmente pelo próprio verniz social, de que a máscara é também sinal.

Longe de ser uma hipocrisia (o ator grego é o *hypokrités*), a ascensão do indivíduo a pessoa é verdadeiramente um passo de gigante na sua verdadeira "humanização", no seu encontro com o seu fim, o seu destino – é tornar-se no que realmente é.

E daqui decorrem muitas consequências.

6.2. PERSONALIDADE JURÍDICA: TAMBÉM UM PROBLEMA POLÍTICO

Evidentemente que, por comodidade, partimos do princípio que os seres humanos são todos pessoas. Embora de vez em quando, perante um ignóbil assassino com requintes de malvadez, a voz corrente afirme que "é um monstro". Um monstro, entenda-se, é precisamente uma aberração da natureza. É preciso ter (até juridicamente) algum cuidado com a questão da personalidade. Havendo ordens jurídicas que só reconhecem a personalidade jurídica a partir do nascimento de um ser humano, "completo e com vida", cessando a mesma com a morte (para usar expressões do nosso Código Civil), perguntar-se-á se antes de nascer e depois de morrer a dignidade humana e a própria Pessoa não merecem proteção do Direito.

Sendo um problema jurídico, e antes de tudo o mais filosófico-jurídico, é também (na medida em que o conjunto das matérias em que hoje há acordo nas nossas sociedades é cada vez menor e limitado a coisas talvez em alguns casos nem sequer muito importantes) um problema político: desses em que se evidencia a discórdia. Além de poder ser questão ética e teológica...

E o problema logo se reconhece não apenas na proteção à memória de pessoas falecidas (que, todavia, legislações expressamente acautelam, havendo também proteção penal...), mas, sobretudo, no que respeita aos direitos de quem, concebido, ainda não nasceu. Se a personalidade é algo que se adquire pelo simples nascimento, pode liberalizar-se *ad libitum* o aborto, porque se não atenta contra uma pessoa. Se a personalidade depende de alguma "formação da personalidade" (para invocar uma teoria penalista: da "culpa na formação da personalidade"), quem não a tiver formada poderá não ser plenamente pessoa. E também se pode admitir, por exemplo, a pena de morte, nesta ordem de ideias, não para as pessoas (bem formadas, e vivas, plenamente "nascidas"), mas precisamente para esses seres, com forma humana, mas com moral de "monstros". Tal parece-nos ser, de algum modo, a teorização de Stamatios Tzitzis, que defende a pena de morte para alguns casos extremos. Não é de forma alguma o nosso caso, aí divergindo nós do grande filósofo penal grego.

Embora talvez possa reconhecer-se algum mérito em abstrato a algumas posições limitativas da personalidade, interrogamo-nos, porém, e apreensivamente, sobre o que seria um mundo em que apenas os vivos tivessem direitos, e, de entre eles, apenas os que correspondessem a um certo modelo de formação da personalidade.

Os códigos civis italiano e brasileiro (este último substituído em 10-I-2003, ainda remete a capacidade dos índios para legislação especial – art. 4º, parágrafo único), por exemplo, já incluíram limitações ou reticências de índole "rácico" – civilizacional. E o Código civil mexicano isentava alguns da presunção de conhecimento das leis, em certos casos, tendo implicitamente em atenção os mesmos padrões.

Este paternalismo (tema em geral aprofundado por uma dissertação que orientamos, da autoria de Ana Caldas) parece revelar-se hoje cada vez mais absolutamente inaceitável, e uma prova de que, quando começam a estabelecer-se critérios de limitação, eles acabam por ser estabelecidos em função dos preconceitos. Embora haja também cada vez mais nichos de pensamento preconceituoso nos nossos dias, e até com pretensões totalitárias, assim houvesse oportunidade. Mal haja uma brecha a aproveitar...

Há razões muito substanciais para se defender a personalidade de todos os seres humanos. Quanto aos falecidos, é a sua memória que se protege, evidentemente, e, nela, os direitos dos que com eles conviveram, ou que, mesmo não os tendo conhecido, os respeitam, ou até veneram. A questão dos falecidos não tem sido muito polémica – até agora. Apesar de uma sentença em que querelavam duas irmãs pelo acesso ao jazigo da mãe falecida, mas com contornos complexos, que não cabem aqui e que relembram a necessidade de invocar determinações naturais em matéria de mortos, como na clássica *Antígona*. Onde tem havido grandes debates políticos (e em Portugal até dois referendos) é na questão da personalidade pré-natal. E, na polémica sobre os pretensos "direitos dos animais", também se discute se os loucos, os que se encontram em coma, os recém-nascidos, etc., têm verdadeira personalidade... ou se são mesmo algo mais que os animais...

Neste debate esquece-se frequentemente a diferença jurídica entre personalidade jurídica, que é concebida, e bem, como um absoluto que se tem ou não tem, e capacidade jurídica (ou capacidade para agir) que pode variar e que tem medida, consoante precisamente o grau de desenvolvimento, maturidade, etc., da pessoa.

O que o particular tipo de vida pré-natal, do recém-nascido, do louco ou do que se encontra em coma, impõe juridicamente não é a negação da personalidade, mas sim uma consideração de que a capacidade de qualquer dos tipos em causa se encontra reduzida a nada, ou a muito pouco. Mas, atentemos bem que não se deve, em nenhum destes casos, negar a personalidade, porquanto, em todas as situações, a clara compressão da capacidade não é necessariamente eterna. Ninguém pode certamente afirmar infalivelmente que o doente não despertará do coma, e o louco não se verá curado, (re)assumindo, melhor ou pior, um e outro, as suas vidas, e recuperando a capacidade de agir. O recém-nascido naturalmente crescerá e atingirá a maioridade, tornando-se, pela ordem natural das coisas, um ser perfeitamente apto a gerir a sua vida. E, o que importa muito, o embrião ou o feto, também pela ordem natural das coisas, virá a nascer e a seguir o mesmo caminho do recém-nascido. Em todos os casos, o manto da personalidade jurídica da espécie humana deve cobri-los e protegê-los. Resta saber quais os tipos mais adequados de reações sancionatórias (ou não) da ordem jurídica face aos diversos ataques aos vários estádios da personalidade, designadamente quanto à sua eficácia preventiva, justeza retributiva, equidade social, etc.

Apesar de a situação estar mais pacificada em alguns países em algumas questões mais fraturantes (como a da IVG/aborto), o certo é que este tipo de problemas (e afins) está fadado a ocupar inevitavelmente a ribalta da discussão política mais acessível ao comum dos mortais (porque a outra matéria de atualidade política, a económico-financeira, acaba por ser um esoterismo apenas para iniciados, como já advertia Bertrand Russell, por outras palavras, no seu *Elogio do Lazer*[1]; e o que se diz vulgarmente é propaganda e palpites).

6.3. PERSONALIDADE E DIGNIDADE HUMANAS

A personalidade do Homem é uma qualidade muito séria, e uma responsabilidade que não pode ser encarada levianamente.

O Homem não é um ser casual, um náufrago sem norte no oceano revolto da existência. É ator, é protagonista no palco da vida – a qual é, precisamente, não um drama anónimo do universo, mas tragédia especificamente humana.

A personalidade do Homem contém em si a sua dignidade.

O Homem não é um ser espúrio, não é um acaso na mecânica de um caos. Pelo menos nós, que somos Homens, nos queremos crer assim. Já Xenófanes afirmara que, se os cavalos pensassem, idealizariam deuses equídeos: nós somos sempre deuses de nós mesmos. "Sereis como deuses"[2], diz-nos sempre uma serpente genesíaca. De algum modo nos deificamos, e, seja intrínseco o nosso valor (o que só poderá ser confirmado com espectadores conscientes da Humanidade, fossem eles extraterrestres racionais, fossem divindades, ou um Deus único), ou apenas resultado do nosso narcisismo coletivo, a nossa autoestima tem dado frutos normalmente positivos (olhemos à nossa volta – pelo menos no mundo material – o que temos realizado; mas somos suspeitos...), salvo quando, cheios de nós, inchados de prometeísmo, nos abalançamos a fazer mais do que devíamos:

---

1 RUSSELL, Bertrand. *In Praise of Idleness*, trad. port. de Luiz Ribeiro de Sena, O *Elogio do Lazer*. São Paulo: Companhia Editora Nacional, 1957.

2 Gén. III, 5.

por exemplo, destruindo o planeta com predação e poluição, e brincando aos demiurgos com clonagens... Há, realmente, frutos proibidos na árvore da ciência. A serpente não tinha razão, mas teimamos em segui-la.

Perseverar no erro não é humano (humano é só errar). Perseverar é, verdadeiramente, diabólico...

6.4. FACES E DIMENSÕES DA DIGNIDADE DA PESSOA HUMANA

Na feira de reivindicações do impossível, vê-se muitas vezes a dignidade ao espelho: cada um se olha e se acha digno, e credor de consideração, respeito, e direitos. Não faria nada mal que de vez em quando considerássemos a dignidade do outro lado: como uma qualidade geral das pessoas, que carecem de ser tratadas com respeito, lisura, delicadeza até. Cuidado ao menos. Mas a boçalidade e a agressividade crescem, a par da demissão educativa. É ver o comportamento no trânsito difícil, ou nos transportes coletivos lotados, ou mesmo em promoções de supermercados: estala o verniz e salta à superfície um egoísmo predatório, acumulativo e um desprezo radical pelo outro. Só quem interiorizou muito valores de solidariedade se coíbe e dá a vez em situações mais complicadas... Mas há quem o faça, e isso revela que há esperança na Educação, depois de muitas gerações de boa Educação a todos os níveis...

A dignidade da pessoa humana tem várias dimensões. Tem uma dimensão antes de mais ética, pela qual a pessoa não pode ser objeto de qualquer tipo de agressão ou tratamento vexatório, minimizador, degradante, que a rebaixe na qualidade de ser sensível, racional... dir-se-ia, *feito à imagem e semelhança de Deus*... para os crentes.

Evidentemente que os ataques mais violentos e graves a esta dimensão entram na tutela jurídica, e em última instância no foro criminal.

Depois, há que não esquecer das condições materiais mínimas indispensáveis ao florescimento não só do respeito social (infelizmente assim é) como da própria autoconsciência da dignidade pessoal. E sem esse mínimo de condições de subsistência, em que, mais do que subsídios, sobretudo incluímos o emprego, nem se é respeitado, nem o próprio, muitas vezes, se respeita ou pode dar ao respeito.

Talvez num futuro de um mundo sobretudo sustentado por máquinas possamos cumprir o nosso destino, que Agostinho da Silva diz não ser o de trabalhar... Mas, ao invés disso, o de fazer coisas não submetidos ao *tripalium* (instrumento de tortura – origem da palavra "trabalho"), de obrar criativamente... com gosto... e não por obrigação, mercê da condenação "ganharás o pão com o suor do teu rosto". Para já, porém, o emprego é ainda condição, para muitos, de dignidade social e pessoal e até de equilíbrio psicológico.

E o crescente desemprego avoluma a sensação de que as nossas sociedades estão sentadas, mais ou menos levianamente, sobre um barril de pólvora.

6.5. CRISE DA DIGNIDADE

Vivemos hoje, infelizmente, tempos bárbaros (talvez de uma barbárie ainda civilizada: *La Barbarie Civilizzata* é um título de Pier Paolo Ottonello[3]) de profundo ataque à dignidade das pessoas.

No limite, como modalidade mais gravosa de atentado à dignidade (da vítima mas também do agressor), está o crime, que aumenta e amedronta vertiginosamente nas metrópoles. Embora o crime a muitos níveis venda e compense, e haja muita comunicação social e políticos de "mão dura", revanchismo e populismo que instrumentalizam o medo, e agigantam os perigos...

Mas a dignidade sofre pressões e compressões e até atentados mesmo do Estado e seus poderes, que não defendem (e muito menos acarinham) os cidadãos suficientemente e dele reclamam trabalho e impostos exagerados, dando-lhes em contrapartida uma qualidade de vida insustentável, por vezes no limiar da indigência. Sempre há um punhado de privilegiados, mas o sentido geral do estado de coisas vê-se pela maioria, pela grande massa.

Também os cidadãos se agridem e cada vez menos sabem conviver civilizadamente, o que cria um deserto de civilidade e faz parecer quem é educado, deferente, solícito e cumpridor uma espécie de E.T. ou marciano. O abismo chama o abismo (*abyssus abyssum invocat*) em muitas áreas e situações. Também ao nível da lisura, da boa-fé, da etiqueta, do trato social. Um contexto de falta de educação faz os educados terem de esquecer os seus punhos de renda, até para poderem sobreviver. Adorno, em *Minima Moralia*, também chamava a atenção para o declinar do nível de uma conversa: basta que haja alguém que não acompanhe, para o registo descer até ao nível do

3 OTTONELLO, Pier Paolo. *La Barbarie Civilizzata*. Génova: Arcipelago, 1993.

mais ignorante[4]. Imagine-se, pois, se nas aulas um Professor pode, para que um pequeno grupo de alunos o possa entender, deixar de falar da sua matéria e discutir apenas as banalidades desinteressantes que eles entendam...

Finalmente, as pessoas individuais, que, na pressão do coletivo, do social, na angústia da solidão e do anonimato, na febre do consumismo, também se atiram para situações de desrespeito pela sua própria dignidade: trabalhando demais e em péssimas condições, para sobreviver, uns, para consumir desregradamente, outros; curvando a cerviz a tiranos e tiranetes, no emprego e na sociedade, pelas mesmas razões; chegando mesmo a formas de prostituição mais ou menos sofisticada, como a que decorre de certos programas televisivos que só visam a satisfação das mais baixas pulsões das camadas mais ignorantes e mais desprovidas de gosto da população. As quais, porém, pela mesma lei imitativa ascendente que levou o tango dos lupanares aos salões, ou a valsa dos campos aos palácios (e que Gabriel de Tarde verificou, nas suas *Leis da Imitação*[5]), já estão a conquistar camadas que deveriam encontrar-se noutro estádio de desenvolvimento mental e da sensibilidade.

Só que o tango e a valsa, sendo de origem humilde, tinham graça ou garbo, ou seja, formas de beleza. E o que agora se imita é, com raras exceções, horrendo, ou de uma banalidade *disgusting.*

6.6. DIGNIDADE, DIREITO E POLÍTICA

A dignidade da pessoa humana encontra-se logo no art. 1º, inciso III da Constituição Federal do Brasil, de 1988: “A República Federativa do Brasil, formada pela união indissolúvel dos Estados e Municípios e do Distrito Federal, constitui-se em Estado Democrático de Direito e tem como fundamentos: (...) III – a dignidade da pessoa humana”. Também o art. 1º da Constituição da República Portuguesa de 1976, que afirma que “Portugal é uma República soberana, baseada na dignidade da pessoa humana...”. Já foi criticada esta fórmula, por Soares Martínez, porquanto uma república pode e deve respeitar tal dignidade mas não poderia basear-se nela. Seja como for (não entraremos aqui na polémica, cujo interesse prático nem vislumbramos),

---

4 ADORNO, Th. W. *Minima Moralia. Reflexionen aus dem beschaedigten Leben.* Berlim/Francoforte: Suhrkamp, ed. 2001 (1. ed. 1951).

5 TARDE, Gabriel de. *Les Lois de L'Imitation,* trad. portuguesa, *As Leis da Imitação.* Porto: Rés, s/d.

é tranquilizador ver que o nosso Direito, e no topo da pirâmide normativa das fontes legais, se preocupa com a dignidade da pessoa humana.

A questão é, pois, fazê-la saltar do papel da Constituição para a vida. Mas isso é obra de cada um de nós, é obra política sobretudo.

6.7. LIBERDADE E LIVRE-ARBÍTRIO

É difícil, nestas questões essenciais e conaturais ao Homem, saber o que está primeiro e o que vem depois, o que é causa e o que é feito. Pressuporemos assim que se trata de aspetos contemporâneos e que se interligam: a Dignidade e a Liberdade da Pessoa Humana. Sentimos facilmente que o ser digno que é o Homem tem de ser também um ser livre; e que o ser livre que o Homem é não pode deixar de se revestir, assim, de dignidade.

A liberdade é, no seu cerne, em grande medida, aquilo a que se costuma designar, num vocabulário mais teológico e filosófico, por *livre-arbítrio*[6]. Não se trata de uma pura e simples indeterminação, e na capacidade mágica de fazer tudo o que a vontade e a imaginação ditam, ou o capricho pretenda. Não se trata, assim, de libertinagem nem de capacidade demiúrgica, pressupondo que o demiurgo nem estivesse vinculado a leis – como o próprio Deus está, ao contrário do que pensava Guilherme de Ockham e os nominalistas seus seguidores: mesmo o Zeus dos Helenos estava vinculado[7].

Não se trata de ausência de peias, de oposições, de impedimentos, de limitações.

A liberdade do Homem é precisamente feita das suas limitações naturais e das barreiras que a cada pessoa erguem os seus oponentes, pessoais ou naturais. A liberdade é precisamente, antes de mais, a capacidade, a possibilidade de escolher entre diversas vias sempre possíveis. Há sempre alternativas, e cada pessoa pode sempre escolher, decidir o seu destino (e o dos outros, na medida em que se imbriquem). A liberdade é essa possibilidade de "não ir por aí" – mesmo que não se saiba *por onde* nem *para onde* se irá –, como bem se obstina em afirmar José Régio, no seu admirável *Cântico Negro* (que se pode ver hoje no *YouTube* recitado por João Villaret, Maria Bethânia ou Paulo Gracindo: três grandes artistas).

---

6 Sobre a questão, v. o nosso livro *Responsabilité et Culpabilité*. Paris: PUF, 2000.

7 LLOYD-JONES, Hugh. *The Justice of Zeus*, ed. revista. Berkeley, Los Angeles, London: University of California Press, 1983.

Mas essa liberdade é assim sobretudo responsabilidade: porque optar, ainda que entre males, pelo menor mal, traz sempre sacrifício, risco, e as consequências inevitáveis. Por isso o homem livre não é um inconsciente, nem a liberdade o caos das possibilidades.

Como escreveu Gustavo Corção, "O homem livre não é o que 'traz dentro de si um caos para dar à luz uma estrela dançante'. Um homem livre é aquele que ama a terra em que pisa e a casa em que mora". Mas não levemos demasiado longe estas belas frases: o Homem livre não é, por isso, um tacanho patrimonialista agarrado ao torrão natal e às ruínas de família mais que à vida, à honra, à liberdade, ou até mesmo mais que à busca da felicidade, esse *pursuit of happiness* que marca uma mudança no constitucionalismo e na política modernas, desde a Revolução Americana, pelo menos.

Sem dúvida que o Homem Livre é pessoa séria, centrada, estruturada, coerente, e sabe onde está, e para onde quer ir. Mas não é um conservador ou um tradicionalista necessariamente. Pode sê-lo, ou não. Há muita gente que está na sua terra e na sua casa (e as ama e defende) e não é livre de modo algum. Pode até ser escravo dessas coisas.

6.8. LIBERDADE POLÍTICA

Da liberdade pessoal se passa à liberdade política. Antes de mais, aquela é base e condição desta. É porque somos essencialmente livres que construímos, naturalmente, e naturalmente aspiramos, à liberdade no plano político.

A liberdade política acaba assim por poder ser traduzida, em relação à liberdade pessoal, como a situação ou ordem das coisas políticas capaz de plenamente assegurar o desenvolvimento da liberdade de cada um. A Constituição da Alemanha (na verdade Lei Fundamental), ainda quando era apenas RFA (República Federal da Alemanha), exprimia-o de algum modo, assinalando as condições de livre desenvolvimento da personalidade – o que implica, evidentemente, não só desenvolvimento consigo, mas desenvolvimento social, em sociedade, ou seja, desenvolvimento na política.

Evidentemente que a liberdade política tem uma longa história de avanços e recuos e se desdobra hoje, nas fórmulas constitucionais do nosso tempo, sobretudo em direitos, liberdades e garantias, que extravasam já o político *stricto sensu* para avançarem em várias gerações de direitos, que na verdade não se ultrapassam umas às outras, e por isso são mais recentemente chamadas *dimensões*.

Temos de encontrar o distanciamento histórico para compreender que nem sempre foi assim, e pode não continuar a ser assim. A liberdade política é mais vasta que o atual sistema instituído pelo constitucionalismo moderno (que já está em grandes transformações, desde os seus alvores liberais, vetero-liberais). A fonte da imaginação política não secou. O perigo é trocarmos a atual forma de liberdade das nossas constituições escritas por algo que mais se aparente a um retrocesso, seja para os tempos do nazi-fascismo, seja para os tempos anteriores à Revolução Francesa. Há quem já o deseje: uns de caso pensado e por interesse e convicção, outros por uma lamentável ingenuidade, que as democracias não estão a ser capazes de reverter, porque se demitiram de formar civicamente. E persistem em fechar os olhos ao crescimento das ideologias e dos temperamentos autoritários e totalitários, que as crises graves sempre fazer multiplicar-se. Ao ponto de nos perguntarmos se não há uma pulsão suicida nas democracias.

Vejamos então as coisas em perspetiva.

Desde logo, uma divisão já clássica distingue a *liberdade dos antigos* da *liberdade dos modernos*. A primeira correspondia à participação dos cidadãos (não de todos, porque há muitos "excluídos") no poder da *Pólis* ou da *Civitas*, constituindo a segunda, sobretudo, uma garantia face ao poder do Estado.

Mas outras divisões, menos conhecidas, existem. Pode haver, e tem havido, vários sistemas de proteção da Pessoa e de garantia da Liberdade. Os mais conhecidos hoje são os sistemas anglo-saxónico (inglês e americano) e francês, que corresponderam às primeiras grandes revoluções políticas modernas. O sistema soviético, considerado, pelo contrário, nada protetor da liberdade política, deixou no Ocidente um escasso legado.

Mas outros sistemas existiram, e até anteriores, como o hispânico, que, aliás, se expandiu, pelos Descobrimentos, à América Latina. E que tinha até a vantagem, face ao abstrato e proclamatório do sistema francês das declarações de direitos, que as constituições escritas herdaram, o facto de se interessar pelas próprias coisas justas, pela concretização muito prática da proteção das pessoas: as liberdades, direitos e garantias...

Claro que esta realidade histórica se encontra muito pouco testemunhada nos manuais, sobretudo porque os países ibero-latino-americanos, desde a Modernidade, e sobretudo a partir do Iluminismo, quase abdicaram do seu génio jurídico e político próprio, considerando-se tanto mais progressivos e modernos quanto mais foram copiando as criações além-Pirenéus e além-mar. Por isso, e pelo geral complexo etnocêntrico que identifica progresso económico e tecnológico com progresso moral, cultural e juspolítico, temos sido, também nós, sobretudo consumidores de produtos estrangeiros.

Nem sempre da melhor qualidade, e em muitos casos inadaptados à nossa idiossincrasia. O que não quer dizer, porém, que fossem totalmente de rejeitar...

Com efeito, é preciso o maior cuidado em não embarcar numa polémica entre as liberdades hispânicas e as liberdades revolucionárias (pós-Revolução Francesa). Há quem defenda umas contra as outras, mas parece-nos que são, por um lado escadas num mesmo sentido, e, por outro, rostos de um Janus. Do mesmo modo que, como bem advertiu Francisco Puy, não se deve voltar Direitos Humanos contra Direito Natural, e vice-versa, porque os primeiros são a linguagem hodierna do segundo, também as liberdades antigas (e especificamente as hispano-americanas) acabariam por ter expressão no legado da Revolução Francesa, que não é hoje só proclamatório, mas que, num Estado constitucional hodierno, se aproxima dos cidadãos e lhes confere muitas garantias. Há uns tempos que se fala, até (mas com muito exagero), de um excesso de garantismo.

Contudo, pode haver lentidão, pode haver burocracia. Garantias a mais nunca as haverá, salvo exceção que confirma a regra. Os poderes e os seus abusos são de molde a recomendar sempre que haja separação dos mandos, e mecanismos de controlo. As garantias atrapalham os poderes que se querem com mãos livres, desenvoltos, e não sindicados. Mas a democracia, a transparência, os devido processo legal, a legitimação pelo procedimento, mil conceitos-chave do nosso tempo político e jurídico obrigam a garantias. Não são quase nunca demais.

De todo o modo, seria bom que os estudantes e pesquisadores desse grande quadrante que é o mundo de língua portuguesa e espanhola pesquisassem mais sobre o seu próprio legado, acreditassem mais em si mesmos, e não repetissem, contra si ou uns contra os outros alguns preconceitos cliché sobre atraso, decadência, e outras coisas, que só levam água aos moinhos alheios, que podem ser de alta tecnologia, mas não são nossos, nem nas suas velas nunca voaram os sonhos de Dom Quixote. E esses sonhos são importantíssimos. “Pelo sonho é que vamos”, dizia o poeta Sebastião da Gama.

BIBLIOGRAFIA

FERREIRA DA CUNHA Paulo. *Res Publica. Ensaios Constitucionais*. Coimbra: Almedina, 1998, máx. p. 15-25; *Idem*. *Teoria da Constituição*, II. *Direitos Humanos, Direitos Fundamentais*. Lisboa/São Paulo: Verbo, 2000, máx. 92-100, et passim; *Idem*. *Liberdade*, in “Verbo. Enciclopédia Luso-Brasileira de Cultura. Edição século XXI”, v. XVII, LX. São Paulo: Verbo, novembro de 2000; *Idem*. *Amor Iuris. Filosofia Contemporânea do Direito e da Política*. Lisboa: Cosmos, 1995, máx. p. 35-62; *Idem*. *Direitos Fundamentais. Fundamentos e Direitos Sociais*. Lisboa: Quid Juris, 2014.

TZITZIS, Stamatios. *Qu’est-ce que la Personne*? Paris: Armand Colin, 1999.

LIÇÃO 7

AUTORIDADE E LEGITIMIDADE

7.1. *POTESTAS* E *AUCTORITAS*

O poder *tout court*, o simples poder, *potestas*, depende de dados de facto, muito comezinhos por vezes, como o deter ou não deter as armas (o poder está no cano da espingarda, teria dito Mao Zedong). Quem detém o poder (no limite porque tem consigo as armas, ou algum tipo de ascendente – afinal autoridade – sobre quem as detém) pode aspirar a ser obedecido, por passividade e por medo. *In extremis*, utilizará a força para impor o que pretende. Quem diz as armas, numa situação-limite, diz qualquer meio de favorecer ou de prejudicar outrem. Uma força enorme, e igualmente muito persuasiva, é o dinheiro.

Há muitos autores concordes com esta perspetiva. Por uma forma ou por outra, a questão está em levar os outros a fazer o que desejamos – por meios que vão da persuasão (que pode ser retórica: por isso a retórica é uma forma de poder) até à coação, como sugere M. G. Smith.

Coisa bem diferente é a autoridade, *auctoritas*, que tanto pode encontrar-se como suporte de um poder legítimo (ou por ela mesma legitimado), como encontrar-se privada de poder que lhe dê eficácia. Neste último caso, será uma autoridade "platónica", mas, ainda assim, com o peso da sua razão. Com, por exemplo, um "magistério ou magistratura de influência" que se assinalou terem alguns presidentes da república em sistemas parlamentaristas...

Mesmo os poderes mais crassos, mais boçais e violentos, de vez em quando, têm necessidade, por intuitos decorativos, imitativos, ou outros, de umas figuras de anciãos sábios, que personifiquem a prudência, a isenção, etc. Aí está, quantas vezes no limite do arbítrio, a presença da *auctoritas*. Mas até estes usos estão a passar de moda. O decoro, porém, está a perder-se.

O que parece mais interessante é que é sempre necessário o poder para que a vontade se torne ação, para que as ordens sejam acatadas, e mesmo para que as regras sejam respeitadas. Lucy Mair relembra esse aspeto: aparentemente, em nenhuma sociedade as normas se autoexecutam sem a intervenção, ao menos latente ou como pano de fundo, do poder. E nada há de mais triste pessoalmente nem de tão nocivo socialmente que a autoridade não reconhecida. Voltando a Heródoto: nada parece ser mais doloroso que o ter saber sobre muito e poder sobre nada.

Normalmente, estamos habituados ao nível teórico a uma distinção entre *auctoritas* (poder legítimo) e *potestas* (o simples poder, o nu poder). Porém, Lima Lopes, em *O Direito na História*, nos recorda outros usos ou aceções: assim a própria *potestas* poderia ser o poder legítimo por contraposição à mera *potentia* (a força). O que nos recorda os acompanhantes de Hermes quando este vai encadear o titã rebelde, Prometeu, num rochedo do Cáucaso, na peça de Ésquilo, *Prometeu Agrilhoado*: são eles *Kratos* (o poder) e *Bía* (a força). A presença de Hefesto entre os coadjuvantes de Hermes parece ser técnica, uma vez que é ferreiro...

7.2. A TRIPARTIÇÃO DE MAX WEBER

Enquanto o poder simples é muito fácil de explicar – no limite, como vimos, é fruto da força, da violência –, já a autoridade se reveste da mais profunda complexidade. Uma forma de a interpretar ou analisar será talvez fazer apelo aos tipos ideais de Max Weber, no seu monumental *Wirtschaft und Gesellschaft*[1].

A noção de *tipo ideal* é, *grosso modo*, a de uma estilização ideal, a construção de um modelo teórico, com dados extraídos da realidade concreta, mas que com ela nunca podem coincidir realmente, pelo multímodo e amalgamado do real. Apesar dessa não correspondência no pormenor, os tipos-ideais revelam-se muito úteis como generalizações e instrumentos de classificação, agrupamento e análise das realidades concretas.

Ora Weber detetou três grandes tipos-ideais de autoridade, e consequentemente de legitimidade: a tradicional, a carismática, e a legal-racional.

A autoridade tradicional é a que deriva do costume, do cumprimento ritual do que vem sendo feito, tem a força normativa dos factos repetidos e do assim ter-se sempre feito; e, portanto, obedecido, como sempre...

É uma forma normalmente patriarcal e por vezes paternalista de governação que de tal legitimidade surge. A gerontocracia, governo dos mais

1 WEBER, Max. *Wirtschaft und Gesellschaft. Grundgriss des verstehenden Soziologie*, trad. ingl. *Economy and Society*. Berkeley *et al.*: University of California Press, 1978, 2 v.

velhos, é naturalmente também uma das possíveis implicações da autoridade tradicional.

Sucessivas legitimidades de título parece fundarem este tipo de autoridade. No fundo, trata-se de não romper o curso normal ou tradicional, das coisas...

O exemplo que sempre nos vem à memória é o do Coronel Ramiro Bastos do romance de Jorge Amado *Gabriela, Cravo e Canela*, e da primeira série televisiva respetiva, interpretado por Paulo Gracindo[2].

A autoridade carismática, pelo contrário, tudo tem a ver com o tirano no sentido etimológico. Ungida de um *je-ne-sais-quoi*, a personalidade excecional, dotada de carisma (no sentido próprio: hoje a expressão banalizou-se em alguns meios), de um dom especial, que pode ser o magnetismo do olhar e/ou da palavra, a capacidade de persuasão, de arrastar as massas, de obrigar a fidelidades, de impor respeito, etc., é legitimamente governante porque esse poder se evidencia como se de um título originário se tratasse.

Normalmente identifica-se a liderança carismática com a de grandes ditadores. Mas, como é óbvio, também há ditadores sem carisma evidente (veja-se Salazar e mais ainda talvez Francisco Franco), e há personalidades democráticas com altíssimo carisma. Resta saber se o carisma não acarretará quase sempre, mesmo em democratas, uma propensão pessoal para o autoritarismo (decorrente por vezes do autoconvencimento de que se está a servir uma causa e, sobretudo, a cumprir uma missão). Essa propensão autoritária converter-se-ia em totalitária no culto da personalidade dos grandes líderes comunistas, com ou sem carisma, como Estaline e Mao...

O carisma não é apenas próprio de grandes políticos que disputam o poder estadual. Mesmo os simples particulares, que nunca exerceram qualquer atividade institucionalmente política, dele podem ser dotados. Na sua excelente *Autobiografia*, a romancista policiária Agatha Christie[3], que também se dedicava ao negócio (e ao passatempo) de compra, remodelação e venda de casas, conta das agruras que teve para colocar em respeito uns pequenos vizinhos irrequietos que saltavam o muro e estragavam o quintal da propriedade que acabara de restaurar, até que, desesperada, contou o

---

2 De que tratamos num capítulo do nosso livro *Justiça & Direito. Viagens à Tribo dos Juristas*.

3 CHRISTIE, Agatha. *An Autobiography*, trad. port. de Maria Helena Trigueiros, *Autobiografia*, Lisboa: Livros do Brasil, s/d.

caso a sua mãe. A esta, sem dúvida uma pessoa carismática, bastou lançar-lhes um olhar reprovador.

Remédio santo. Ainda há quem diga que o poder não se exerce fora do Estado! O que é este olhar senão afirmação, uso efetivo, do poder carismático?

Finalmente, refira-se a autoridade legal-racional, que é a que a mais comum nos nossos tempos e nos nossos sistemas de governo. Ela deriva, como bem afirma Weber, da complexificação e burocratização das sociedades em larga escala, apenas tornando possíveis decisões por métodos abstratos e quantitativos (como o é, aliás, o voto), e obrigando à definição mais ou menos clara, em normas jurídicas, das regras do jogo do poder (desde logo, na Constituição, leis eleitorais, etc.). Esta legitimidade não tem a solidez quase esfíngica da patriarcal, nem a sedução da carismática, mas deveria ser, na sua mediania, mais democrática. O problema é quando a mediania se afunda em mediocridade... E aí aparecem nos menos esclarecidos saudades do patriarca perdido, e tentações de aclamar um novo caudilho, um tirano... E volta-se ao ciclo da democracia que gera a ditadura... Os governantes democráticos, sem serem demagógicos e populistas, têm, para durar, que ser sábias velhas raposas como os patriarcas antigos, que ser românticos condutores de massas como os caudilhos a sério, e ainda que ser escrupulosos respeitadores da lei e dos direitos, além de competentes tecnicamente e impolutos. São requisitos raramente coincidentes na mesma pessoa. O que não quer dizer que não haja que tentar-se uma escolha boa, e a verdade é que alguns dos predicados poderão ser divididos por vários líderes a trabalhar lealmente no mesmo sentido. Essa é também uma característica da democracia: não precisar de homens providenciais, mas de um escol de grandes homens a remar para levar a bom porto a barca do Estado (como recordava, por outras palavras, é claro, Ana de Castro Osório, uma grande republicana).

7.3. LEGITIMIDADE

A melhor forma, ainda hoje, de considerar a legitimidade de qualquer poder, embora sobretudo adaptada aos poderes institucionais clássicos (desde logo aos governos) é ter em conta que existe uma legitimidade de título e uma legitimidade de exercício.

A questão do título é também muito importante em Direito, embora nem sempre seja sublinhada enquanto tal. Um título jurídico é uma forma aceite por uma ordem jurídica, para a constituição, modificação, ou extinção de relações jurídicas. Pode ser uma palmada no ombro de um marinheiro para sua contratação num barco do Havre, pode ser um círculo de fumadores de cachimbo da paz entre duas tribos de índios norte-americanos, pode ser uma lei, uma sentença, um contrato, um testamento, aquisição originária, etc., etc. E a noção do que seja e do alcance do que valha um título jurídico é muito importante, na medida em que, sendo o Direito, essencialmente, a constante e perpétua vontade de atribuir a cada um o que é seu (*constans et perpetua voluntas suum cuique tribuendi*), muitos têm esclarecido o que é o *seu* de cada um como sendo o que lhe pertence por título.

Isto é, se tens um contrato, um testamento, se caçaste, se pescaste, se uma sentença to conferiu, se uma lei to atribui, é teu. E perante o desespero dos que não têm nada, e que assim juridicamente seriam privados de tudo, sem esperança, outros, mais subtis – ainda que menos "purificadores" da "pura" "Ciência Jurídica" –, adiantam que também um mínimo de dignidade material nos é devido (a qualquer um de nós) pelo mais profundo título de todos, que é o sermos pessoas. A natureza humana, ou melhor, para cada um, a condição de ser humano, seria um título jurídico. Não há dúvida de que este título é essencial, e que tanto pior para a purificação epistémica do Direito, que nem Kelsen nem os jusnaturalistas positivistas (titularistas) jamais alcançaram, e que na verdade pode ser uma higiene para evitar confusões maiores, mas, no limite, não passa de um mito, e de um mito-ilusão.

Como se põe o problema em política? Em grande medida, também no plano jurídico. O Direito atribui a cada um o *seu*.

E se o Direito privado atribui bens privados, o Direito público, e especificamente o Direito Constitucional, atribui coisas públicas, e no caso concreto, cargos ou poderes, honras e bens públicos.

A distribuição dos poderes, honras e bens públicos que constitui o poder (nas suas dimensões, nas suas parcelas, sobretudo depois de instituída – *tant bien que mal* – a separação dos poderes) é também feita de acordo com títulos. Que são políticos, mas que são também jurídicos.

Assim, numa velha monarquia, vitalícia e hereditária, a coroa é transmitida (atribuída) segundo leis fundamentais do reino, consuetudinárias ou escritas, testamentos de reis, decisões de cortes (várias fontes de Direito, conforme os casos, as circunstâncias).

Em princípio, passará de pai para filho – *the king is dead, God save the king* – numa reatualização ritual do mito do rei e dos seus dois corpos: um, perecível; outro, afinal, imortal – como explicou Kantorowickz[4]. O título que permite a transmissão é a filiação, a qualidade de ser filho, ou filha (nos países em que, como Portugal, não vigora a lei sálica).

Numa república eletiva e não vitalícia (porque também as há vitalícias, e nalguns casos quase se diria que as há hereditárias – mas nunca formalmente), e concretamente numa república de democracia representativa, o título que permite a alguém ser presidente da república é a eleição, direta ou indireta, conforme o prescrito na respetiva Constituição. Esse o título jurídico.

Ora, quando se não respeita o *due process of law*, o ritual exigido, o procedimento legalmente vigente, ou aceite pela ordem jurídica, para a designação de um titular de um corpo político, quando isso acontece, e quando a preterição de formalidades é muito gritante (porque pode haver pequenas formalidades de somenos, mais ou menos irrelevantes), então estamos perante uma situação de ilegitimidade de título.

Todavia, pelo próprio caráter dinâmico e essencialmente substancial da política, a questão formal pode ser preterida, e o problema da legitimidade é, no fundo, muito mais uma questão de exercício do poder, da sua bondade, competência, demofilia, do que do título. Assim, pode haver soberanos (sejam reis, ou parlamentos, ou televisões – soberano, numa definição já clássica, de Carl Schmitt, é "o que decide do estado de exceção"...) que hajam sido designados e entrado na posse dos seus cargos de forma muito correta, perfeitamente titulada (a televisão ainda não é explicitamente em parte alguma órgão de soberania; portanto, não está neste rol), e, pelo erro, desvario, perversidade, hajam perdido a legitimidade por um mau exercício: é o que classicamente se chamou *tirania de exercício*. Já o tirano por título (que é o caso clássico de Édipo, rei de Tebas, retratado na peça de Sófocles normalmente conhecida pelo nome latino *Œdipus rex*) é apenas alguém que, pelo contrário, normalmente graças à sua extraordinária capacidade, ascende ao poder com preterição das formalidades tradicionais.

---

4 KANTOROWICZ, Ernst. *The Kings two Bodies. A Study in Mediaeval Political Theology* [1. ed., 1957], trad. fr. de Jean Philippe Genet e Nicole Genet, *Les Deux Corps du Roi. Essai sur la Théologie Politique au Moyen Âge*. Paris: Gallimard, 1989.

Um Napoleão é um tirano de título sem qualquer dúvida.

Édipo, de Tebas, foi tirano porque decifrou o enigma e matou a esfinge que assolava a *Pólis*: pelos seus feitos se tornou rei.

A tirania de título é apenas uma forma extraordinária de acesso ao poder, quebrando as regras normais. O grande problema é a tirania de exercício. A expressão grega "tirano" passou a ter conotações negativas porque os tiranos (lembremo-nos dos Trinta Tiranos!) de título passaram a comportar-se muito frequentemente como tiranos de exercício: ou seja, passaram a comportar-se desmedidamente, a abusar do poder.

O povo tem entre nós provérbios que bem espelham o perigo dessas ascensões sociais e políticas meteóricas e não fundamentadas (o que também valeria para espíritos doentes, recalcados, complexados, e afins...): "não sirvas a quem serviu, nem peças a quem pediu"; e, mais esclarecedor ainda: "se queres ver o vilão, mete-lhe a vara (símbolo do poder, qualquer poder) na mão".

Em todo o caso, também há situações de reis legítimos pelo título e cujo exercício deixa a desejar. Em Portugal, houve algumas deposições reais, e pelo menos uma admoestação a um rei, que depois entrou no bom caminho...

Não queremos enveredar pela polémica da legitimidade do título dos Filipes para reinarem também em Portugal, embora por natureza sejamos partidário das Cortes de Lamego, ainda que míticas, e do mártir D. António, Prior do Crato. Mas se porventura considerássemos que Filipe II de Espanha e I de Portugal nos houvera, nas suas próprias palavras (que tanto nos devem envergonhar), *herdado, comprado e conquistado*, não haveria dúvida de que a dinastia filipina era por título (ao menos o de herança, claro) legítima. Todavia, e João Velasco Gouveia viria a prová-lo na *Justa Aclamação de D. João VI*, a forma como descuraram as coisas portuguesas, como nos fizeram lutar nas suas guerras, como nos queriam juridicamente transformar em província e na prática já o faziam, tudo isso, constituiu verdadeira tirania de exercício, que tornou perfeitamente legítima a Restauração, e, segundo alguns, teria mesmo tornado possível (se fosse proporcional e necessário – e no caso não era) o próprio tiranicídio. Um efeito colateral positivo se atribui por vezes a esta devastação portuguesa no tempo dos Filipes (sobretudo os dois últimos): a criação das raízes da consciência nacional do Brasil, que, abandonado à sua sorte, foi capaz de se afirmar, e até de ir em socorro de Angola e São Tomé, com Salvador Correia de Sá (1602-1688), personagem não suficientemente recordada.

Fala-se contemporaneamente muito em crise de legitimação, até em crise de legitimação do Estado Democrático. O problema não é inventar grandes teorias complicadas que mais enredam do que explicam, e, se servem para engalanar ou pelo menos encher os *curricula* dos pesquisadores, não contribuem em nada para que tenhamos uma cabeça com ideias claras e distintas. Estas simples ideias antigas, se bem aplicadas ao presente, constituem já uma ferramenta muito útil.

Por outro lado, é preciso é investigar, sem tabus, correção política e pensamento único, se realmente as democracias ainda o são, e como está a relação do poder com o Povo. E mais: como está o Povo. Pergunta-se mesmo se ainda há Povo, ou se só há grupos fechados, plebe, luta de todos contra todos, quotidiano de guerra civil (como parece pensar um Hans Magnus Enzensberger[5]). Ainda não teremos lá chegado, mas o perigo espreita... Há uma terrível falta de confiança nas instituições. Salvar-se-ão em alguns países as Supremas Cortes, e decerto pouco mais... E mesmo o judiciário, sobretudo se se expuser muito politicamente, pode perder o prestígio que de algum modo por natureza de recato e distanciamento tem. Em pouco tempo, com um punhado de decisões parciais que possa tomar, pode o capital de crédito e confiança malbaratar-se irremediavelmente... Felizmente, não estamos a ver nenhum caso em concreto desse desvio.

Em suma, a legitimidade advém por um lado da forma de chegar ao poder, mas por outro, e sobremaneira, da forma de estar no poder. Pode dizer-se que o ideal é uma legitimidade cumulativa de título e de exercício, mas que a de exercício pode suprir a de título (como que convalida a falta desta), enquanto o contrário nunca sucede.

BIBLIOGRAFIA

BAPTISTA MACHADO, João. *Introdução ao Direito e ao Discurso Legitimador* Coimbra: Almedina, reimp. 1985.

---

5 ENZENSBERGER, Hans Magnus. *Aussichten auf den Buergerkrieg*. Frankfurt: Suhrkampf, 1993, trad. cast. de M. Faber-Kaiser, *Perspectivas de Guerra Civil*. Barcelona: Anagrama, 1994.

LUHMANN, Niklas. *Legitimation durch Verfaheren*. 2. ed. Neuwid, 1975, trad. port., *Legitimação pelo procedimento*. Brasília: Ed. Univ. Brasília, 1980.

MONTORO BALLESTEROS, Alberto. *Razones y Limites de la Legitimación Democrática del Derecho*. Murcia: Universidad de Murcia, 1979.

OLIVAS, Enrique, *et al*. *Problemas de Legitimación en el Estado Social*. Madrid: Trotta, 1991.

LIÇÃO 8

JUSTIÇA, BEM COMUM E JUSTIÇA SOCIAL

8.1. POLÍTICA E JUSTIÇA – ENUNCIADO DO PROBLEMA

Há normalmente muitas confusões sobre os fins e os valores da Política e os de outras realidades, propostas, áreas, que com ela têm afinidades. E com a qual se estabelecem diálogos.

Uma das confusões tem a ver com a Justiça. Será que a Política tem alguma relação com a Justiça? O político deve preocupar-se com a Justiça? Deve ser uma pessoa justa?

A relação da Política com a Justiça não pode deixar de nos levar ao problema das suas relações com o Direito, cujo princípio, fundamento, e/ou fim seria, pelo menos para muitos (e acertadamente), a própria Justiça.

Mas todos também sentimos, e frequentemente ouvimos, que a política (as políticas, os políticos, as fações políticas) também pretende alcançar, ou pelo menos promover a Justiça. Os *media* (antes da ofensiva financista, que tudo agora troca em números, *ratings* e dívidas... Uma terrível maçada, além do mais...) enchiam a boca do *human rights talk*, em que a ideia Justiça não poderia deixar de estar, ainda que imperfeitamente, presente, e era frequentíssimo o discurso versar sobre várias versões de "justiça social".

Pois este adjetivo "social" é-nos precioso. Porque nos indicia que a justiça de que falam os juristas (pelo menos os rigorosos) e a que falam os políticos, e até os cientistas políticos, não é, ou pelo menos não é sempre, a mesma. O assunto merece estudo (dirigimos por isso uma dissertação sobre a diferença entre justiça clássica e justiça social, da autoria de Sérgio Fernandes).

8.2. EM DEMANDA DA JUSTIÇA NOS CLÁSSICOS

A questão foi dilucidada classicamente no Livro V da *Ética a Nicómaco*, de Aristóteles, e Tomás de Aquino, no respetivo comentário, confirmaria a solução, que depois fez transitar para a parte respetiva da *Suma Teológica*, muitas vezes conhecida como *Tratado da Justiça*.

Pode parecer estranho que tenhamos de recuar a livros com tantos séculos de idade para resolver um problema ainda hoje aparentemente em aberto: mas tal não nos deve assombrar. Muitos dos problemas filosóficos, éticos, espirituais, enfim, da esfera cultural *latissimo sensu* com que os nossos tempos se deparam, e que os angustiam mesmo, foram já tratados por autores de épocas muito anteriores, os quais, descontado o inevitável "ar do tempo", muitas vezes os resolveram de maneira muito satisfatória, que só teríamos que recuperar e adaptar, *mutatis mutandis*. Quem o nega normalmente fá-lo mais por desconhecimento do passado e do passado pensante, do que por verdadeira discordância ou recusa (embora também haja casos desses).

O problema é que na evolução da história do pensamento, como assinalou Thomas Kuhn[1], progredimos (ou regredimos), em todo o caso *mudamos* por saltos, por descontinuidades. A própria noção de *paradigma* científico (e também filosófico, jurídico, político...) não foge a essa situação: por um lado, as teorias acumulam-se, magmaticamente, sedimentarmente, sem muitas vezes dialogarem entre si. E a superação de uma teorização, de uma perspetiva, de um paradigma, acaba, assim, por verificar-se, não, como deveria racionalmente fazer-se, por refutação racional e fruto da discussão, mas porque nos esquecemos das coisas, que também nestas áreas passam de moda.

Ora o que se passou com Aristóteles (e Tomás de Aquino) foi que passaram de moda, só não há muito, e mesmo assim não em todos os círculos intelectuais, tendo começado a recuperar terreno... *Everything old is new again*... dizia um velho *blues* fora de moda...

8.3. AS DUAS JUSTIÇAS, EM ARISTÓTELES E TOMÁS DE AQUINO

Aproveitando o legado aristotélico-tomista, diríamos que, numa primeira abordagem (mantendo-nos estritamente fiéis ao seu legado) podemos considerar dois tipos de Justiça, e, procurando ser um pouco mais multiplicadores dos entes (ou *cortadores de cominhos* teóricos, como diria Bacon), veríamos três tipos.

---

1 KUHN, Thomas. *The Structure of Scientific Revolutions*. Chicago: Chicago University Press, 1962, trad. port., *Estrutura das Revoluções Científicas*. São Paulo: Perspectiva, 1978.

Aristóteles e Tomás de Aquino consideram sobretudo (para o que agora nos importa) uma justiça geral, política (da *Pólis*), a qual é também considerada a mais alta das virtudes, e uma justiça particular, específica, no fundo a justiça jurídica, própria do Direito.

Evidentemente que a primeira é mais vasta, de algum modo mais perfeita (também porque mais abrangente).

Mas, apesar dessa perfeição da justiça geral, entende-se que é necessário especializar uma função do político (diríamos nós, seguindo a trifuncionalidade indo-europeia, tão bem tratada por G. Dumézil), a primeira função, a função mágico-soberana, autonomizando o mundo das relações mais comuns na convivência social dos homens, não lhes exigindo santidade ou excelência (*areté*), nem sabedoria, nem heroicidade, mas essencialmente uma lisura comum, que os romanos estilizariam na fórmula da diligência do bom pai de família (*bonus paterfamilias*), agindo com boa-fé (*bona fides*).

O *homo juridicus* que assim se procurou criar, isolando (é o *Isolierung* da doutrina alemã) a justiça desse jogo de atribuição do dar o seu a seu dono, nem sequer é um *gentleman*, que dá um pouco mais do que recebe: no Direito, os pratos da balança encontram-se absolutamente equilibrados (*isos*), e o fiel a prumo, direito (*de-rectum*; *di-rectum*): *suum cuique tribuere* (atribuir a cada um o que é seu – nem mais, nem menos).

8.4. ISOLAMENTO (*ISOLIERUNG*) E POLITICIDADE DO DIREITO

Esta Justiça própria do Direito implica, evidentemente, por um lado, um rigor muito grande (designadamente quando fazemos intervir os títulos jurídicos, como vimos *supra*), mas, por outro, quando se admite que a condição de ser Homem também é título jurídico, abre-se inevitavelmente a porta a considerações menos "puras", que bem podemos chamar políticas. Mas o Direito nem por isso deixa de ser autónomo a partir do *ius redigere in artem* dos Romanos, apesar de não poder fechar os olhos a injustiças, e de ter de comportar, no seu seio, uma certa dose de justiça social. Sem ela, negar-se-ia como Direito. Não é fácil a situação teórica que daqui resulta; seria mais evidente, mais organizado, mais "puro" recusar na juridicidade qualquer laivo de alheias *epistemai* ou racionalidades... O problema é que essa assepsia aparente também não o seria nunca. Um Direito cego, surdo e mudo ao mundo social e às suas agruras seria muito político. Só que de uma política de demissão. Logo, uma política antijustiça.

Acresce que a questão basilar dos títulos não é meramente jurídica. Com efeito, a determinação dos títulos jurídicos é já duplamente determinada, tendo essência dual: jurídica e política. O sistema de títulos numa ordem jurídica é fruto quer da política por assim dizer natural que estabelece surdamente as fontes de direito não voluntárias ou não voluntaristas (como o costume), quer pela política bem visível e bem estadual (ou afim) que determina as fontes de direito voluntárias, ou até voluntaristas (como a lei). Mas uma autonomia relativa do Direito se desenha, na medida em que numa sociedade política sã prevalece a exigência de se "fazer justiça" não de acordo com critérios primariamente políticos, nomeadamente pelo simples casuísmo, pelo subjetivismo, e pelo arbítrio, vogando ao sabor da vontade das forças dominantes, mas precisamente ao invés, segundo critérios pré-definidos (não esquecendo o caso, mas enquadrando e procurando a equidade e a justiça comparativa entre as várias situações), a que podemos chamar propriamente e independentemente jurídicos.

De algum modo se compreenderá melhor tudo se pensarmos na Constituição. Ela é a fonte das fontes de Direito. E, contudo, foi fruto de decisão de uma Assembleia Constituinte composta por deputados eleitos por partidos políticos. Haverá condensação mais política que uma Constituição? Dificilmente se encontrará um sistema textual tão completo e coerente. E, contudo, não é a Constituição política pura, ou "política à solta", ela foi organizada e passada para o mundo do Direito. A Constituição é jurídica e política, sem dúvida. Mas é, enquanto Direito, que ela especificamente interessa, e que ela tem de ser respeitada.

8.5. A JUSTIÇA SOCIAL. UMA TERCEIRA JUSTIÇA

O pensamento do realismo jurídico clássico divide, assim, a Justiça em duas, mas, sobretudo, para autonomizar a jurídica, para, afinal, proclamar o seu nascimento, para lhe dar vida própria.

Cremos que se justificaria uma tripartição, ou uma bifurcação na autonomização a partir dessa magna Justiça primordial que é virtude, mas é mais que virtude, valor, e mais coisas ainda.

A Justiça jurídica, do *suum cuique*, tem plenamente sentido separada. Mas também faz sentido autonomizar a Justiça social, a justiça enquanto ideal político (e, numa extensão analógica do conceito, eventualmente abarcando a luta pelo mesmo ideal). Não são dois compartimentos estanques, e a Justiça social pode lembrar à Justiça jurídica que se não deve esquecer com o simples jogo das leis e dos títulos (no fundo, com um procedimento excessivamente positivista legalista, normativista e dogmático-sistemático), da sua função, do seu princípio e do seu fim: a Justiça *tout court*.

Com a autonomização da Justiça social, que, ao contrário da jurídica (dotada de um componente mais técnico, mais rigoroso) está em permanente discussão e é alvo de boa parte do conflito político, a Justiça geral, a Justiça *tout court*, fica aliviada de um componente precisamente inverso da jurídica: por sua turbulência natural e inevitável polémica.

Assim, a Justiça que reina no teto da *Stanza della Segantura* de Rafael, perto da parede onde se representam as Virtudes e as Leis, pode passar a ser uma Justiça muito mais decantada, muito mais purificada: será a Justiça virtude geral, será a Justiça valor.

Ficamos assim com três Justiças: a Justiça geral, virtude das virtudes, e um dos valores fundamentais; a Justiça jurídica, estritamente preocupada com que seja atribuído a cada um o que é seu, numa espécie de mínimo denominador ético social comum; e finalmente a Justiça social, que espelha as discussões sobre a Justiça no mundo político.

É absolutamente imprescindível não confundir estes terrenos, ao menos na pureza das coisas teóricas, que devem esclarecer a prática.

Assim, clamar por que o Direito tutele uma situação de justo na perspetiva da virtude, ou da justiça social, *prœter legem* ou, sobretudo, *contra legem* é não só intelectualmente confuso como socialmente nocivo. É, porém, sempre possível avaliar à luz da política ou da ética o que é estritamente jurídico no plano formal. Mas tal só será válido se se distinguir bem o que é justo *de iure constituto* com o que o poderá ser *de iure constituendo*, o que é *sein* e o que é *sollen* (ser e dever-ser). Se a Filosofia do Direito e a Filosofia Política se interligam por vezes, não deixa de ser higiénico dar também o seu a seu dono em matéria epistemológica, sem prejuízo, antes pelo contrário, da salutar interdisciplinaridade. Se bem que ambas se aliem na disciplina de “Filosofia do Direito e do Estado”.

A questão pode ficar mais confusa, mas tem de colocar-se, a partir do momento em que existem constituições sociais, em Estados que se pretendiam sociais, e em que elementos aparentemente muito políticos (e polemicamente políticos) foram interiorizados e assumidos pelo Direito, sobretudo e desde logo pelo Direito Constitucional. Se uma Constituição tem dentro de si elementos concretos de Justiça Social (desde logo direitos vastos à Saúde, Segurança Social, Educação, Trabalho, etc.) não mais é lícito nem lógico negar a tais direitos juridicidade (como alguns faziam, nos primeiros tempos, até com descabidos sarcasmos), e atirá-los para a mera política, para mais normalmente com um esgar antipolítico de repulsa aristocrática.

Na verdade, a Constituição é norma, é lei, e é, assim, o título dos títulos voluntários. Pelo que a teoria tem que integrar esta realidade. O critério da juridicidade tem de ser algo de objetivo, sob pena de se fazer uma escolha entre boas e más leis segundo o intérprete. É certo que esta concreta perspetiva sacrifica nas aras do legalismo, mas não vemos qual possa ser o critério não político de inclusão ou exclusão de política no/do Direito. A não ser precisamente o do Direito positivo, e vigente.

Toda esta situação revela que a questão da pureza ou purificação jurídica e da sua distinção face à política, estando muito na ordem do dia por causa dos ataques (políticos) contra alegada politização de órgãos jurisdicionais, máxime, constitucionais, na realidade passa a ter um interesse teórico mais histórico que atual. Porque tudo indica que a justiça social passa a integrar-se, em alguma medida, no Direito propriamente dito, e que se passa a assumir uma impureza jurídica em nome e em prol da Justiça. Uma Justiça que, à luz da consciência axiológico-jurídica atual, não pode compreender-se sem uma dimensão de equidade, de igualdade, sem, portanto, uma vertente social.

8.6. BEM COMUM

O que hoje designamos por justiça social tem, em tempos mais recuados, sobretudo medievais, um parente próximo, para não ousar dizer um equivalente, que na realidade nunca não há sinónimos: o Bem Comum. *Grossissimo modo*, e com todas as precauções de uma *redescrição* temporal, poder-se-ia talvez dizer que o paradigma do "Bem Comum" corresponderia, no mundo pré-moderno sobretudo, à ideia de uma Justiça social geral, obviamente desprovida da carga reivindicativa e por vezes *partisane* que ela hoje acusa, em alguns discursos. Mas também sem a densificação generosa e de "solicitude social" que foi modernamente adquirindo, desde a doutrina social da Igreja católica, agora renovada muito consequentemente pelo Papa Francisco, até a outras correntes, variadas, no espectro ideológico, como as originais e puras doutrinas da democracia cristã, do liberalismo social, da social-democracia, do trabalhismo, do socialismo democrático e outras mais.

A ideia de Bem Comum anda, aliás, explicitamente associada à lei, no pensamento de Tomás de Aquino: como o fim a que tende o ato promulgado por aquele que tem a cura da comunidade política (diríamos nós, o dito soberano). É para o bem comum, em suma, que se legisla.

E embora no aquinatense a parte da *Suma Teológica* conhecida por *Tratado da Lei* não seja a parte mais jurídica da sua obra (que está no *Tratado da Justiça*), sempre nos é útil esta relação.

Longe de ser um conceito ou um estádio estático, o Bem Comum é um desafio quotidiano, e um grande fim não só do legislador, especificamente, como de todos os atores políticos.

Em sentido convergente, no seu *Dicionário de Política*, Galvão de Sousa, Clóvis Lema e José Fraga sugerem-nos uma aproximação à perspetiva da dignidade humana como garantia das condições de desenvolvimento pessoal, quando assinalam que o Bem Comum "pode ser definido como *o conjunto de condições externas adequadas a permitir o pleno desenvolvimento dos homens, das famílias e dos grupos sociais integrantes da sociedade*"[2].

Também não pode deixar de associar-se o Bem Comum com o princípio da subsidiariedade, o qual, postulando a vantagem de as decisões serem tomadas sempre no nível social e político mais próximo dos respetivos problemas (sendo os corpos políticos mais gerais, e em última instância o Estado e entes supraestaduais, sempre subsidiários, devendo entrar em ação apenas supletivamente), de algum modo daquele primeiro é condição e meio.

No seu livro, *Bien Común y Enemigo Público*, aliás muito polémico, o consagrado romanista Álvaro D'Ors[3] assinalou a ligação entre Bem Comum e Lei Natural, conformando aquele com esta. E, o autor também recordava, evidentemente, que o Bem Comum é Bem. E que a distinção entre Bem e Mal não é arbitrária, ou simples fruto da vontade ou da opinião. Contudo,

---

2 SOUSA, José Pedro Galvão de; GARCIA, Clovis Lema CARVALHO; José Fraga de TEIXEIRA. *Dicionário de Política*. São Paulo: T. A. Queiroz Editor, 1998, p. 61.

3 D'ORS, Álvaro. *Bien Común y Enemigo Público*. Madrid/Barcelona: Marcial Pons, 2002.

sempre se argumentará que essa é a sua opinião, e que há bem diversas conceções de Bem e de Mal no mercado público das éticas e das morais. O que, longe de resolver o problema, o agrava, mas, todavia, esclarece de forma realista e menos dogmática.

A doutrina anglo-saxónica leva-nos a outros conceitos, cuja tradução tem de ser cautelosa: *fairness*, *welfare*, *equality*... Recomenda-se ainda o maior cuidado na transposição conceitual. E hoje esses conceitos já têm ainda mais concretas aproximações, como *governance* e *accountability*. Mas, por favor, não traduzamos *Governance* por "Governança", que fere os ouvidos desta nossa *Última flor do Lácio*...

De qualquer modo, a expressão Bem Comum não parece encontrar-se em generalizada fortuna no nosso tempo (apesar de estudos como os de Josef Endres, *Gemeinwohl heute*[4], ou da significativa obra coletiva coordenada por Peter Koslowski, *Das Gemeinwohl zwischen Universalismus und Particularismus*)[5], talvez pelos normais preconceitos a expressões cuja conotação tenha algo de antiquado, medieval, teológico, etc. Não deixa, porém, de ser um conceito com um recorte técnico a reter e um instrumento da ação política a considerar.

Por seu turno, a justiça social tende também a ser "levada a sério", para recordarmos um título de Ronald Dworkin e outro de Gomes Canotilho. Acaba por ser, hoje, uma dimensão essencial da Pessoa e da sua dignidade em ato, requisito essencial da República e do Estado de Direito democrático, que é também *social*.

Mais recentemente, para além da Justiça Social, não a recusando mas procurando ir mais além, há movimentos e perspetivas de timbre ecológico, feminista, de etnia (ou afins), que procuram mais radicalidade no pensar o futuro e as alternativas. Cremos que se trata de uma profusão contraditória de aspirações e grupos, alguns dos quais frequentam nichos reivindicativos, de muito interesse e justiça, mas outros se comportam como donos da verdade, filtrada pela especificidade por vezes limitadora do seu ponto de mira. Como em tudo, sempre, há que separar o trigo do joio. Nalguns casos, higienismos, perspetivas dietéticas, de género, de todos os cortes no real e na sociedade que se queira elevam essas questões a paradigmas totais, que alguns

---

4 ENDRES, Josef. *Gemeinwohl heute*, Innsbruck/Viena, 1989.

5 KOSLOWSKI, Peter (org.). *Das Gemeinwohl zwischen Universalismus und Particularismus: zur Theorie des Gemeinswohls und der Gemeinwohlwirkung von Ehescheidung, politischer Sezession und Kirchentrennung*, Stuttgart/Bad Cannstatt, 1999.

receiam possam tornar-se ou se hajam já tornado totalitários. Há muito de positivo nesses novos ventos, mas nem sempre os militantes dessas causas sabem que, antes deles, muitos deram sangue, suor e lágrimas para coisas prévias, e sem as quais não poderiam manifestar-se: como o Estado de Direito, a democracia, os direitos humanos, etc. Não podemos trocar esses pilares do estado constitucional pelos direitos das plantas, contra as touradas, etc. Há uma formação a fazer sobre adquiridos básicos. Pessoalmente, e admitimos estar errado, mas reivindicamos a nossa opinião, não trocamos o pluralismo político, a existência de partidos, a liberdade de expressão, pelo fim das touradas, dos casacos de peles, ou pela interdição do fumo. Embora, com conta, peso e medida, compreendamos bem que tudo isso sejam causas pelo menos em tese muito simpáticas.

Sobretudo na América latina também tem crescido um constitucionalismo dito "Andino" com muito relevantes avanços ecológicos. Há que aprender com essas inovações.

BIBLIOGRAFIA

ACOSTA, Alberto. *O Bem Viver. Uma Oportunidade para imaginar outros mundos*. Trad. de Tadeu Breda. São Paulo: Autonomia Literária/Elefante, 2016.

BOUDON, Raymond. *Le Juste et le Vrai*. Paris: Fayard, 1995.

BOVENS, Mark; GOODIN, Robert E.; SCHILLEMANS, Thomas. *The Oxford Handbook of Public Accountability*. Oxford: Oxford University Press, 2014.

CRAVEIRO DA SILVA, Lúcio. "Marxismo, filosofia da libertação", in *Ensaios de Filosofia e Cultura Portuguesa*. Braga: Faculdade de Filosofia, 1994.

FERREIRA DA CUNHA, Paulo. *O Século de Antígona*. Coimbra: Almedina, 2003.

GUÉRARD LATOUR, Sophie. *Le Société Juste. Égalité et Différence*, trad. port. *A Sociedade Justa, Igualdade e Diferença*. Porto: Porto Editora, 2003.

TALE, Camilo. *Lecciones de Filosofía del Derecho*. Córdoba: Alveroni, 1995, p. 245-291.

W. MCNELLIS, Paul. *Bem Comum: um conceito político em perigo?*, "Brotéria", v. 144, 1997, p. 519-526.

WOLKMER, Antonio Carlos. Pluralismo Jurídico, direitos humanos e interculturalidade. *Sequência*, ano XXVI, dezembro de 2006, p. 113-128.

PARTE IV

ESTADO CONSTITUCIONAL, ESTRUTURA E AÇÃO DO ESTADO

Lição 9
Estado, Constituição e Constitucionalismos

Lição 10
Povo, Nação, Estado, Supra Nacionalidade, Soberania e de outras Formas Políticas

Lição 11
Formas de Governo

Lição 12
Direitos e Deveres

Lição 13
Organização e Controlo do Poder. Estado, Poderes e Separação dos Poderes

Lição 14
Sufrágio, Democracia e Representação Política. O Estado de Direito

LIÇÃO 9

ESTADO, CONSTITUIÇÃO E CONSTITUCIONALISMOS

9.1. ENTRE TEORIA DO ESTADO, CIÊNCIA POLÍTICA E DIREITO CONSTITUCIONAL

O Estado nos nossos dias é Estado Constitucional. É um Estado que, ao menos em teoria (ao nível do que se chama tecnicamente Constituição formal, o texto da Constituição), reflete uma perspetiva política e jurídica em prol do Bem Comum e da Justiça, não apenas particular ou jurídica, mas geral, social. Pode dizer-se, na linha do grande constitucionalista alemão Peter Häberle[1], que o Estado Constitucional de hoje incorpora ao nível teórico pelo menos (a prática, a Constituição real, infelizmente tem sido outra coisa, com mais ou menos violações do texto, por ação ou omissão), todas as fases anteriores da vida do Estado na sua forma mais aperfeiçoada, desde a Revolução Francesa (obviamente, já havia Estado antes, mas era Estado renascentista e iluminista, mais ou menos absolutista). Assim, o Estado de hoje incorpora o Estado de Direito, o democrático, o social e o cultural, pelo menos. Ao ser Estado de Direito democrático, social e cultural, o Estado de hoje continua a ser forma política e de organização racional dos conflitos políticos (desde logo pelas lides eleitorais e jurídicas, todas devidamente formalizadas e regidas pelo Direito), mas tem ainda funções sociais mais vastas, e um sentido civilizacional e ético, que se plasma no guião superior da sua ação, a Constituição. Seja a Constituição nacional, documento sistematizado e codificado, seja a Constituição material universal, composta de um considerável número de compromissos internacionais (a começar na Declaração Universal dos Direitos do Homem) que vinculam os Estados, e são aí Direito. O Estado, assim, não é o único ator e protagonista no mundo da Política e do Direito. É um agente essen-

1 HÄBERLE, Peter. *El Estado Constitucional*, estudo introdutório de Diego Valadés, trad. e índices de Héctor Fix-Fierro. México: Universidad Nacional Autónoma de México, 2003.

cial, mas encontra-se integrado e é parte num sistema universal de Direito e de Direitos, de Política e de Políticas.

A presente Lição procura ser uma sintética panorâmica dos adquiridos doutrinais (mais ou menos consensuais) sobre os vários tipos historicamente existentes de Constitucionalismo, discutindo também alguns dos problemas mais candentes das polémicas hodiernas, como a questão da ligação do Direito Constitucional, do Estado e da Política, e o papel jurídico e político dos tribunais constitucionais e supremas cortes com funções afins. Mas a maior esperança de mudança de paradigma global no Direito Constitucional é a da globalização constitucional, nomeadamente com a futura criação de um Tribunal Constitucional Internacional, para o que muitos constitucionalistas e internacionalistas trabalham no presente. Tal poderá ser o rosto concreto de um Direito Constitucional altruísta, humanista ou fraterno.

9.2. A CONSTITUIÇÃO ENTRE O DIREITO E A POLÍTICA

O universo das questões constitucionais é fascinante, e uma das principais razões para esse fascínio resulta do facto de ser um mundo híbrido, a meio caminho entre a fera à solta da política e o mais formal, organizado, domesticado e domesticador "Direito".

O Direito Constitucional é, sem dúvida, Direito, verdadeiro Direito e direito muito importante. Em todas as suas dimensões. Aquele processo histórico-espiritual a que temos vindo a chamar "suave milagre dos direitos humanos (e fundamentais)", apesar da adesão apenas formal e platónica de alguns ao novo paradigma regenerador de toda a juridicidade e resgatador da honra e reputação do Direito em muitos setores, muito contribuiu para que o Direito Constitucional seja visto com alguns melhores olhos. Sendo mesmo a semente de novos tempos para a nossa área de estudos e atividade em geral, a que alguns já atribuem novas designações, muito sugestivas, como Direito altruísta, humanista, fraterno, etc.

Mas nem tudo são rosas no tempo presente. De há uns anos que começa também a haver quem, com grande eco mediático, critique uma pretensa omnipotência constitucional (e um pretenso "governo dos juízes") e na verdade destile uma ideologia anticonstitucional (ou várias ideologias, que nesse desamor à Constituição confluem). Evidentemente, é preciso sempre estar vigilante com todos os poderes, porque todos podem abusar.

Mas uma coisa é esse estar acordado e outra, muito contrária, é à partida desqualificar o trabalho e a função jurisdicional, apelando hipocritamente para as maiorias... No fundo, o judiciário seria uma espécie de trunfo das minorias. Lembremo-nos, porém, que tudo depende de como essa função seja exercida. É que a massa e a maioria também pode oprimir. Democracia não é apenas número e a sua força bruta, incapaz de salvaguardar as minorias. Por isso muito se afirmou também que os Direitos Humanos e os próprios Direitos Fundamentais são instrumentos contramajoritários. As coisas não são simples...

As reticências clássicas e epistémicas, sobretudo, de um Antonio-Carlos Pereira Menaut, ele próprio constitucionalista, são benévolas e "fogo amigo" em comparação com o revanchismo pré-Revolução Francesa, que pretende o recuo social e civilizacional para uma certa forma de lei da selva, a simples lei do mais forte.

A verdade é que a Constituição não foge a uma determinação política. É claro que a política também decorre, em certa medida, da sensibilidade jurídica (sobretudo do mais inespecífico mas fortíssimo sentido de Justiça) dos cidadãos. Todavia, se há revoluções, revoltas, levantamentos, *Jacqueries*, que são a explosão de gentes e povos submetidos, humilhados e ofendidos, e espelham a sua vontade oprimida – a que se não pode negar a componente de luta pela Justiça e pelo Direito –, já o mais natural é serem as aspirações políticas muito concretas e ideologicamente determinadas desses movimentos a moldar o novo Direito que sairá de uma nova ordem, caso sejam triunfantes.

Em muitos países as constituições escritas decorreram de movimentos revolucionários, que emergiram mais ou menos violentamente (e sempre ilegalmente à luz do Direito estritamente positivo vigente), mas que depois se viram legitimados pelo ulterior discurso constitucional. Ou seja, foi a força normativa dos factos revolucionários que impôs, em cada momento, uma certa ideia de Direito, e naturalmente uma certa ideia das suas relações com a Política.

9.3. TEORIAS SOBRE A CONSTITUIÇÃO

Falamos de Constituição, mas utilizamos até aqui a nossa noção empírica, corrente, profana e de pré-compreensão do termo. Em geral toda a gente sabe mais ou menos o que é uma Constituição: o seu sentido, o seu conteúdo, a sua função, essas é que são questões que não são conhecidas nem intuídas da mesma forma. A cultura constitucional dos povos é diferente, em diferentes épocas, em diferentes lugares, e depende de instrução, atenção, vontade de saber, mas também de limitações circunstanciais sociais e culturais... Depende muito das peripécias concretas da História que a cada um é dado presenciar, e das interpretações já prontas a consumir que a comunicação social fornece. Não é nada fácil sem ter lido, viajado, falado com muita gente diferente, ter um pensamento próprio. E era importante para a Cidadania em todos os países que isso ocorresse...

A doutrina, entretanto, afadiga-se a estabelecer rigorosos conceitos de Constituição. E por vezes conceitos bizantinos e especiosos.

Da análise apenas das teorias mais vastas e com maior fortuna sobre o que é a Constituição cremos poderem retirar-se algumas conclusões.

Antes de mais, importa ter bem presente que os estudiosos não falam todos exatamente da mesma coisa quando falam de Constituição. Se todos estarão de acordo em considerar Constituição o livro ou o diploma legal que lhe dá origem e que uma Assembleia Constituinte (em princípio, se houver puro exercício do poder constituinte) aprovou, quanto ao mais há muitas divergências. E mesmo o valor dessa especial lei que é a Constituição diverge, de autor para autor: ainda que nem sempre seja muito clara a expressão de tal dissenso.

Há, na realidade, muitas visões ou teorias do que seja Constituição, e também há diversos sentidos ou aceções de Constituição.

Tudo contribui para que o diálogo constitucional possa ser muito colorido e animado, plural. Hoje o Direito Constitucional "está na moda". É bom e é ruim, como bem se adivinha. Já Hegel aludia, no seu tempo, a uma moda constitucional, que necessariamente implicava o dizer-se muito erro e muito facciosismo a seu propósito. Entretanto, já ninguém pode dizer que estes tipos de estudos sejam a "perfumaria" da ciência jurídica. Entende-se a sua importância vital. Por vezes até se exagera o debate constitucional, como se por milagre de decisões constitucionais relevantes (e, eventualmente, mais ou menos excecionais: um *putch* militar, uma revisão constitucional, etc.) pudesse toda uma sociedade regenerar-se. *Ubi commoda, ibi incommoda.*

9.4. SUPERAÇÃO DO PARADIGMA DEFINITÓRIO DE CONSTITUIÇÃO

Cremos estar de algum modo preparado o caminho para superarmos o paradigma definitório e passarmos a compreender a Constituição de uma forma ao mesmo tempo mais fragmentária (tópica) e mais de conjunto e de compreensão global (holística): independentemente de requisitos formais e fixos de uma definição, que é sempre uma ditadura subjetiva de um autor (uma certa "tirania do Logos", mas um Logos por vezes privativo, que pode até, para recordarmos Kant, dar-se ares de "grão senhor"), mas atenta aos vários indícios dos lugares comuns; e capaz de entender em perspetiva o papel e o sentido do fenómeno constitucional no seu todo.

Do já referido (e do estudo de Direito Constitucional que esperamos ter incentivado com esta brevíssima panorâmica) já nos podemos aperceber do que seja a Constituição.

Resultam do dito alguns tópicos, que terão de ser todos recebidos:

a) estatuto jurídico do político,

b) organização da Comunidade política,

c) organização do Estado,

d) e, especificamente para o Constitucionalismo moderno: texto escrito, direitos fundamentais, separação de poderes, a que poderemos acrescentar muito provavelmente a soberania popular expressa pelo sufrágio. E, naturalmente, a representação e a legitimidade do poder em crescente expansão e aprofundamento.

Fica também claro que o Constitucionalismo não nasceu com a Revolução ou a Independência Americana nem com a Revolução Francesa, pelo que deveríamos pesquisar outros constitucionalismos para além daquele de que as nossas constituições são diretas herdeiras. Esta agilidade e a sensibilidade para a fluidez e historicidade dos conceitos nos preparam para a aceitação de uma simples noção (tópica e holística) dialética de Constituição.

9.5. POLÍTICA E DIREITO NAS CONSTITUIÇÕES CONCRETAS

Sendo finalmente hoje muito mais pacífico na comunidade científica dos constitucionalistas que a Constituição é uma realidade universal no espaço e no tempo, fica aberta a porta para melhor se compreender que não equivale à materialização de qualquer arquétipo inteligível platónico, mas que corresponde, afinal, ao cruzamento, em cada tempo e lugar, das conceções políticas dominantes (eventualmente em compromisso entre si) e das conceções jurídicas prevalecentes.

Não há, assim, nenhuma constituição ideal, que sábios constituintes estivessem perscrutando nas suas reflexões e debates.

Nem que constitucionalistas subtis viessem ainda interpretar, recolocando a verdade onde pudesse ter havido desvios da forma ideal. A Constituição é mais política do que parece. O que pode revelar-se muito incómodo, mas não deve ser sofismado. As coisas são o que são, diz o senso comum. Ora se o senso comum é um dos maiores obstáculos a vencer por um jurista que queira realmente desvendar o Direito na sua realidade, neste caso – *une fois n'est pas coutume* – tem razão. As coisas são o que são, e não se foge à politicidade do jurídico. Embora o Direito não se possa apoucar num simples instrumento ou correia de transmissão do poder. Qualquer que ele seja, mas pior ainda se for autocrático ou ditatorial. E hoje há formas cada vez mais subtis de autocracia e ditadura... Muitos nem percebem o quão escravos são. Como na França de antes da Revolução Francesa foram os *cahiers de doléances*, em que os povos foram articulando as suas reclamações, uma importante faísca para atear o fogo. Primeiro que tudo o da compreensão da injustiça do *Ancien régime*.

9.6. CONSTITUCIONALISMO VOLUNTARISTA E CONSTITUCIONALISMO NATURALISTA

Poderemos encarar a dualidade das situações constitucionais utilizando diversos critérios. Ao constitucionalismo moderno, revolucionário, abstrato, racionalista, proclamatório, codificado, burguês (ainda que depois adaptado e evoluindo para formas sociais e até socializantes) se pode contrapor o constitucionalismo histórico, tradicional, organicista, concreto (preocupado com as liberdades efetivas de cada um, e não com as de todos – como diria o Marquês de Penalva), não codificado, e nalguns casos pouco ou nada escrito, próprio do mundo que a burguesia fez desaparecer e depois esquecer.

Seja como for, o primeiro dos constitucionalismos parte da crença no Homem e na sua capacidade de transformar a sociedade, é voluntarista; o segundo parece desconfiar da bondade humana, e trata de muito concretamente assegurar a cada um o que lhe pertence (ou o que julga que a cada um cabe). Poderíamos sintetizar chamando ao constitucionalismo normalmente dito moderno constitucionalismo voluntarista, e ao constitucionalismo vulgarmente dito tradicional ou histórico, constitucionalismo naturalista.

9.7. DO CONSTITUCIONALISMO VOLUNTARISTA OU MODERNO

O Constitucionalismo voluntarista vai buscar as suas raízes mais remotas à Magna Carta inglesa, mas, sobretudo, à Revolução Gloriosa, e, mais proximamente, à Independência dos Estados Unidos da América do Norte, e à Revolução Francesa.

Os seus grandes textos são conhecidos. Proclamam, afinal, a Liberdade, a Igualdade e a Fraternidade, ou afins, como grandes valores, procuram avançar na linha do jusracionalismo das Luzes. Mas padecem do mesmo teoricismo e pendor oratório desse tempo de rapé e cabeleiras empoadas. Teoricismo generoso, porém. E apesar das limitações imanentes que sempre existem, portador de um grande fôlego renovador e crítico, que está muito à frente de muito do que hoje se está a fazer em setores mais enclausurados...

As intenções e muitas fórmulas da *Déclaration des Droits de l'Homme et du Citoyen* são excelentes, mas o mesmo se não poderá dizer do *Terror*, que levou à guilhotina, além do Rei e da Rainha e de um cortejo de nobres, sem qualquer culpa que o terem "De" no nome, ainda revolucionários como o romântico Desmoulins, o sólido Danton, e o próprio obstinado e "incorruptível" Robespierre (as revoluções devoram os seus próprios filhos), e até cientistas inocentes como Lavoisier... Há marcos que se não olvidam. Temos que falar de duas Revoluções Francesas, na verdade: a que queria instaurar um mundo novo, e a que por momentos instauraria um pesadelo que confundiu virtude com terror[2]. Os exageros são sempre perversos, e quando o exagero tem do seu lado um poder sem freio, cai-se depressa no que vai motivar a contrarrevolução. É um processo pendular...

Em todo o caso, importa não confundir nunca os ideais com a corrupção ou a traição dos mesmos; posto que alguns tragam no seu seio o germe da sua derrapagem... Inevitável? Quem sabe!?

E o saldo foi em geral muito positivo, não olvidemos nunca. Temos do Constitucionalismo voluntarista alguns legados que, pelo menos com as luzes do nosso entendimento atual, parecem perenes, como que daquelas aquisições do Direito Natural que, uma vez atingidas, são irreversíveis (proibição da escravatura, da tortura, do racismo, etc.): e eles são, curiosa, precisamente, os que mais claramente o definem, e de que já falamos, a redução da Constituição a um texto escrito, para que nos não olvidemos

---

2 V. o nosso *Para uma Ética Republicana*. Lisboa: Coisas de Ler, 2010.

dela, nem o poder dela se esqueça (como justificava, com muito acerto, o nosso Almeida Garrett); o estabelecimento da separação de poderes (que vem sobretudo de Locke, no *Segundo Tratado do Governo Civil*, e é especialmente divulgado com Montesquieu no seu *Do Espírito das Leis*); e a garantia dos direitos fundamentais.

Tudo "conquistas" liberais (liberais do veteroliberalismo, não dos neo ou ultraliberalismo hodiernos) que os sucessivos "-ismos" viriam a reconhecer – salvo os totalitários, naturalmente. E vemos algum totalitarismo no "neoliberalismo repressivo" dos nossos dias, de que fala com muita clarividência Adriano Moreira.

9.8. RELAÇÕES ENTRE OS DOIS PRIMEIROS CONSTITUCIONALISMOS

Mercê de um persistente esquecimento, e decerto também do facto de ser um fenómeno muito menos globalizado, o constitucionalismo naturalista encontra-se muitíssimo menos estudado. Os traços que dele conseguimos reter são muito menos certos, muito menos delimitados. E em grande medida o seu legado passa para a alçada dos historiadores do direito, infelizmente deixando muitos constitucionalistas sem os instrumentos de abertura de horizontes que são os do conhecimento historiográfico da sua própria área. É de lamentar que a parte histórica do Direito Constitucional seja em alguns casos esquecida, e por vezes em favor de tecnicismos sufocantes, ou de modas sem qualquer futuro.

Houve, evidentemente, uma qualquer forma de constitucionalismo naturalista em todos os lugares antes da implantação do constitucionalismo voluntarista, a qual, normalmente (e pensamos sobretudo na Europa com as suas extensões inicialmente "ultramarinas", como é óbvio), viria a triunfar após um período negro para a Liberdade: o despotismo esclarecido, forma de absolutismo pretensamente iluminado, mas que continua e aprofunda esse crescendo de instituição e consolidação do Estado que a Idade Moderna trouxe, firmada no "manual" do poder de Maquiavel, *O Príncipe*, e aprofundada pela cartilha de Hobbes, o *Leviatã*.

Em grande medida, o constitucionalismo voluntarista é uma resposta liberal ao absolutismo que então vigorava, e que no mundo de língua portuguesa atingiu a sua apoteose, no reinado de D. José, com o consulado do Marquês de Pombal. E não é de estranhar, assim, que um elo de união entre os dois constitucionalismos se estabeleça, pois ambos, cada qual à sua maneira – e pelo menos na pureza das intenções – são adversos ao puro arbítrio do "direito divino dos reis" e outras teorias da monarquia da tábua rasa. José Liberato Freire de Carvalho é um exemplo muito significativo de um liberal que clamava ao rei pelas Cortes velhas, alegadamente de forma hipócrita, e para que viessem as Cortes novas; mas a forma *a posteriori* como o faz (nas suas *Memórias*) deixa-nos dúvidas se não eram mesmo as Cortes velhas que ele inicialmente queria, tendo as novas surgido pelo acelerar imparável da revolução – que nunca ninguém é capaz de controlar... E já citámos Garrett e a sua justificação prática para se reduzir a escrito a Constituição: uma constituição-memorando... Para que se não esqueçam os direitos dos Povos!... Porém, o escritor liberal português não podia era adivinhar que hoje, apesar de postos os direitos por escrito em constituições plasmadas em vários suportes, difundidas como nunca (apesar de pouco ensinadas nas escolas – como deveria ser, para formar cidadãos), defendidos por tribunais, respaldadas em doutrina veemente, mesmo assim, campeiam as inconstitucionalidades, por ação e por omissão. Quem o diria?!

Decisiva é a comparação entre os preâmbulos da primeira constituição escrita francesa, de 1791, da Constituição espanhola de 1812, dita de Cádis (*La Pepa*), e da primeira Constituição portuguesa, de 1822: em todas se invoca, como legitimação do novo texto, a tarefa de recuperar velhos direitos e liberdades que teriam sido efetivos e se teriam "esquecido"... O constitucionalismo novo se liga, evidentemente, ao velho.

Quando o constitucionalismo moderno invoca a *Magna Carta*, acaba por fazer radicar o novo no velho. A *Magna Carta* parece ser muito mais fruto de uma certa forma de Constitucionalismo naturalista que de constitucionalismo voluntarista. Ou quiçá seja um documento de passagem, uma ponte. O VIII Centenário em geral foi meramente comemorativo. Vamos deixar passar mais tempo para serenamente e sem o peso das comemorações, sempre um pouco retóricas, se possa analisar, à luz do nosso tempo, o legado desse documento inglês do tempo de um dos piores reis de sempre do Reino Unido, João sem Terra. O qual tem muitas garantias interessantes, mas não deixa de espelhar interesses particularistas e até preconceitos que hoje nos chocam...

9.9. DO CONSTITUCIONALISMO NATURALISTA E ESPECIFICAMENTE DO HISPÂNICO E DO LUSÓFONO

Entretanto, tanto quanto as investigações até hoje permitem dizer, o constitucionalismo naturalista lusófono revela-se muito interessante. E, ainda que assim não fosse, era necessário estudá-lo, porque nosso.

Uma primeira questão é a da originalidade do constitucionalismo português tradicional no contexto do sistema das velhas liberdades hispânicas em geral. Comungando do mesmo fundo de liberdades concretas, assinalam-se diferenças, que ainda não foram suficientemente estudadas. Porém, encontram-se entre o Lusitano (e, certamente, mais Celta, diria um Jaime Cortesão), futuro português, e o Ibero, futuro espanhol, *latissimo sensu*, algumas diferenças, que antecipam já essa que, no dizer de Agostinho da Silva, foi a maior proeza dos portugueses: o terem-se mantido independentes. O historiador do direito brasileiro José Pedro Galvão de Sousa, aliás baseado em estudos anteriores, assim sintetiza:

> "Não nos devemos esquecer que o Lusitano foi sempre o homem de costumes simples, muito ligado à terra, explorando-a como património da família e constituindo em torno da comunidade agrária os seus primeiros núcleos de organização social. O Ibero do Planalto, pelo contrário, irrequieto, aventureiro, dominador, mostrou sempre o cunho individualista, visível até hoje nos seus descendentes castelhanos, cunho reforçado desde os primeiros tempos pelos costumes guerreiros.
>
> (...) O comunitarismo rural dos lusos prevalecera mesmo sob a dominação romana. Agora, a influência visigótica era menos pronunciada na orla ocidental da península. E por isso num regime de diferenciação de castas, o barão neogótico assumia a direção da vida social, no Planalto; ao passo que, entre os lusitanos, em cada localidade os chefes de família, os homens bons dos concelhos tomavam sobre si as responsabilidades da chefia. Mais aristocrático, o município castelhano; mais democrático, o município português. Num, a figura dominante, altiva e belicosa do fidalgo; noutro, o grupo pacato e simples dos homens bons."[3]

Esta síntese coordena-se com as pesquisas de um Jaime Cortesão sobre *Os Fatores Democráticos na Formação de Portugal*, e com os rasgos inspirados de Agostinho da Silva em *Ir à Índia sem abandonar Portugal*, e já Teixeira de Pascoaes sobre a originalidade do Direito Português, na sua *Arte de Ser Português*, explicitando o que já Antero de Quental esboçara para o génio juspolítico peninsular na sua *Causas da Decadência dos Povos Penin-*

---

[3] SOUSA, José Pedro Galvão de. *Política e Teoria do Estado*. São Paulo: Saraiva, 1957, p. 25-26.

sulares, e Oliveira Martins também entrevira na *História da Civilização Ibérica*, entre outros[4].

Podemos assim afirmar que o sistema de liberdades hispânico em que nos inserimos é assistemático, não codificado e, todavia, dotado de unidade, centrado na pessoa e nos grupos primários, como a família, o município, o grupo profissional. Inspira-se sem dúvida no rigor do direito objetivo dos romanos, na piedade cristã, e tem como uma espécie de tirocínio de tolerância (mais: *convivência*) política e social (a partir da religiosa) a experiência de dupla jurisdição dos visigodos e depois o convívio fecundo entre muçulmanos, cristãos e judeus no Al-Andaluz. Como figura sintética deste mundo dos velhos direitos sobressai, mais tarde, Isidoro de Sevilha. O qual, com seu irmão Leandro foi grande inspirador dos decisivos concílios (muito políticos e jurídicos) de Toledo.

Este Direito das velhas liberdades ibéricas ou hispânicas é um direito de conteúdo prático, garantístico, ligado às pessoas e às suas coisas concretas, tangíveis. Os direitos em especial versam sobre a sua casa, a sua honra, a sua vida, a sua integridade física, etc. Mas chegam a ter, no seu florescimento latino-americano, formas muito mais avançadas, e em épocas antigas: como as de algumas formas de proibição da discriminação racial (no Brasil), de proteção do consumidor (em Cuba), etc... E já na velha península o visitador dos cárceres tornava concreta uma revisão processual extraordinária, garantia para os condenados.

São apenas exemplos, de entre muitos possíveis.

Especificamente em Portugal, pode afirmar-se que a monarquia tradicional, antes do "maquiavelismo" e de D. João II (antes do abandono de D. Fernando, o "Infante Santo" no norte de África, dizem outros) era, sobretudo, "poder conjugado" (como recorda um Afonso Botelho), em que valia eficazmente os princípios *rex eris si recte facias, si non facias non eris* e *regnum non est propter regem, sed rex propter regnum*, com grande importância do poder municipal, regalismo tendencial (e, portanto, afirmação

[4] CORTESÃO, Jaime. *Os Factores Democráticos na Formação de Portugal*. 4. ed. Lisboa: Livros Horizonte, 1984; SILVA, Agostinho da Silva. *Ir à Índia sem Abandonar Portugal*. Lisboa: Assírio & Alvim, 1994; PASCOAES, Teixeira de. *Arte de Ser Português*, nova ed. com Prefácio de Miguel Esteves Cardoso. Lisboa: Assírio & Alvim, 1991; QUENTAL, Antero de. *Causas da Decadência dos Povos Peninsulares*. 6. ed. Lisboa: Ulmeiro, 1994; MARTINS, Oliveira. *História de Portugal*. Lisboa: Europa-América, s/d.

da soberania, ou ao menos da autonomia), preocupação particular pela Pessoa, eticidade do jurídico e proverbial ponderação do judicial, aliás concorde com a brandura dos costumes. Não era uma vida política exacerbadamente politizada, mas natural e cívica. Em que o poder era, evidentemente, coisa de uns tantos, mas em que não cansava nem oprimia por oprimir: ou seja, seria, ao menos miticamente (mas este tipo de mitos são excelentes até para limitação dos poderosos – que hoje os não têm) o "suave jugo das leis", como viria a dizer um monarca, como aludimos já.

Até por que, em Cortes, e audiências, os estamentos e os próprios particulares faziam saber ao poder a sua opinião, e até com desenvolto desassombro.

Devemos apenas ter uma certa precaução face ao entusiasmo de alguns por liberdades míticas e longínquas quando tal possa representar um álibi contra liberdade(s) mais próxima(s) e concreta(s). É como o problema do Direito Natural e dos Direitos Humanos: são solidários, não oponentes. E quando o forem, alguma coisa está mal...

Não se devem jogar os velhos direitos contra as novas liberdades, nem vice-versa. Há um processo histórico, em que se nota progresso. E uma volta ao passado seria... anacrónica antes de tudo o mais.

9.10. CONSTITUCIONALISMO GLOBAL

Estamos agora num novo momento de viragem. Depois do Constitucionalismo tradicional e do moderno, na ordem do dia há um Constitucionalismo moderníssimo, ou contemporâneo (nosso contemporâneo) em que avultam fenómenos como os direitos humanos, o neoconstitucionalismo, o ativismo judicial do juiz constitucional e mesmo do juiz ordinário em matéria constitucional (ou aplicando princípios constitucionais a outras, todas as outras matérias... o que dá no mesmo resultado, ou semelhante), a globalização do direito constitucional, etc.

Particularmente significativa é a globalização constitucional. Já não é nova a ideia de um Direito Constitucional geral, e global, nem é completamente nova a área do Direito Constitucional Internacional, no sentido mesmo internacional, e não de normas nacionais para temas internacionais ou estrangeiros.

Espera-se que num prazo razoável venha a conquistar as mentalidades jurídicas e políticas para a criação de uma jurisdição constitucional universal, nomeadamente com o funcionamento, no âmbito da ONU, de um Tribunal Constitucional Internacional (v. os trabalhos de Yadh Ben Achour[5]). Já vai havendo significativos resultados de integração constitucional regional...

9.11. ALGUNS CONCEITOS OPERATÓRIOS

Comprovada, por este excurso histórico-conceitual, a variabilidade das formas da Constituição, resta-nos recordar que para o rigor de conceitos, mesmo em Política "pura", temos, não raro, de recorrer à doutrina constitucional.

Muita tinta e confusão se poupa se, bebendo nessas fontes, clarificarmos alguns conceitos.

Assim, e embora não desconheçamos que há algumas variantes de terminologia e dissensos entre os constitucionalistas, vale a pena fixar alguns sentidos.

Constituição em sentido material ou Constituição material é o mais importante de todos os conceitos. Ele corresponde à verdadeira, à efetiva, à real Constituição (que ora é vista em tons mais sociológicos, ora em tons mais "histórico-espirituais", ora em tons mais "ontológicos": conforme, precisamente, o que se considere mais real, mais efetivo, mais *material*). A Constituição material em cada sociedade concreta é que é a sua forma política essencial, a organização dessa comunidade, o seu *espírito* político.

Tal Constituição, que não é interpretável pela exegese pura e simples dos textos, mas implica uma sensibilidade política, uma identificação nacional, uma sintonia com o Povo, deveria, depois da prevenção de Garrett, ser plasmada no texto escrito, articulado, codificado que vem a ser a Constituição formal ou em sentido formal. O suporte material, livro, *disquette*, CD-ROM ou outro, em que a constituição formal se apresenta, não deve confundir-se com ela, nem com a material, antes se deve designar por *Constituição instrumental*.

Nem sempre acontece que a Constituição material seja bem interpretada e plasmada na *Constituição formal*. E muitas das convulsões políticas

---

5 BEN ACHOUR, Yadh. *Au Service du Droit Démocratique et du Droit Constitutionnel International. Une Cour Constitucionnelle Internationale.* In: "Revue du Droit Public et de la Science Politique en France et à l'estranger". Paris: LGDJ, n. 2, 2014, p. 419-443.

e constitucionais decorrem do facto de não raro os constituintes (quer uma assembleia quer um autocrata, que outorgue ou faça plebiscitar o seu texto) se esquecerem da maneira de ser do Povo e da Nação, da sua tradição política, e até das suas aspirações, para amarrarem as gerações futuras a um programa coletivo ao arrepio da representação, da vontade e da essência do País a que se dirigem. Diz-se então que falta ao texto constitucional "força normativa", e que, encontrando-se a constituição formal em contradição com a constituição material, carece de legitimidade, e até há quem avance a ideia (sobretudo associada ao nome de Otto Bachof) de que as normas que na constituição formal contrariem as que a constituição material propugnaria ou admitiria, são verdadeiras *normas constitucionais inconstitucionais.*

Semelhante inconstitucionalidade, diga-se num parênteses, é também assacada pelo publicista gaúcho Juarez Freitas[6] a todas as normas injustas, mesmo as normas ordinárias. Recorde-se que Tomás de Aquino afirma o mesmo princípio, em geral e até mais profundamente quiçá, para todo o Direito: *lex iniusta non est lex*, princípio que parece recuar ao próprio Aurélio Agostinho (Santo Agostinho).

A desconformidade com a Constituição, na própria Constituição formal, e nas normas ordinárias, implica a referida *inconstitucionalidade*, a qual pode ser *orgânica, formal e material*, conforme, *grossíssimo modo*, haja desconformidade entre o órgão produtor da norma e o órgão competente, entre a modalidade normativa escolhida para a norma e a devida, e, sobretudo, entre o prescrito pela constituição material ou formal (consoante se aprecie a própria Constituição formal ou legislação de grau hierarquicamente inferior) e a norma em causa.

A mais importante politicamente é a inconstitucionalidade material, e aquela que politicamente poderá originar maior polémica será, sem dúvida, a inconstitucionalidade das próprias normas constitucionais. Porém, a invocação destes aspetos técnico-constitucionais não tem sido, em termos comparativos com outras querelas, muito frequente até há poucos anos. Preferia-se normalmente remeter para a o debate político puro e simples, o que poderia ser discutido também juridicamente. Hoje em dia, há cortes constitucionais sob mira, e o Tribunal Constitucional português, por

6 FREITAS, Juarez. *A Substancial Inconstitucionalidade de Lei Injusta*. Petrópolis, RJ: Vozes; Porto Alegre, RS: EDIPVCRS, 1989.

exemplo, é apresentado mediaticamente (e obviamente com total injustiça e confusão) como o grande culpado por todos os cortes de salários, pensões, etc... Cada declaração de inconstitucionalidade, que deveria envergonhar o legislador, aparece nos jornais como *rombo* nas finanças de forma a culpar o dito tribunal. Mudou muito, portanto, o tipo de debate, no caso, politizando-se artificialmente o papel da justiça constitucional.

Na hierarquia das normas jurídicas, legado da pirâmide normativa de Kelsen a que não se consegue facilmente fugir, a Constituição está no topo. Todavia, qual Constituição? A formal ou a material? Tudo indicaria que a material. Mas há ainda a possibilidade de remeter para uma outra categoria, muito criticada, mas com algum sentido, desde que bem entendida: a ordem de valores.

Realmente, a própria constituição material, sobretudo se não for entendida em termos excessivamente sócio-históricos, não deixa de ser reflexo de uma ordem de valores.

A questão é sobretudo complexa se começarmos a interpretar a Constituição formal com um naipe de trunfos (mais ou menos falsos) na manga: invocando ora a constituição material, ora a ordem de valores, ora até, eventualmente, o Direito Natural, para denegar valor a normas positivadas, quantas vezes claríssimas, ou para fazer prevalecer, em conflito de direitos ou deveres, este sobre aquele, de forma desmedida e claramente politizada, ideologizada.

O problema não nos parece resolver-se simplesmente com a negação da constituição material, da ordem de valores, do Direito Natural, numa posição estritamente positivista legalista. Há que interpretar as situações e as regras com uma visão segunda, matizada, subtil, sem cair em ingenuidades. Se é possível subverter a Constituição com apelo a tais instâncias, também é possível não a cumprir – e mesmo violar no que tem de mais profundo – se a uma ou a outra ou a todas, em certos casos, não fizermos apelo.

A angústia que se sente no plano político é que os juristas podem ter a tentação de dar soluções aparentemente técnicas a questões que são políticas. E a que os juristas deveriam sentir seria a inversa: por vezes, devolve--se ao oceano revolto de paixões da política o que a paciente *scientia iuridica* já tinha pacificado na teoria. O diálogo e a discussão não findam... Infelizmente, na polémica constitucional há muitas vezes ignorância jurídica *tout court*, confusão (voluntária ou não) e mesmo má-fé. Em grande medida, é um diálogo de surdos – infelizmente.

9.12. DEFESA DA CONSTITUIÇÃO E CONTRATO CONSTITUCIONAL

O contrato, como se sabe, é lei entre as partes. Pelo exercício do poder constituinte, o Povo, através de deputados constituintes por si eleitos, escolhe viver sob uma lei geral, uma lei das leis. Essa magna carta é também um contrato; é antes de mais um contrato. O maior dos contratos, o mais importante e fundante de todos os outros, numa sociedade. Para mais, em muitos casos (nos melhores, e desde logo no Brasil e em Portugal, por exemplo), trata-se de Constituições reconhecidamente compromissórias, em que, como numa boa negociação contratual, cada parte (cada partido) cedeu um pouco, para todos ganharem. E no debate constituinte os partidos foram realmente eco de diferentes sensibilidades sociais – desde logo, porque se discutiram ideias e não interesses.

Criticou-se a Rousseau a abstração do seu Contrato social. Na maioria dos casos de Estado Constitucional contemporâneo, não é um pacto primordial que está em causa, mas um contrato bem claro e visível, escrito, codificado, datado e até com cláusulas de revisão. Portanto, está completamente ultrapassado o "tabu Rousseau" de um contrato social histórico e abstrato. Aliás, durante o último centenário do filósofo de Genebra vários estudos e colóquios contribuíram, felizmente, para ultrapassar preconceitos contra esta figura trágica e genial da filosofia política, e da cultura iluminista (e já romântica) em geral. Por exemplo, como referimos já, parece ultrapassada a ideia de que teria sido um "totalitário"... Muito se ressaltou que amava quer a igualdade quer a liberdade. E essa dupla não consente totalitarismo.

Entretanto, uns mitos passam, mas outros permanecem, e até se agigantam. O Estado, mesmo constitucional, é alvo de uma grande mitificação (e mistificação). E importará contribuir para uma construtiva desconstrução do paradigma dominante dessa *episteme* tão discutível, a Teoria (Geral) do Estado, que é discurso legitimador ou, em síntese, o mito (e mito ilusão, em grande medida) do Estado. Procurando ir mesmo mais além da *démarche* de Ernst Cassirer[7].

E como se desmitifica e radiografa o género literário "Teoria do Estado", procurando detetar-lhe tópicos (lugares comuns), ilusões, mitos-ideias-força, etc.? Fundamentalmente mostrando que por detrás e por dentro da

---

[7] CASSIRER, Ernest. *The Myth of the State.* Westport: Greenwood Press, 1983.

espartana e agelástica (conceito de Rabelais, Kundera e Rorty para denotar rigidez cadavérica da alma, cristalização) figura de uma solene fachada, neoclássica decerto, que parece colher consensos e até fervores coletivos, por detrás e por dentro de uma viseira jurídica sólida, segura, e imperturbável, há o latejar sempre imoderado, contraditório, mutável e perturbador da política. O Estado não é um ente jurídico só: é jurídico, sim, mas antes de tudo é político. E tem uma determinada feição, até jurídica, configurada por um núcleo conformador de índole política.

Uma primeira pergunta se imporá, certamente: Não estaremos a falar demasiado em política? Não deveria um juspublicista (mesmo num livro de Politologia) ater-se mais ao estritamente jurídico? Não é essa, aliás, a grande crítica que os anticonstitucionais fazem aos seus órgãos de controlo concentrado da constitucionalidade, seja um Supremo Tribunal, seja um Tribunal Constitucional?

Política a mais nas nossas sociedades? Política a mais dos Constitucionais e dos constitucionalistas? Ledo engano. Ou pura mistificação. Embora se possa procurá-la ou não, e mais ou menos, a verdade é que não se foge à política. Constituição e Política sempre estiveram paredes meias. Mais: sempre se encontraram em simbiose. Agora mais ainda: salta para o óbvio da vista desarmada que a Constituição tem um consensual projeto político, sim. O projeto do Estado Constitucional. E entra pelos olhos dentro que os que são contra a Constituição (os anticonstitucionais), ao contrário do que pretendem (hoje em dia) fazer crer com fumos de inevitabilidade económica e financeira (TINA: "there is no alternative"), são fieis devotos de uma religião fanática (ou ideologia fanática) que é o ultraliberalismo, agora cada vez mais mostrando que não é muito amigo das liberdades clássicas, e talvez até nem seja mesmo sempre liberal economicamente... Parece que o Estado não é, realmente, o grande inimigo: o Estado, para esses, é um instrumento, moldável *pro domo*. Por exemplo, como forma de "salvar os ricos" (como se disse numa canção) das suas estouvadas e arriscadíssimas especulações financeiras, agora pagas pelos pobres, através do Estado, que os garante e cobre. Isto está longe de ser sequer Liberalismo *proprio* ou *lato sensu*. Dir-se-ia até que pelo contrário. A luta pelas palavras, aliás, é uma grande luta, já pelo menos se sabia desde Confúcio. E daí a mistificação permanente. Normalmente com eufemismos de coisas gravíssimas.

E então o Direito, como está, que fazer-lhe? Talvez se tenha que inventar uma nova *episteme* que substitua o Direito, poderão arriscar os mais ousados. Tal como ele um dia foi inventado pelos Romanos...

Na verdade, vários têm dito já que o Direito morreu. Há um veneno mortal que tem bebido fartamente: o veneno da política. Mas precisa de beber política "como o bêbado bebe até a tinta"... Há substâncias que são ao mesmo tempo veneno e medicamento. As pretensões de um Direito purificado são ainda mais políticas que as de um direito ativista. Nada de novo, tudo de novo.

Cremos, contudo, que o Direito, e especificamente, no nosso caso, o Direito Constitucional, guarda ainda muitas virtualidades e um capital de esperança, apesar de muitas páginas menos gloriosas...

Muita política? Não. Pela Europa, que conhecemos melhor, há demasiada propaganda, feita de números manipulados ou manipuláveis, mitos do salvador e do bode expiatório, muita linguagem com ar de Finanças e Economia, sem que se saiba bem se verdadeiramente o é, ou se apenas lhe apanhou as falas. Como dizia Alain: "L'économie toute seule est juste... c'est la politique qui n'est pas juste". Evidentemente, há que se estudar toda a Economia e não a cartilha na moda. Pode, por exemplo, ler-se no blogue "O Economista português", de Luís Salgado de Matos:

> "Professores de economia em prestigiadas universidades britânicas, como Cambridge e Leeds, escreveram uma carta a *The Guardian*, o conhecido diário londrino, que o ensino universitário da economia 'está fortemente enviesado a favor da ortodoxia' e salientam que esta 'monocultura intelectual' é 'um contraste nítido com a abertura do ensino noutras ciências sociais, que em regra apresentam paradigmas concorrentes'. Os economistas acrescentam: 'os estudantes concluem um grau universitário em economia sem que lhes tenham exposto as teorias de Keynes, Marx ou Minsky e sem terem estudado a Grande Depressão'. A carta segue-se a protestos de estudantes de economia em diversas universidades britânicas."[8]

E não é justa a política que se esconde atrás da economia, e quer limitar e subverter até o Direito, e o Direito Constitucional em especial, que é o Contrato Social consensual de uma sociedade. Alguns, com muita voz mediática e poder, clamam contra as constituições dos seus países, que, contudo, em geral foram aprovadas por larguíssimas maiorias e ainda continuam com vasta e boa reputação entre o Povo. Apesar da deseducação a que está submetido.

---

[8] Disponível em: <http://oeconomistaport.wordpress.com/page/2/.>

O Estado Constitucional é a construção jurídico-política resultante do contrato constitucional: é o *alter ego* da Constituição. Num tempo de violentíssimos ataques à Constituição, sobretudo nos países martirizados do Sul da Europa, ataques esses teóricos e práticos, é a teoria e a prática do Estado Constitucional que estão também em causa. Mas mais: é o Estado em si mesmo que está em perigo. E embora nos preocupe mais a sociedade ("civil", acrescentam alguns) que o Estado, a verdade é que este é um progresso civilizacional que só poderá eventualmente ser abandonado quando se inventar algo de melhor, dentro da complexidade das sociedades hodiernas, e sem perigo de recuo para a barbárie.

Da falta de Estado que o digam os que, pelo Mundo fora, ainda têm de viver em sociedades desarticuladas, profundamente corruptas, sem infraestruturas básicas, em que cada um vive por si, e à mercê dos novos senhores da guerra do momento. Sim, o Estado pode ser um monstro frio, mistificador, como diria Nietzsche: mas é muito melhor que a sua ausência, ou a sua colocação ao serviço de específicos interesses privados, logo, egoístas e particularistas.

Há, portanto, que defender o Estado, e o Estado mais aperfeiçoado que até hoje foi possível criar: o Estado de Direito, democrático, social e de cultura, numa palavra, o Estado Constitucional. *Pacta sunt servanda* – os contratos são para se cumprir. E as nossas Constituições são um contrato público, social, intergeracional, para a construção de uma sociedade "mais livre, mais justa e mais fraterna", como diz a Constituição portuguesa, ou, como se pode ler na brasileira "uma sociedade fraterna, pluralista e sem preconceitos, fundada na harmonia social (...)". Devemos, pois, velar pelo seu integral e leal cumprimento. Como podem rigorosos juristas abdicar desse ponto de honra que é cumprir os contratos?

Cumpre-se um contrato de *lana caprina* ou tuta e meia e despreza-se o contrato que é esteio e cimento das nossas sociedades? E não só os juristas lhe estão vinculados, embora o estejam *a fortiori*. Qualquer cidadão, qualquer pessoa de bem, tem de cumprir os contratos. E a Constituição não é um contrato qualquer. É o que nos faz vivermos em conjunto no mesmo projeto de sociedade, de Estado, de País.

Os espectros de um "Estado Mundial" poderão ter, descontada a teoria da conspiração e as cores ficcionais distópicas, alguma razão de ser. Pelo menos tanto quanto sabemos hoje, um Estado Constitucional não poderá ser um Estado mundial, e um Estado mundial não seria um Estado constitucional. Todavia, há grandes evidências de que se vive já uma normatividade constitucional ou mesmo Constituição material universal ou global. Comparem-se as constituições de todos os países do mundo, descontados os localismos, evidentemente. Não possuem elas princípios em grande medida comuns? E não estão múltiplos tratados internacionais, em que os Estados se comprometem solenemente, eivados dessas ideias comuns? Assim, há movimentos de diálogo entre soberanias, sendo certo que mesmo a soberania bodiniana, como se vai sabendo, não era totalmente absoluta como depois foi descrita. Assim, um dos movimentos mais relevantes é a defesa dos Direitos Humanos por todo o mundo. E corolário de tudo isso será a criação de uma Corte Constitucional Internacional, como melhor forma de defender os Estados Constitucionais como Estados de Direito, Democracias e de Direitos Humanos. Trata-se, afinal, não do "fim da soberania" mas de uma forma de diálogo entre soberanias...

Este projeto caminha a par de mudanças ao nível interno na jurisdição (mediação, por exemplo) e na mentalidade dos juristas. Depois do paradigma objetivista e do subjetivista, em Direito, caminha-se, ainda que com escolhos e pedras no caminho, avanços e recuos, para um paradigma novo: o Direito Fraterno Humanista (mas que pode no futuro vir a ter outro nome, pouco importa o nome...).

BIBLIOGRAFIA

ALAIN. *Politique.* Paris: PUF, 1951.

ALEXANDER, Larry (org.). *Constitutionalism. Philosophical Foundations.* Cambridge: Cambridge University Press, 1998, reimp. 2001.

BACHOF, Otto. *Estado de Direito e Poder Político: os Tribunais Constitucionais entre o Direito e a Política*, Separata de "Boletim da Faculdade de Direito da Universidade de Coimbra", trad. port. de J. M. Cardoso da Costa, v. LVI, 1980; *Idem. Normas Constitucionais Inconstitucionais?*, trad. port., Coimbra: Atlântida, 1977.

BEN ACHOUR, Yadh. *Au Service du Droit Démocratique et du Droit Constitutionnel International. Une Cour Constitucionnelle Internationale*, in "Revue du Droit Public et de la Science Politique en France et à l'estranger". Paris: LGDJ, n. 2, 2014, p. 419-443.

BEN ACHOUR, Yadh; FERREIRA DA CUNHA, Paulo. *Pour une Cour Constitutionnelle Internationale.* Oeiras: A Causa das Regras, 2017.

BRAVO LIRA, Bernardino. *Entre dos Constituciones. Histórica y Escrita. Scheinkonstitutionalismus en España, Portugal y Hispanoamérica*, in "Quaderni Fiorentini per la Storia del Pensiero Giuridico Moderno", n. 27, Florença, 1998, p. 151 s.; *Derechos Políticos y Civiles en España, Portugal y America Latina. Apuntes para una Historia por hacer*, in "Revista de Derecho Público", n. 39-40, Universidad de Chile: Chile, 1986.

BRITTO, Carlos Ayres. *Teoria da Constituição.* 1. ed., 3. tir. Rio de Janeiro: Forense, 2006.

CARDUCCI, Michele. *Por um Direito Constitucional Altruísta*, trad. port. Porto Alegre: Livraria do Advogado Editora, 2003.

CARVALHO, José Liberato Freire de. *Memórias da Vida de....* 2. ed. Lisboa: Assírio e Alvim, 1982 [1. ed., 1855].

CASSIRER, Ernest. *The Myth of the State*, reimp. Westport: Greenwood Press, 1983.

CORTESÃO, Jaime. *Os Factores Democráticos na Formação de Portugal.* 4. ed. Lisboa: Livros Horizonte, 1984.

CORWIN, Edward S. *The "Higher Law" Background of American Constitutional Law.* 13. impressão. Ithaca e Londres: Cornell University Press, 1988.

FERREIRA DA CUNHA, Paulo. *Nova Teoria do Estado.* São Paulo: Malheiros, 2013; *Direito Constitucional Geral. Uma Perspectiva Luso-Brasileira.* São Paulo: Método, 2006, Prefácio de André Ramos Tavares; *Traité de Droit Constitutionnel. Constitution Universelle et Mondialisation des Valeurs Fondamentales.* Paris: Buenos Books International, 2010 (também com edição em ebook); *O Contrato Constitucional.* Lisboa: Quid Juris, 2014; *Direitos Fundamentais. Fundamentos e Direitos Sociais.* Lisboa: Quid Juris, 2014; *Constituição & Política.* Lisboa: Quid Juris, 2012; *Geografia Constitucional.* Lisboa: Quid Juris, 2009; *Repensar a Política. Ciência & Ideologia.* Coimbra: Almedina, 2005, máx. p. 205-210; *Teoria da Constituição*, v. I. Lisboa/São Paulo: Verbo, 2002, p. 99 s., máx. 99-127; 327-365, et passim; *La Constitution Naturelle.* Paris: Buenos Books International, 2014; *La Cour Constitutionnelle Internationale ICCo. Une idée qui fait son chemin*, in <http://www.carthage.tn/sites/default/files/files/La-Cour-Constitutionnelle-Internationale-ICCo-une-idée-qui-fait-son-chemin.pdf>.

FREITAS, Juarez. *A Substancial Inconstitucionalidade da Lei Injusta.* Porto Alegre: Petrópolis, RJ, RS: Vozes, EDIPUCRS, 1989.

GALVÃO DE SOUSA, José Pedro. *Política e Teoria do Estado*. São Paulo: Saraiva, 1957.

GARRETT, Almeida. *Obras de...*, Porto: Lello, s/d, 2 v.

HEGEL [Georg Wilhelm Friedrich]. *Grundlinien der Philosophie des Rechts*, trad. port. de Orlando Vitorino, *Princípios da Filosofia do Direito*. 2. ed. Lisboa: Guimarães Editores, 1976; International Constitutional Court. *Projet de création d'une Cour Constitutionnelle Internationale. Project for the Establishment of an International Constitutional Court*. Tunis: Documents of the ICCo Ad hoc Comitee, 2014.

KANT, Emmanuel. *D'un ton Grand Seigneur Adopté Naguère en Philosophie*, trad. fr. de L. Guillermit. Paris: Vrin, 1982.

LOUGHLIN, Martin. *Sword & Scales. An Examination of the Relationship Between Law and Politics*. Oxford/Portland – Oregon: Hart, 2000.

MARTINS, Oliveira. *História da Civilização Ibérica*. 12. ed. Lisboa: Guimarães Editores, 1994.

MC ILWAIN, Charles Howard. *Constitutionalism – Ancient and Modern*. ed. revista. Ithaca, New York: Cornell Univ. Press, 1974.

MELLO, Celso D. de Albuquerque de. *Direito Constitucional Internacional*. Rio de Janeiro: Renovar, 1994.

PASCOAES, Teixeira de. *Arte de Ser Português*, nova edição com prefácio de Miguel Esteves Cardoso. Lisboa: Assírio & Alvim, 1991.

PAMPILLO BALIÑO, Juan Pablo. *La Integración Jurídica Americana: Utopia y Proyecto para la Tradición Jurídica Occidental*, in "Convenit International", São Paulo/Porto, CEMOROc; IJI; Metodista, n. 16, setembro-dezembro 2014, p. 5-32.

PEREIRA MENAUT, Antonio-Carlos. *Constitución, Principios, Valores*, in "Dereito", v. 13, n. 1, 2004, p. 189-216; *El Ejemplo Constitucional de Inglaterra*. Madrid: Universidad Complutense, 1992; *Lecciones de Teoría Constitucional*. Madrid: Colex, 1997.

QUENTAL. Antero de. *Causas da Decadência dos Povos Peninsulares*. 6. ed. Lisboa: Ulmeiro, 1994.

SILVA, Agostinho da. *Ir à Índia sem Abandonar Portugal*. Lisboa: Assírio & Alvim, 1994.

LIÇÃO 10

POVO, NAÇÃO, ESTADO, SUPRANACIONALIDADE, SOBERANIA E DE OUTRAS FORMAS POLÍTICAS

10.1. DIFICULDADES HODIERNAS DE TEORIZAÇÃO

Os problemas desta Lição – que são, efetivamente, mais problemas que depurados e resolvidos temas aptos a debitar e a consumir – encontram-se no presente em plena ebulição. Se até tarde, no século XX, se julgou ou se presumiu saber o que eram Povo, Nação, Estado, Soberania, etc., hoje ou se repete de forma psitacista a lição desfasada da véspera (*rectius*: da antevéspera), ou então entra-se no mar sem pé das situações e das perspetivas novas, a reclamarem renovados conceitos. Que tardam em aparecer, aliás. E as novidades que vão aqui e ali surgindo tardam a convencer...

E o mais complexo é que, se já não é mais tempo para continuar na senda da Teoria do Estado e da Teoria das Relações Internacionais clássicas, também não parece ser ainda chegada a ocasião em que, com o templo teórico destruído, o possamos reerguer em três dias, e muito menos em três tempos.

A teorização sofre, assim, a angústia de ao mesmo tempo chegar tarde demais e ainda demasiado cedo.

O público em geral anda mais ou menos confundido com discursos de fim ou resgate pomposo da soberania nacional, de federalismo europeu *vs.* não federalismo, e não raro parece que os mesmos atores políticos mudam, com o tempo (às vezes rapidamente) na avaliação do que sucede. Uma das melhores formas de não entender nada do problema é dar ouvidos ao que por aí se vai dizendo... E quanto mais enfaticamente e com muita convicção, parece que pior. A sabedoria sempre exigiu humildade, recato e tempo. E há assuntos em que ela é bem precisa... Este é um deles, sem sombra de dúvida. É que a realidade, que nestes temas é afinal a História, acaba por pregar partidas a quem julgava tudo saber, e tudo poder fazer caber no tranquilo bolso das suas certezas.

10.2. NO PRINCÍPIO ERA A SOBERANIA?

A interligação entre os entes políticos, entre as sociedades políticas e entre as malhas de poder tem sido, ao longo da História, muito complexa. Como se entendia o Império Egípcio, face aos seus vizinhos? Ou o mundo chinês, do Império do Meio?

Estamos em crer que, nessas situações, como até noutras, mais do que soberania, era uma ideia de *autarkeia*, de princípio e fim do poder. O demais seria periferia, barbárie. Já com os Gregos e a cidade-estado vem a necessidade de articular a *pólis* com outras: seja com supremacia, seja com uma semivassalagem, como nas Ligas helénicas. Sem se esquecer de que, apesar de toda a sua Civilização, os Helenos separavam bem o que era da Hélade e o que era barbárie circundante. É muito interessante, aliás, pensar uma democracia imperial como a Atenas clássica: acaba-se por ficar com a sensação de que o império e a escravatura sustentavam a democracia de uns tantos (v. a obra de Sir Moses I. Finley).

O Império Romano tem em si uma organização plural, nos diversos modos de relacionamento com os vários povos com que se relaciona. Não trata os Judeus como trata os Gauleses... Mas o *limes* sempre é o *limes*. E a dignidade de cidadão romano algo de cobiçado e como nobilitante. Até que, em 212, a Constituição Antonina, vulgarmente conhecida como Édito de Caracala, a estendeu a todos os habitantes do Império. Tal como hoje todos nós temos direito ao tratamento por "senhor" e "senhora": são formas de democratização...

Por toda a história anterior, afigura-se-nos agora, com algum distanciamento, que o conceito de soberania, tal como foi cunhado por Jean Bodin, n'*Os Seis Livros da República*, é muito mais uma forma de organizar ideias dispersas, confusas, amalgamadas, do que realmente uma criação *ex novo* ou *ex nihilo*. Criação ditada, aliás, por circunstâncias políticas, como sempre acontece.

Bodin teoriza no turbilhão das guerras religiosas francesas do século XVI, que ali quebraram o que ainda restasse da unidade da *Respublica Christiana*, tornando em estilhaços a comunidade cristã que, de algum modo, ainda sonhava com o Império Romano na imagem do Papado. Esta fragmentarização de fidelidades religiosas e de escatologias políticas acontecia já um pouco por toda a Europa não hispânica, e, de par com a decadência do feudalismo (ele também feito de uma teia de poderes imbricados), e com a ascensão das ideias de autonomia (religiosa, ética, etc.) da política, propugnadas por Maquiavel, tornava o terreno fértil para algo de novo no plano do entendimento das sociedades políticas umas face às outras.

Bodin desenvolve assim uma teorização que, contrariando embora o secretário florentino no plano moral, todavia conflui com a sua obra na mesma senda de engrandecimento do Príncipe e do Estado. Mesmo eventualmente contra os propósitos do próprio Bodin. A soberania é então por ele concebida como o poder absoluto e perpétuo de uma sociedade política (a que ele chama, e bem, República). Foi interpretada ulteriormente como não admitindo, à exceção de Deus (o que nem sempre se disse explicitamente), qualquer poder que lhe fosse superior, quer no plano externo, quer no plano interno.

Doravante, e de acordo com o que os intérpretes leram e divulgaram de Bodin, os reis podiam tranquilamente invocar, ao menos ao nível teórico, um poder inafastável, contra Papa ou Imperador, do lado de fora, e, contra senhores feudais, do lado de dentro dos seus domínios. Tão simples como isto. Na verdade, tão complicado quanto isso, já na época. Que fará nos nossos dias...

Quando Jean Bodin (de algum modo miticamente, é certo) "cunhou" o conceito de soberania, os problemas político-jurídicos em presença eram bem claros, insistimos. Tratava-se, sobretudo como afloramos, de (em boa medida) ultrapassar a feudalidade, a desagregação ou inorganicidade da comunidade política (e ele pensava especialmente na França). Por isso, a soberania é expressa como poder que não tem par nem superior intramuros, embora com algumas limitações que não têm sido devidamente sublinhadas no didatismo ulterior.

Na verdade, o monarca, o "soberano" concebido por Bodin, não está acima da lei, pelo contrário, talvez até tivesse mais leis a limitá-lo que os atuais governantes constitucionais (pelo menos em teoria, claro). Deveria obedecer, a mais que estes, à lei divina, certamente tanto quanto estes deveriam, para alguns, seguir os ditames da lei natural e/ou lei racional (ou da razão; autonomizadas ou não, conforme os autores). Além de, evidentemente, deverem também obediência às leis fundamentais do Estado (então ditas, fundamentalmente, dos reinos...), que correspondem à formalização da Constituição material, e ainda a várias leis humanas comuns a todos os povos, o que dá uma excelente abertura para a cooperação internacional, e não para o isolacionismo sempre potencialmente belicista.

E, contudo, não é bem assim que se aprende normalmente. Não é mesmo nada assim. Não foi assim que aprendemos... Falava-se e ainda se fala muito frequentemente de um poder enorme, absoluto, quer do ponto de vista interno, quer no plano externo. Enorme e em grande medida arbitrário (ou pelo menos fica a sensação de que tal assim poderia ser, sem problemas). O rei estaria, pois, simultaneamente em luta (por vezes aparecendo associado à burguesia) quer contra os senhores feudais, quer contra o Papa e o "Imperador", que constituiriam as ameaças ao seu poder no plano externo, representando o polo internacional da teorização.

Talvez o tom haja sido como que contaminado pela visão hobbesiana do soberano, com um estilo ou fraseologia totalmente antidemocrática, de que respigamos, só para exemplo, de entre as epígrafes à margem de um capítulo fulcral do Leviatã:

> "Os súbditos não podem mudar a forma de governo", "não se perde o direito ao poder absoluto", "não há justiça nas acusações que o súbdito faça aos atos do soberano", "nada que o soberano faz pode ser punido pelo súbdito", "Também a ele – soberano – pertencem a autoridade judicial e a decisão das controvérsias", "E de fazer a guerra e a paz como lhe parecer melhor", concluindo-se destas e outras teses que: "O poder e a honra dos súbditos se desvanece na presença do poder soberano", sendo ainda que (curioso discurso legitimador) "O poder soberano não é tão prejudicial como a sua falta, e prejuízo deriva na sua maior parte de não haver pronta aceitação de um prejuízo menor."

Contudo, é muito curioso observar que clássicos de várias áreas do saber e de diversos quadrantes geográficos há bastante tempo que não seguiam essa teorização atribuída a Jean Bodin. Na verdade, parece tratar-se de uma teorização que, partindo do clássico jurista francês e invocando-o, vai muito mais longe. Passa para uma absolutização de uma categoria – a Soberania – que deixa (pelo menos ao nível do pressuposto, do não dito) de ser uma perspetiva ou ponto de vista de um autor ou grupo de autores para encarnar o que se pressupõe como essência, com algo de universal e dificilmente discutível, ou mesmo indiscutível. Tanto mais que convocando, por vezes, ou sendo associado por vezes, a questões de honra, Nação, sangue, Pátria...

O clássico historiador das ideias políticas, o francês Jean Touchard, ou o consagradíssimo especialista britânico em Direito Internacional, J. L. Brierly, só para dar dois relevantes exemplos, ambos já apontavam para uma compreensão muito menos totalizante (ou totalitária) do pensamento de Bodin. E o curioso é que, tendo lido e relido as obras de ambos, nós e certamente muitos como nós não o apercebemos, imbuídos que estávamos pelo preconceito imperante: uma adesão às interpretações anteriormente assimiladas.

Essa definição simples, da dupla exclusão de poderes concorrentes, internos e externos, foi decerto excelente para a formação do Estado Moderno, e para o ulterior (bastante ulterior) advento dos nacionalismos românticos, etc., etc. Mas com os processos de integração internacional, começou a claudicar, e a partir daí nunca mais se conseguiu ter ideias claras e distintas neste aspeto. Alguns, como o antigo presidente do Parlamento Português, António de Almeida Santos, prolífico autor sobre temas políticos atuais, parece terem considerado que a partir do momento que se perde uma pequena parcela de soberania já se entrou no caminho do federalismo. Outros falam em *tertium genus*, sobretudo para a União Europeia. Esta parece ser, aliás, não diríamos a fórmula juridicamente correta, mas juridicamente confusa e politicamente corretíssima. Cremos que o que está principalmente em causa é uma inadaptação do conceito, na sua inteireza, aos tempos contemporâneos. Pelo menos uma dificuldade de transposição cabal e plácida. E um aproveitamento político muito perigoso por parte de hipernacionalismos de um lado, a par de desvalorizadores de qualquer sentido de independência, por parte de outros.

A virtude estará algures no equilíbrio de um meio termo: Soberania (ou algo como ela), numa versão de autonomia e independência também internacionais, é importantíssima para as questões vitais (chamemos-lhe, por exemplo, "soberania estratégica"): militar, educativa, cultural e de finanças, pelo menos. O grande educador António Sérgio dizia que a educação do Povo equivalia a opor resistência a uma invasão estrangeira. Mas há muitas outras (e até certos aspetos destas, o que complica as coisas) em que pode ser nociva aos próprios interesses nacionais. Há assim que repensar este aspeto, com a maior atenção e cuidado. Um excesso solipsista de soberania leva ao "orgulhosamente sós", talvez pobre e honrado (na mais idílica das versões), mas pequeno e triste; uma ingénua ou laxista abertura em exagero e dissolução nacional são ruína e aniquilamento certos, a prazo.

10.3. ESTADO E SOBERANIA EM TEMPOS DE GLOBALIZAÇÃO

É possível conceber outros princípios de atividade de uma comunidade política diversos do da soberania, assim como é possível pensar outra malha organizatória e de poder distinta do Estado.

Embora o Estado seja, como afirmou Jacob Burkhardt, uma obra de arte, com uma capacidade de ação extraordinária, tornou-se em grande medida um Leviatã. E como tem sido posto em relevo por vários observadores, mesmo os mais extremistas dos ultraliberais não prescindem do poder do Estado e, quando o têm, usam-no para as maiores intervenções, nomeadamente financeiras e económicas. O que parece contrariar o seu credo...

Mas analisemos a questão mais de perto. Embora a soberania dos Estados os dote de meios de defesa e garantias de subsistência autónoma muito consideráveis, pode prejudicar-lhes o dinamismo e as relações com outras instâncias. Aliás, fala-se muito de perda de soberania quanto ao exterior, esquecendo-se que, internamente (com presença diversa consoante os Estados), fenómenos como a federalização, a regionalização, o próprio poder local, além de partidos, grupos de pressão, sindicatos, poder económico empresarial e financeiro, o poder religioso, e agora até eventualmente poder futebolístico ou afim, podem do mesmo modo cercear profundamente a soberania estadual.

A criação e, sobretudo, o funcionamento da União Europeia subverteram já profundamente os conceitos clássicos de Estado e de Soberania. Há quem afirme que já existe uma federação, há quem o negue veementemente. Tudo depende de como se definir "federação".

A verdade é que o poder de países como a Grécia ou Portugal é já, no mínimo, poder conjugado, e, na mais extrema hipótese, poder tutelado. A partir do momento em que a Troika entrou em Portugal (e nada de realmente novo se terá passado quando parece que terá saído, pelo menos ao nível da vida normal das pessoas comuns), não poucos disseram que se estava perante uma situação de protetorado, ou afim. Seja como for, sempre que se esboçava a ideia de uma medida não ortodoxa com o credo neoliberal, logo se vinha invocar (pelo menos alguns comentadores) que a Troika não deixaria, não permitiria, não aprovaria ou não gostaria...

Mesmo que não houvesse a catastrófica situação financeira, que parece ser um proliferar de poços sem fundo, para mais com juros acumulados, o problema não seria só institucional (e jurídico). Depende em boa medida da capacidade política portuguesa o conseguir afirmar-se no novo espaço de intervenção, com regras novas. Não endossemos sempre as responsabilidades! Mas como ter essa agilidade e essa afirmação se o peso da dívida parece tudo tolher?

Como é habitual nestes casos, vamos mantendo os odres velhos das teorias: e continuamos a falar em soberania (continua na Constituição, apesar de tudo, logo no art. 1º), e em Estado. A este fazem-se corresponder atributos simbólicos como armas ou brasões, bandeira e hino. Mas, significativamente, também outras instâncias os possuem: armas tem qualquer município, assim como Bandeira; hino e bandeira tem a Europa (a União Europeia)...

Para alguns autores, a questão fica mais confusa ainda porque como que identificam Estado com toda ou quase toda a forma política, ou sociedade politicamente organizada. Pelo que placidamente aludem ao Estado Romano, ao Estado do velho império Chinês...

Ora, no rigor das coisas, e para que os conceitos possam ter ainda alguma operatividade, devemos restringir a qualificação de Estado às realidades organizatórias e de poder emergentes na Modernidade, com a separação teórica da Política, com a ascensão do capitalismo, com o engrandecimento do poder real (servido pelo centralismo e pela burocracia – e meios militares e financeiros crescentes), com o fim da unidade religiosa da Europa, e, assim, com o fim do sonho do Império e do predomínio espiritual-temporal do Papado.

Depois, é natural que dividamos o conceito em duas aceções fundamentais: a de Estado-comunidade (que passou a ser uma das fórmulas de considerar ou nomear os países...) e o Estado-aparelho (a máquina institucional que, no fundo, governa e administra).

Num mundo pouco complexo ainda como o de Jean Bodin, podia sonhar-se com um Estado realmente soberano, nos próprios termos que o filósofo político francês enunciou então... Hoje, o problema está mais em encontrar quem realmente o seja, tanta a pulverização decisória, ou *pan-kracia*. Outros, porém, adeptos da teoria da conspiração, creem que, na sombra, sábios perversos, cientistas loucos, capitalistas interesseiros, sectários esotéricos ou outros, não identificados, conduzem secretamente os destinos do Mundo. Temos as maiores dúvidas, mas quem somos nós para negarmos ou afirmarmos? O que parece é que estes tipos de teorias alimentam um imaginário de certo tipo de pessoas, com certo tipo de ideologias. E algumas das conspirações que historicamente se agitaram como tenebrosas, não passaram de montagens, para precisamente incriminar os pretensos (e inocentes) pseudoconspiradores.

Entre um mundo que se torna ingovernável pela multiplicidade dos centros de decisão, a utópica aspiração a uma pretensa mente racional comandando um governo mundial, e essa teoria da manipulação oculta do poder, jogam-se as incógnitas da "soberania" doravante globalizada...

Quanto aos requisitos clássicos para haver Estado, eles podem consultar-se em qualquer manual: tradicionalmente, a Teoria Geral do Estado (por exemplo, a do célebre G. Jellinek) falava em território, população ou povo e poder (político). Temos as maiores dúvidas é se esses elementos, sem muitas reviravoltas no prisma por que são encarados, significam ainda alguma coisa, e se têm ainda alguma utilidade para a compreensão do mundo em que vivemos. Desenvolvemos mais estas questões nos nossos livros *Pensar o Estado* e *O Contrato Constitucional*, assim como em *Nova Teoria do Estado*.

10.4. POVO E NAÇÃO

O que continua a fazer sentido, e contra muitas previsões e expectativas, são as ideias de Povo e de Nação. Dir-se-ia que o que teria longevidade e fortuna seria o Estado, criação racional, "artística" mesmo, e não essas realidades mais ou menos telúricas ou anímicas (e para alguns, de todo o modo, pouco racionais). Mas não. Irracional ou não, o Homem continua a mover-se por esses paradigmas: a viver por eles, e, mais ainda – o que no século XX já parecia de todo incompreensível – a morrer por eles. Leia-se: a dar a vida por eles. Não certamente na Europa mais próxima, mas sem dúvida noutras latitudes.

Nunca se proclamou tão alto a racionalidade, a globalização, a cosmopolitização, e nunca também soubemos de tantos e tantos conflitos com base em Povos e Nações. Povos e Nações que não querem perecer. É que se trata de uma luta pela sobrevivência.

E ao contrário do que alguns pensavam e alguns ainda pensam, o Homem não é um átomo isolado, e está vinculado a círculos de pertença que ainda comportam (e dizemos ainda por mera precaução) a dimensão do Povo e da Nação. Cremos que será muito difícil que o Homem normal, o Homem comum, se venha a desembaraçar desse lastro... E tanto mais quanto as experiências de integração, como a União Europeia, demonstrarem, como têm demonstrado, por um lado, incapacidade em agilizar políticas comuns (como na grande crise dos refugiados), e, por outro, uma desapiedada falta de solidariedade interna (como no caso das dificuldades da Grécia, que em boa medida não são culpa sua). Enquanto as experiências de integração parecerem apenas bom negócio para alguns, o cidadão comum ainda acreditará na sua casa, e mais: poderá mesmo vir a ser um apoiante de soluções extremistas, radicalmente nacionalistas. Veja-se já a Aurora Dourada na Grécia...

Afadigam-se os cosmopolitas desenraizados em estigmatizar a Nação como coisa romântica de pouco mais de duzentos anos... Mas erram. Por todo o lado se erguem hinos e bandeiras que não querem morrer... e que alegam ancestralíssimas identidades. E pode mesmo ocorrer que na Europa da União Europeia venham a falar mais alto sentimentos nacionalistas... Pois não parece que são eles que determinam a política dos diretórios que comendam a União? Alguns assim pensam... O internacionalismo seria, afinal, um discurso legitimador camuflando nacionalismos ainda...

Mas passemos aos conceitos.

É mais ou menos arbitrária a forma como se emprega a palavra "povo" na comunicação social, a que não estaria errado voltar a chamar "comunicação de massa(s)". Independentemente de qualquer mística hipernacionalista de um qualquer pretenso *Volksgeist*, ou espírito do povo, teorização que nada tem a ver com a essência do problema em apreço, a verdade é que o Povo, o povo autêntico, não se confunde nem com a população, nem com massa, nem com a plebe, nem, evidentemente, com o proletariado. E também não é idêntico à Nação.

A população é apenas o conjunto de pessoas que habitam um território, seja ele qual for, tenham ou não laços entre si. É um simples conceito demográfico ou estatístico. Por isso é que falar, por exemplo, em promoção da "qualidade de vida das populações do interior ou da raia" pode soar a algo depreciativo. Não é mais nobre falar-se em *gentes* do interior ou da raia? E seria mais literário, além do mais... ou então falar nas "pessoas" ou nas "terras"... mas aqui (nesta última expressão) se apelaria para a ideia de território.

Se o significado de população é ainda perfeitamente manejável numa sociedade política respirável e urbana, na medida em que designe estritamente o que deve designar, já uma sociedade de massas, e em especial essa sociedade técnica de massas retratada no clássico *Direito Público e Sociedade Técnica*, de Rogério Ehrhardt Soares, coloca muitos problemas[1]. Uma conceção atomista, individualista, no fundo nominalista, de sociedade leva a que, por um paradoxo frequente, os átomos sejam seres sem rosto, e a personalidade niilizada. A sociedade dos sócios enquistados em si próprios cedo dá lugar, na teoria e na prática, a uma monstruosidade social anónima, em que um único ator se encontra em cena: a massa, amorfa, irracional... E sobre a massa é fácil conceber um poder também sem rosto, ainda que dominado por um *Big Brother*, mas sempre um poder sem humanidade, que é o que o rosto significa (Levinas).

Falar em massas populares é, assim, uma *contradictio in terminis*: porque as massas não são povo, são a negação do povo.

Mas quando se alude a massas populares, a menos que se trate de uma improvável distração, já normalmente se está nesse abismo sem fundo da massificação, destruidora da Pessoa. E então quer-se designar, realmente, e apenas, a massa.

Sendo a massa distinta do Povo por dispersão e falta de um sentido e de um norte, a plebe é apenas um estrato de uma população cujo grau de degradação espiritual e moral chegou tão baixo que está no fio da navalha do crime, do vício, de todas as corrupções.

A plebe não se identifica com o plebeu, que foi, no seu tempo, apenas o que não era nobre. A plebe é um estrato social degenerescente que aflige as sociedades, sobretudo pelo seu amoralismo. A plebe, mais que pérfida, é alheia aos valores (é amoral). Deve em grande medida englobar-se na plebe, assim, aquela camada de aristocracia e burguesia decadentes que resvalou para todo o tipo de comportamentos associais. E é obviamente sintoma de dominação da plebe, e dos seus antivalores, todo um conjunto de subprodutos de comunicação, espetáculos, música, e especialmente programas de massas que cultivam o escândalo, o sensacionalismo, e a ausência de qualquer apelo ao pensamento e até à simples linguagem articulada. A plebe e o plebeísmo são fenómenos atuais, e muito mais perigosos que as invasões bárbaras. António Sérgio estaria certamente de acordo

---

1 SOARES, Rogério Ehrhardt. *Direito Público e Sociedade Técnica*. Coimbra: Atlântida, 1969.

connosco, ele que via na educação um esteio da segurança nacional, mais importante que fazer frente a uma invasão estrangeira.

O proletariado comporta, classicamente, além do grupo comum, mediano, um estrato superior (e normalmente considerado pelos marxistas-leninistas potencialmente traidor de classe), o "proletariado aristocrático", e um estrato que se confunde com uma modalidade da plebe, o chamado *Lumpenproletariat*, considerado normalmente como excessivamente decaído para poder ter consciência de classe.

Sem adjetivos, proletariado designa esse grupo médio de desprotegidos laboriosos: o operariado, os trabalhadores manuais industriais. As revoluções tecnológicas que se sucederam ao mundo que Marx viveu tornaram este grupo social num círculo muito menos mítico e salvífico do que se poderia pensar no século XIX. Não só a cultura empresarial da indústria nem sempre se revelou a mais correspondente com as narrativas épicas dos heróis operários, como o seu número decaiu. A prática do marxismo-leninismo em muitos casos avançou com uma aliança histórica com o campesinato, alargou a base de apoio revolucionária a soldados, marinheiros ("povo em armas"), e veio em certos casos a ceder até a pequenos e até a médios empresários, "exploradores da mais-valia", e, obviamente, a intelectuais "progressistas". O proletariado é, assim, um estrato social a quem se deu um papel messiânico, mas que aparentemente não se encontra mais em situação de o desempenhar. A menos que se redefina o que vem a ser proletário. Incluindo muitos esforçados e mesmo desgraçados trabalhadores sem horário e sem vida que vegetam em escritórios, ateliers e mil e uma novas fábricas de profunda exploração a assalariados sem direitos quase, e sempre com a espada de Dâmocles do desemprego, e, contudo, gente educada, sensível e cheia de diplomas universitários: os novos proletários, nada aristocratas. Herbert Marcuse teria passado o facho da libertação para os intelectuais? Mas estes, como se sabe, desde pelo menos Julien Benda, são muito atreitos a venderem-se por um prato de lentilhas, da matéria ou do espírito. Veja-se *La trahison des clercs*[2]. Por isso, parece que não será fácil desempenharem esse papel...

Curiosamente, durante o debate na Assembleia Constituinte que elaborou a Constituição portuguesa de 1976, surgiriam discussões ideológicas muito interessantes a propósito do que seria um "trabalhador".

---

2 BENDA, Julien. *La trahison des clercs*. Paris: Grasset, 1927.

Já então, mesmo com toda a carga ideológica que pairava, não houvera coragem para utilizar com foros jurídicos a expressão "proletário" sem mais. Não sabemos se será útil sociologicamente redefinir "proletário", deixando de associar o conceito ao operariado industrial clássico, e, levando em conta as mutações tecnológicas, centrar o significado da expressão numa outra ideia, também com tradição: a daquele que só tem para vender a sua força de trabalho (na verdade: apenas "possuem" a sua prole...). Assim se compreenderia que muitos que se julgam até socialmente muito importantes (e, portanto, estão alienados) não passam de *proletários*. Uma das camuflagens ideológicas da situação de exploração desenfreada de hoje (em que alguns empresários já assumem publicamente e sem complexos que não gostam de pagar salários e pagam o menos que podem) é, do lado dos assalariados, uma estúpida pose de grande importância. Em alguns países ter um título académico, poder comprar umas roupas de moda ou ter um carro melhorzinho já é motivo para se andar com o nariz empinado, como se se fosse gente, e se se não dependesse da boa ou má vontade dos novos capatazes. Alienação pura.

Parece que já vimos o que o Povo não é. O que vem a ser então Povo? O conceito de Povo é fluido, mas compreende-se melhor à luz do de Nação. Se (além das confusões já mencionadas) para alguns Povo se identifica com eleitorado (no que seria quase sinónimo de população, não votando os emigrantes, ou votando estes só em certos casos), e se outros o qualificam ideologicamente (*povo de direita, povo de esquerda*), o Povo, realmente, pode transcender os limites territoriais de um Estado ou região em que se encontre sediado (embora possa não ter propriamente uma unidade política que consigo se identifique).

O Povo brasileiro são os brasileiros. Os que residem no Brasil e os que se espalharam pelo Mundo. O Povo português são os Portugueses, e também não se encontram só em Portugal, mas em todos os lugares da "diáspora". Desde os 166.583 portugueses nos EUA aos 137.973 portugueses no Brasil, ao único português no Mali. O Povo judaico são os judeus, o Povo palestiniano são os palestinianos.

Mas – perguntar-se-á – existiu um povo soviético (na antiga URSS), ou apenas um povo russo, um povo ucraniano, um povo da Letónia, Estónia, Lituânia, etc.? Tendo sido a URSS um Estado plurinacional, naturalmente que nele conviviam diversos povos. Haveria, então, uma nação soviética? Isso já é outro problema... Terá conseguido o Estado soviético criar uma nova nação? A questão é muito complexa, e só o futuro dirá o que se poderá vir a passar. Veja-se o que ocorreu na Ucrânia, na Crimeia... Não parece haver dúvida, porém, que hoje a Rússia é uma grande potência e com um papel mundial.

E o que se passa com Espanha, por exemplo? Há um Povo espanhol? E nações ou povos basco, catalão, galego, etc.? Não será antes o contrário? Uma nação espanhola e povos basco, catalão, etc.? Inclinamo-nos para esta última solução, o que não quer dizer que um povo não possa um dia ascender à categoria de Nação. Um hino guerreiro independentista irlandês tem como refrão *A Nation once again*... Parece que o Povo irlandês, repartido hoje por dois Estados (afora o emigrado), ascendeu "de novo" ao estádio de Nação, e depois, *et pour cause*, teria ascendido a um Estado independente. E o que dizer da Catalunha ou mesmo da Escócia? Como virá a ser o mapa da Europa dentro de 20 ou 30 anos? As ameaças, ainda que simbólicas, contra a Catalunha têm ultimamente irritado muito os catalães, dos quais se diz só estarem hoje independentes porque Madrid, no século XVII, preferiu concentrar a repressão aí e abandonar Portugal ao reencontro da sua independência política. Tinha então problemas em várias frentes, e não possuía tropas para apagar todos os fogos independentistas. Será que assim foi? É pelo menos importante pensar nestas coisas...

Na lógica estadualista clássica, poderíamos quase dizer que os estádios seriam: primeiro um povo, uma comunidade de pessoas com características afins, história comum, parentesco mais próximo, fatores étnicos, linguísticos, culturais comuns; depois, uma Nação, que é já um estádio de consciencialização muito profunda dessa identidade; e finalmente o Estado-Nação, uma organização de poder político, dotada de soberania, que num território próprio faz viver o povo. Eventualmente se o Estado não se identifica apenas com uma Nação, haverá Estado plurinacional, também podendo ocorrer o caso de uma Nação estar repartida por vários Estados...

Importa fazer uma precisão, porém: talvez não seja necessário que a forma política a encontrar seja mesmo a do Estado-Nação. A *Pólis-Nação* também poderá servir, e, talvez, até menos "totalitariamente", mais humanamente – para seguir uma inspiração que colhemos em François Vallançon[3].

O que em todo caso ocorre todos os dias é a autoafirmação dos Estados, que proclamam a sua independência política, ao mesmo tempo que a evidência económica e cultural é a da interdependência. Mas, seja como for,

3 VALLANÇON, François. *L'Etat ou l'Odyssée*, in "EYDIKIA", v. I, Atenas, 1991, p. 73 s.

a ideia de que os Povos se organizam em Nações (se transcendem em Nações, porque as Nações também têm uma dimensão mítica, escatológica até), quando chega a hora, e estas buscam uma forma de organização política que as exprima no cenário internacional, parece a melhor síntese da confusão em que a matéria anda envolvida. Adriano Moreira[4] sintetiza muito claramente o estado da questão, inventariando vários usos complexos e alguns confusos, e assinalando que a frequente sinonímia ou quase sinonímia entre "povo" e "nação" se encontra ligada à historicidade das "fidelidades" envolvidas. E apresenta o exemplo de Shafer, segundo o qual, na Idade Média, se era antes de mais cristão, depois burguinhão, e finalmente francês, sendo certamente hoje totalmente diferente a ordem ou o sentido da atual hierarquia de pertenças. De qualquer forma, ainda no século XIX havia coisas semelhantes entre nós: conta-se que o Rei D. Luís encontrou um bote de pescadores ao largo da nossa costa. E perguntados se eram Portugueses, terão respondido antes serem Poveiros, da Póvoa de Varzim.

Esta história, que tudo indica ser verdadeira, e é contada por probo historiador, deixa-nos hoje perplexos, incrédulos. Mas não deveria. Há tradições muito recentes que parecem ancestralíssimas. Nem as vamos recordar, para não perderem o seu sabor... Mas há muitas, da moda à gastronomia. E sem falar na política...

10.5. SUPRANACIONALIDADES

No atual estado de coisas, e sabendo nós que povos, nações e estados se fazem e desfazem, embora uns sejam efémeros, e outros (como o judaico, desde logo) se obstinem em perdurar mesmo perante a mais fera adversidade, não custará aceitar que fórmulas de estados multinacionais sejam viáveis, e outras, que o pareciam ser, se revelem afinal de curta duração. E o mesmo se diga para várias arquiteturas políticas internacionais ou interestaduais.

Há hoje múltiplos balões de ensaio do Estado Mundial, e, todavia, não parece que muitos povos, nações e estados estejam dispostos a abdicar dos seus poderes e das suas identidades.

Há hoje múltiplas instâncias interestaduais ou intergovernamentais que funcionam perfeitamente, no limite das suas competências especiali-

---

4 MOREIRA, Adriano. *Nação*, in *Enciclopédia Pólis*. Lisboa/São Paulo: Verbo, v. IV, 1986, col. 493 s.

zadas, sem colidirem com as bandeiras dos Estados. E as múltiplas ONGs (organizações não governamentais) são, em muitos casos, internacionais, e funcionam também normalmente bem, num mundo em que os atores no tablado do globo se pulverizam.

No domínio do que, por uso e comodidade, pode chamar-se supranacionalidade (embora mais rigorosamente devesse dizer-se no plural, supranacionalidades), haverá a distinguir vários níveis.

Um primeiro nível, que, aliás, reforça a ideia da universalidade do governo, é o das formas de intergovernamentalidade: em relações mais ou menos sinalagmáticas (e algumas meramente platónicas, como declarações de boas intenções), os governos entre si estabelecem formas de cooperação no seu interesse recíproco.

Desde um tratado cultural a uma confederação, passando por uma aliança, temos aqui já vários níveis de comprometimento, sempre numa perspetiva de manutenção da "soberania", na verdade, *autonomia* ou *identidade*.

Num segundo nível, a clássica soberania é realmente posta em causa, quando se instituem fórmulas federais de governo: aí ela passa a ser partilhada entre o todo e a parte, ou o governo do todo e o governo da parte. Mas há uma enorme diferença entre soberania partilhada com gestão comum, e soberania alienada e predomínio de uns Estados sobre outros. Poderá falar-se em federalismo em ambos os casos? Cremos que deveria reservar-se a designação para casos de maior equilíbrio entre os Estados que, de uma forma ou outra, formam a federação. Ainda que lhe chamem outra coisa, ou não lhe queiram chamar nada.

Num terceiro nível, ainda hipotético e utópico, um estado mundial, um império certamente, absorveria todos os governos estaduais nacionais, multinacionais, todas as instâncias supranacionais criando teoricamente a paz internacional, e instituindo, sem dúvida, a guerra civil mundial – ou, pelo menos, a resistência mundial. Já estamos a ouvir a sinistra *Marcha Imperial* da Guerra das Estrelas, belíssimo trabalho de John Williams.

Uma interessante prefiguração dessa utopia que alguns pretendem paraíso pode ler-se com prazer e proveito no álbum de tirinhas de Edgar P. Jacobs, *A Armadilha Diabólica*.

A fórmula supranacional da ONU encontra-se presentemente posta à prova pelo desaparecimento do equilíbrio entre duas superpotências, que tinha sido o cenário político internacional para o qual havia sido pensada.

Também o alargamento da União Europeia a Leste trouxe novos desafios muito complexos.

Uma Constituição Europeia de tipo voluntarista (projeto da Convenção presidida por Valéry Giscard D' Estaing, antigo Presidente da França) foi também um grande e complexo desafio e poderia ter representado um enorme salto qualitativo nas relações internacionais e supranacionais na Europa. Mas os referendos francês e holandês fariam recuar esse projeto, acabando por haver uma complexa constituição formal-material-real, em que parece avultar a real face às demais, ou seja, em que a realidade da dinâmica do poder tem conformado muitíssimo a vida constitucional dos Povos europeus. Ora, sempre que os textos são ultrapassados pela prática, tal significa que a política vai à frente, muito à frente (ou recua...) do Direito, e isso dá as constituições inautênticas, nominais e semânticas, que são sinal de poderes voluntaristas e pouco Direito para os travar...

Como dissemos já, a propósito do Estado Constitucional, há efetivamente novidades na cena internacional, nacional, e na mentalidade dos juristas. O facto de haver, por vezes, projetos voluntaristas quiméricos, ou mal explicados aos cidadãos, não significa que continuemos numa eterna Paz de Westefália. Apesar de haver tendências de isolacionismo por parte de importantes potências mundiais, também há grandes esforços para a Paz e projetos de grande esperança, como a Corte Constitucional Internacional.

BIBLIOGRAFIA

FERREIRA DA CUNHA, Paulo (Org.). *Teoria do Estado Contemporâneo,* Lisboa /São Paulo: Verbo, 2003: *Idem. A Revolução Constitucional Europeia – Reflexões sobre a Génese, Sentido Histórico e Contexto Jurídico de um Novo Paradigma Justificativo,* in *Colóquio Ibérico: Constituição Europeia. Homenagem ao Doutor Lucas Pires,* Coimbra: Coimbra Editora/Universidade de Coimbra, março 2005, p. 275-323; *Idem. Lusofilias. Identidade Portuguesa e Relações Internacionais.* Porto: Caixotim, 2005; *Direito Internacional. Raízes & Asas.* Belo Horizonte: Fórum, 2017.

MOREIRA, Adriano. *Teoria das Relações Internacionais.* Coimbra: Almedina, 1996, 8. ed., 2014.

LIÇÃO 11

FORMAS DE GOVERNO

11.1. PALAVRAS DO PODER E DO GOVERNAR

Voltemos às palavras e às etimologias. Seguindo o fecundíssimo Isidoro de Sevilha, e as suas *Etimologias*, ao contrário do que sucede com os filólogos, interessam-nos mais as etimologias culturalizadas e simbólicas do que as da história da língua, muito rigorosas.

Como recordámos já, no *Prometeu Agrilhoado*, o titã que roubou o fogo sagrado do Olimpo é encadeado por dois conceitos personificados: *Kratos* e *Bía*, o poder e a força. Na verdade, *kratos* significa também "força", mas, sobretudo, indica a "superioridade". Significativamente, por exemplo, a superioridade do orador numa assembleia. Pelo que, bem vistas as coisas (e retomando uma discussão anterior), *kratos*, mais que *potestas*, acaba por se assemelhar, pelo menos nesta medida, à *auctoritas*. E *bía* corresponderá à *potestas*. Aliás, *kraterós*, derivado de *kratos*, sublinha que este poder é "sem igual", "ímpar".

Aparentado com *kratos* está o verbo *kratein*. É esse verbo que traduziríamos por "reinar" ou "governar". Mas, em Homero, significa ainda tão só "fazer", "executar", "realizar". Contudo, uma outra fonte etimológica nos esclarece ainda mais: *kratein* é "dar a cabeça a algo" – e frequentemente "jogar a cabeça", decidir, assim, com autoridade suprema[1], executar o decidido, ou fazer com que se execute, e responder por isso com a cabeça: com a vida ou com a honra, que a cabeça simboliza.

Deve notar-se ainda que, se *kratein* é governar, o julgar é-lhe vizinho: *krinein*. Já a questão da lei, que na Grécia clássica remete para uma ordem natural, *nomos*, não parece ser, realmente, concebida como uma questão de governação...

11.2. O QUE É GOVERNAR?

Entretanto, no Reino Unido de hoje, o Reino Unido que – insistimos –, para alguns, nunca foi verdadeiramente um Estado, continua a conside-

1 HOMERO. *Odisseia*, VIII, 390; ÉSQUILO. *Agamémnon*, V, 369.

rar-se *government* o conjunto de todos os poderes. Blackstone teorizara-o no século XVIII, mas pensa-se assim de há muito: *government* é o conjunto da coroa, parlamento e tribunais...

Ou seja: governar é mandar, é decidir de uma linha de rumo política (não é simplesmente gerir a crise, fazer navegação de cabotagem e muito menos ceder à rua, ou aos ultimatos, ou pronunciamentos), e ser responsável por ela.

Por outro lado, verifica-se que, em sentido lato, todos os poderes (do Estado ou não) de alguma forma governam, e há mesmo quem considere que governa – ainda que indiretamente – o "bloco no poder" (Nicos Poulantzas) ou a classe política potencial, o círculo em que se recrutam efetivamente os governantes, no fundo a elite potencialmente ministeriável (Gaetano Mosca). Entre nós, é sempre muito salutar percorrer as páginas do *Quem Governa?*, de António Marques Bessa[2]. Cada vez mais se fica com a sensação que a mais profunda determinação das políticas é, pelo menos em alguns casos, decidida pelo poder económico e financeiro, quer diretamente, quer indiretamente. E pronunciamentos de banqueiros parecem substituir os anteriores pronunciamentos castrenses.

Também se coloca o problema de serem "governo" tanto os monarcas em monarquia constitucional como os Presidentes em parlamentarismo, assim como os governantes de segundo grau (vice-ministros, secretários e subsecretários de Estado nos países em que cuja nomeação, podendo ser de um chefe de governo, em grande medida depende dos respetivos ministros). "O rei reina, mas não governa" – bela frase, que Eça de Queiroz, no seu *Uma Campanha Alegre*, retomaria com graça, mas que espelha perfeitamente a situação tanto do rei constitucional como do presidente numa situação de puro parlamentarismo. Quanto aos demais, governam, na medida da sua intervenção no executivo – no *poder* e na *função*, mais que no órgão.

Em sentido estrito, assim, o critério da governação é essencialmente o do poder executivo, o qual, nos nossos dias, obviamente em grande medida implica uma quota-parte de poder legislativo. E não pequena.

Afinal, chegámos onde qualquer pessoa minimamente informada chegaria: *o Governo não é senão o Governo...* Agora, se governa ou apenas

---

2 BESSA, António Marques. *Quem Governa? Uma Análise Histórico-política do Tema da Elite*. Lisboa: ISCSP, março de 1993.

gere, isso é outro problema. Carlos Eduardo Soveral chamou a atenção, em *A Nostalgia de Hesíodo,* para o facto de, na sociedade burguesa (e a nossa sociedade é-o cada vez mais, embora não na sua versão de probidade que a velha burguesia industriosa possuía: nisso estamos muito pior), os governos serem cada vez mais conselhos de administração dos negócios dessa mesma classe: esquecendo a política, e pautando-se pela febre da Economia e das Finanças.

Numa perspetiva política muito diferente, e não há muitos anos, Miguel Serras Pereira põe o dedo na ferida num sentido idêntico:

> "(...) a racionalidade económica foi a droga do século; o Estado, ele próprio drogado, o rei dos narcotraficantes, e a ação produtiva, com as respetivas funções dependentes e anexas, a materialização de uma consequente lógica delirante."[3]

No final desta primeira reflexão, importa não deixarmos de ter presente que se o Governo deve ser entendido, em sentido estrito, sobretudo como o órgão que assume a cabeça do mando, identificável, sobretudo, com esse executivo também legiferante em que se foi transformando, não há dúvida de que a questão das formas de governo engloba não apenas o problema da tipologia de tais órgãos, como toda a problemática do sistema de órgãos em geral encarregados de governar, entendido agora o governar em sentido lato.

11.3. CRITÉRIOS E CLASSIFICAÇÕES CLÁSSICAS. DE ARISTÓTELES A MONTESQUIEU

Como com todas as coisas submetidas ao olhar catalogador, os governos são suscetíveis de classificações muito diversas, consoante os critérios previamente escolhidos. E como os critérios não são inócuos, analisar os critérios também se imporia...

Já Aristóteles, na sua *Política*, nos precavia para o problema dos critérios e dos seus pressupostos.

É sempre fundamental ter bem presentes os critérios clássicos. O do Estagirita é o do número e da justiça[4].

---

3 PEREIRA, Miguel Serras. *Exercícios de Cidadania*. Lisboa: Fim de Século, 2007, p. 45.

4 ARISTÓTELES. *Política*, III, 7.

Com efeito, quanto ao número, as sociedades políticas dividem-se em três tipos: monarquia (em que há um só governante), aristocracia (em que o governo é de vários – os melhores – sendo *aristoi* o fio da espada), e *politeia* (em que muitos governam com vista à utilidade pública). E Aristóteles recorda que o termo *politeia* é ainda usado como termo comum a todas as sociedades políticas. Frequentemente o termo *politeia* é traduzido por República (como para o título da obra de Platão).

Mas há também quem o traduza por democracia, ou mesmo (Pierre Pelegrin) por "governo constitucional" – numa versão realmente muito "atualista".

A estas formas puras se contrapõem as corruptas ou degeneradas (aqui intervirá o critério da justiça). Na verdade, cada uma tem em si o germe da sua própria destruição, do seu afastamento de uma justiça, porque, em abstrato, todas as formas puras são justas, desde que adequadas às sociedades políticas em que se apliquem.

Ora, neste ciclo de decadência, a monarquia pode degenerar em tirania (num sentido de perversão que já não tem a ver com o sentido original da palavra, como vimos já), governo de autocrata ou ditador; a aristocracia degradar-se em oligarquia, governo de um grupo dominante que o faz em proveito próprio (Aristóteles avança o exemplo dos ricos – sendo, assim, tal oligarquia mais propriamente uma plutocracia, ou, mais propriamente, uma timocracia; oligarquia é ainda, *v.g.*, a gerontocracia, governo dos anciãos, etc.); e a república corromper-se em democracia, governo dos pobres e pouco afortunados, tiranizando os demais. Esta aceção de democracia já está colorida de uma conotação negativa, que acompanharia a palavra durante séculos, só há um par deles se estando a democracia a libertar da má fama que se lhe colou. E mesmo assim ainda há quem goste de a denegrir...

Há, contudo, correções ulteriores desta tabela de degeneração.

A monarquia continua sempre a degenerar em tirania, e a aristocracia em oligarquia. Mas há quem substitua a república por democracia (governo do povo), e considere que a sua corrupção é ou a demagogia (governo da ilusão popular, dos vendedores de sonhos, dos populistas), ou a anarquia (tida no seu sentido pejorativo e negativo, como a ausência de governo, o cair do governo na rua, a desordem; também há um sentido idealista e positivo de anarquia, como autogoverno, meio angélico meio autogestionário...).

Evidentemente que parte destas divergências decorrem, por um lado, das dificuldades e dissensos quanto à tradução de *politeia*, e, por outro, pelo facto de a palavra *democracia* se ter nobilitado entretanto, sendo complicado considerá-la modalidade corrupta de governo. Não o é, à luz da nossa atual mundividência política, apesar dos seus cada vez mais altissonantes detratores.

Uma das formas de obviar à corrupção das formas puras é o governo misto: uma combinação de todas elas, mutuamente se corrigindo e moderando. Tal é a tese de Aristóteles, e de uma plêiade de autores, como Políbio, Cícero, ou Tomás de Aquino...

A classificação aristotélica tripartida teve enorme fortuna. É, aliás, o que tem sucedido com outras teorias ternárias, desde a da separação dos poderes de Montesquieu ao tridimensionalismo jurídico de Miguel Reale[5]. Em *La plus belle histoire de la philosophie*, Luc Ferry lembra a importância da estrutura mental trina, ao menos no Ocidente.

Como impressiva exceção, refira-se que não é um critério essencial em Maquiavel, o qual dá início a toda uma outra família política, e lhe prefere o dualismo república/principado, em que depois estabelecerá subdivisões. Mas, por exemplo, aquela classificação é retomada por homens do vulto de um Montesquieu, o qual, como que fazendo já uma síntese, assinala como formas de governo o republicano (democrático ou aristocrático, consoante governe o povo ou uma parte dele), o monárquico e o despótico[6]. O princípio dos governos democráticos deveria ser a virtude, o dos aristocráticos a moderação, o dos monárquicos a honra, e o dos despóticos o medo. Esta divisão de uma visão magistral. Aqui se resume quase tudo.

Esta luminosa identificação dos princípios dos tipos de governo terá grandes e perenes consequências. Compreende-se assim muito bem como sem virtude, numa democracia (ou numa república) tudo está perdido. Como diz o hino da revolução farroupilha, do Rio Grande do Sul:

> *Mas não basta p'ra ser livre*
> *Ser forte, aguerrido e bravo*
> *Povo que não tem virtude*
> *Acaba por ser escravo.*

---

5 Cf. o nosso estudo *Tridimensionalidade e Direito. Dissertação* currente calamo *a propósito da Tridimensionalidade Jurídica Genérica e Específica*, in "Jurismat", n. 6, julho de 2015.

6 MONTESQUIEU. *De l'Esprit des Lois*, I, 2.

Por isso é que a ética republicana não é apenas uma ética de valores (contudo muito importantes, desde logo, os valores políticos superiores de que fala a Constituição Espanhola logo no seu início: Liberdade, Igualdade, Justiça – e/ou Solidariedade, Humanidade, a caminho da Fraternidade), mas também uma ética com uma dimensão pessoal, uma ética de virtudes[7].

11.4. CLASSIFICAÇÕES FORMALISTAS DAS FORMAS DE GOVERNO

Se as classificações das formas de governo destes autores clássicos são, sobretudo, substanciais, *i.e.*, se procuram ir ao fundo e ao sentido último das coisas, já muitas das classificações hodiernamente correntes procuram, sobretudo, critérios formais de classificação, ou seja, analisam as formas de governo e por vezes superficialmente e de acordo com a pura subjetividade do autor ou da sua corrente ou capelinha. A proliferação de individualismos que "produzem" textos e obrigam os estudantes a decorar novas classificações é abismal. Só conseguimos encontrar tranquilidade nas margens calmas dos ribeiros clássicos.

Quando dividimos as formas de governo em monarquias e repúblicas (conforme o chefe do Estado seja vitalício e hereditário ou temporário e eletivo), ou em presidencialismos e parlamentarismos (conforme o governo seja presidido e integrando o próprio Presidente, ou o Presidente tenha funções mais honoríficas e representativas, existindo um chefe do governo, presidente do governo, chanceler, ou primeiro-ministro com poder significativo), estamos sem dúvida a dizer muito da política de um país, mas não classificamos esse país segundo "a justiça"... As mesmas fórmulas políticas podem encerrar tipos de política muito diversos.

Não basta ler a Constituição formal de um país: é importante sentir o pulsar e o sentir da sua Constituição material, e ver como as coisas realmente funcionam, na prática das relações efetivas de poder, a sua Constituição real. Como explicitamos mais detidamente nos nossos livros *Constituição & Política* e *O Contrato Constitucional.*

11.5. FORMALIZAÇÃO DAS CIÊNCIAS SOCIAIS EM GERAL

Em muitos casos, as ciências sociais em geral perderam – em grande medida por um preconceito de cientismo – a coragem de colocar nomes às coisas, sobretudo quando tal equivale a entrar em polémica.

---

[7] Como desenvolvemos no nosso livro *Para uma Ética Republicana*, cit.

Para não incorrerem num vício de sectarismo, ideologização, etc. (ou para se defenderem dessas críticas, de que nunca se está livre), asseptizaram-se ao ponto de, se tivessem que definir uma rosa, lhe esqueceriam desde logo a beleza, se não mesmo o perfume, e, quem sabe, também os espinhos (para glosar um mote de Michel Villey). Mas, na verdade, ninguém pode definir um tigre sem lhe detetar o caráter feroz. Um tigre não é um felino ronronante! Também sucede algo de análogo no domínio da Política, e não em pequena medida: é da essência da ditadura ser negativa, ser perversa, ou pelo menos extraordinária (como era a ditadura regulamentada e "institucional" em Roma). Esquecê-lo é não compreender o que é a ditadura, nem querer fazer entender o que seja. Raymond Aron foi um dos que viu claramente a necessidade de não termos medo dessas classificações. Mas a angústia com a objetividade nas Ciências Sociais perpassa trabalhos de muitos autores, em que se destacam o clássico Max Weber (*Politik als Beruf, Wissenschaft als Beruf*[8]) e, mais tarde, Gunnar Myrdal (prémio Nobel da Economia)[9], este último, aliás, um dos poucos grandes economistas com sólida formação jurídica e consequentes posições de índole social, desde o clássico *Aspectos Políticos da Teoria Económica*[10]. Mas hoje é autor esquecido, pela avassaladora vaga ultraliberal moderna que se impõe a todos, desde logo no ensino e nos *media*.

Voltando ao problema da objetividade: é uma preocupação que obviamente se deve ter; mas, por vezes, a obsessão da "castidade metódica" (a expressão é de Vieira de Andrade) impede a fecundidade e até a própria objetividade da teoria. Objetivo não é o eunuco científico. Objetivo não é o tíbio. Objetivo não é o cúmplice, pelo silêncio. Claro que objetivo também não o será um militante fanático. *Est modus in rebus*... Quem disse que era fácil ser intelectual e ser lúcido?

11.6. FORMAS DE GOVERNO E IDEOLOGIAS

Classificações mais substanciais que as da simples repartição de poderes e órgãos são as que dos critérios orgânicos e de funcionamento

---

8 WEBER, Max. *O Político e o Cientista*. 2. ed. port. com introdução de Herbert Marcuse, trad. de Carlos Grifo. Lisboa: Presença, 1973.

9 MYRDALL, Gunnar. *A Objectividade nas Ciências Sociais*, trad. port. Lisboa: Assírio & Alvim, 1976.

10 *Idem*. *The Political Element in the Development of Economic Theory*. 3. ed. Londres: Routledge & Kegan Paul, 1961.

das instituições retiram (até pelas próprias declarações dos governantes, políticos, politólogos, comentadores...) conclusões mais ideológicas, ou ideológico-institucionais. Assim, o operador "formas de governo" parece cruzar-se com o operador "ideologias". "Operador" ou "paradigma", se se preferir.

Nesta perspetiva, não há dúvida de que a democracia representativa (de inspiração histórica liberal-democrática, no sentido clássico) se opõe tanto a formas explícita e nominalmente não democráticas de governação como à chamada "democracia popular" (de inspiração marxista-leninista--estalinista) e, ainda, à "democracia de base" (com laivos de anarquismo e populismo, ou com legado autogestionário).

Os governos de convenção (desde a Revolução Francesa), em que o executivo se dilui, e, na verdade, o "governo" é minimizado (na prática, assumido pelo *Comité du salut public* em França), redunda, por exemplo, no enorme governo de técnicos da ex-URSS, subordinado ao comité central do partido, por sua vez subordinado ao secretariado do comité central, por seu turno dependente afinal do secretário-geral. E eis que o governo de assembleia se transforma no governo de um só. Sobretudo nas questões não técnicas.

Apesar da sedução que pode exercer a figura de um Lenine, e da generosidade de muitos dos seus gestos pontuais de governo, muitas dessas medidas concretas não deixaram de ser precisamente manifestações de um indiscutido poder pessoal, em que, por vezes, se juntavam sem divisão os três poderes do Estado. Por exemplo, a biografia do grande líder bolchevique, escrita por Louis Fischer[11], contém muitos casos que manifestam as boas intenções de Wladimir Ilich Ulianov, despachando a partir de meras petições ou informações, e até decretando penas, demissões, etc. Fica-se sem fôlego ao ver como um império do tamanho da URSS poderia repousar sobre os ombros de tal Atlas. E por mais que o melhor dos bem intencionados tente governar um tal império a partir do seu gabinete, não o consegue nunca fazer com cabal eficiência e justiça. O princípio da subsidiariedade não é só arejamento e repartição do poder. É também uma questão de eficiência. E não pode haver justiça sem prudência, nem esta sem cabal conhecimento dos factos, nem ação pronta e competente.

---

[11] FISCHER, Louis. *The Life of Lenin*, 1964, trad. port. de Pedro Ferraz e Maurício Queiroz, *A Vida de Lenine*. Rio de Janeiro: Civilização Brasileira, 1967, 2 v.

11.7. GLOBALIZAÇÃO DA DEMOCRACIA LIBERAL

A globalização das formas políticas é um facto. Freitas do Amaral, no artigo *Estado* da *Enciclopédia Pólis*[12], chamava pioneiramente a atenção para o tempo em que vivemos ser o de um pan-constitucionalismo, que daria lugar a um – na verdade, julgamos que sobretudo meramente formal – Estado constitucional, em que se enquadrariam os vários subtipos de Estado da segunda metade do século XX, embora divididos entre si por radicais antagonismos de fundo. Sob a aparência desta unanimidade formal na utilização do molde formal e instrumental "Constituição", se escondem divergências e diferenças de fundo. Mas a expansão da forma, e o inevitável fascínio da civilização euro-americana (no que tem de excelente e no que tem de péssimo também) sobre o Mundo estão também a produzir efeitos de fundo. Em muitos casos são efeitos semânticos ou nominais apenas: como quando todos ou quase todos os Estados afirmam prezar os "direitos humanos".

Note-se, assim, a diferença entre esse Estado Constitucional globalizado, que é apenas a forma constitucional para o Estado, e o conceito mais densificado de Estado Constitucional, como pode ver-se em Peter Häberle, e que poderíamos considerar como o Estado em que concorrem cumulativamente e em harmonia vários elementos: ser Estado de Direito, ser democrático, ser Estado Social e ser Estado de cultura. Tudo sendo levado a sério e não figurando apenas no papel.

Se é verdade que há usos hipócritas e propagandísticos de certos conceitos e ideias-força ocidentais, como Constituição e Direitos Humanos, noutros casos, a aculturação vai-se verificando efetivamente.

No terreno juspolítico, ela afirma-se cada vez mais, ainda que por vezes apenas enquanto oposição, ou mesmo resistência, no domínio da luta pelos Direitos Humanos (no fundo, o mínimo denominador comum e a linguagem da Justiça e do Direito Natural para a política dos nossos dias), e, num patamar mais difícil, mas também almejado já muito frequentemente, no plano da reivindicação de uma forma política demoliberal (que nada tem a ver, no essencial, com neoliberalismo, que no máximo será uma heresia da família liberal – ou nem isso). Numa palavra, direitos humanos e democracia propagam-se, ao menos como ideal, pelo Mundo. Nem sem-

---

12 AMARAL, Diogo Freitas do. *Estado*, in "Pólis. Enciclopédia Verbo da Sociedade e do Estado", v. II, Lisboa/São Paulo: Verbo, 1984, col. 1126 s.

pre o Ocidente delas dá o melhor testemunho, mas ainda assim os Direitos Humanos são, para muitos, o melhor dos mundos possível.

11.8. EXCELÊNCIA E CRISE DA DEMOCRACIA LIBERAL

O facto de no seio do sistema geral euro-americano da democracia liberal poderem florescer um sem-número de grupos legais (desde logo partidos), e até grupos que assumidamente pretendem o fim de tal *statu quo*, dota esta fórmula política não só de uma grandeza ética como de uma força prática que desarma os próprios oponentes. Os perigos que poderiam advir para a liberdade dos inimigos da liberdade são ultrapassados por essa magnanimidade de quem se crê tão sólido nas suas razões que não teme a legal propaganda dos seus contraditores. Tocqueville, explica como, a partir do estabelecimento da democracia, as revoluções se tornarão raras[13]. Assim parece. A menos que a democracia liberal seja tão descuidada na educação cívica e tão distraída no controlo das desigualdades que os *famélicos da terra*, sob bandeira de qualquer cor, sejam levados a prescindir da liberdade (ainda que com limites) pela promessa (ainda que demagógica) de pão. E os tempos que correm são perigosos nos dois aspetos. As democracias ocidentais não estão prestigiadas, porque descuraram a virtude (que, segundo Montesquieu devia ser o seu *princípio*), e nelas tudo parece não ser mais que a lei do mais forte a todos os níveis. Desemprego, fome, despejos, cortes de salários e pensões, a par de escândalos em que os "ricos e poderosos" sempre parecem salvar-se, e muito bem, tudo parece contribuir para a erosão da credibilidade dos regimes demoliberais. É um capital simbólico e de civilização que pode estar a malbaratar-se. Porque a tempo seria fácil corrigir, emendar a mão. Preservar no mal é que é diabólico, como se sabe. E parece teimar-se em deixar a impiedosa mão invisível sacrificar milhões de deserdados da sorte...

Sendo o melhor dos piores sistemas, a democracia liberal tem ainda, além dos conjunturais, que são gravíssimos, um conjunto de problemas mais fundos.

É, por um lado, a autossatisfação de quem julga ter atingido o *fim da História* (segundo Francis Fukuyama, pelo menos numa certa fase[14]), a sociedade perfeita, ou, ao menos, a melhor possível.

---

13 TOCQUEVILLE, Alexis de. *De la Démocratie en Amérique*, v. II, III, 23.

14 FUKUYAMA, Francis. *The End of History and the Last Man*, trad. port. de Maria Goes, *O Fim da História e o Último Homem*. Lisboa: Gradiva, 1992.

É a avalanche do pensamento único e do politicamente correto, que nos encaminha para o perigo de virmos a ser indivíduos tirados a fotocópia (ou, pior ainda, clonados). Estamos muitas vezes perante um sistema de pensamento (verdadeiramente uma *machine à penser*) completamente preconceituoso: ainda que, não raro, preconceituoso "ao contrário" dos preconceitos tradicionais – e por isso aparentando não o ser. Mas é uma docilidade não cidadã que se inculca, um adormecer do pensamento livre. O "tique" do *parecer mal,* do *não poder ser,* do *não se poder dizer...*

E finalmente, e talvez na base de todos os problemas, a democracia liberal está corroída por uma demissão quanto aos valores e quanto à educação.

O que está de há bastante tempo já (antes das crises financeiras e outras em cadeia) a minar não só a democracia liberal como as próprias repúblicas é o hálito tenebroso do Nada: a ideologia niilista, relativista, indiferentista, e abstencionista, militantemente abstencionista, que impõe ao bem que se retire e deixe o mal atuar livremente em nome da neutralidade do Estado, da tolerância, ou, simplesmente, do bom tom intelectualista. A este propósito, com a devida vénia, valerá a pena meditarmos sobre as palavras de José Carlos Espada:

> "Instalou-se a ideia de que, num regime liberal democrático, tudo é matéria de escolha pessoal, incluindo as regras de conduta. E instalou-se a ideia de que o conteúdo das escolhas é arbitrário, ou seja: todas as escolhas são equivalentes, tudo e o seu contrário devem ser igualmente aceitos como válidos.
>
> Não posso discutir aqui a origem intelectual deste ponto de vista relativista (...) Mas aquilo que deu a este ponto de vista a credibilidade que nunca tinha tido foi o chamado 'liberalismo académico norte-americano': uma corrente intelectual – representada por Rawls, Dworkin, Rorty e tantos outros – que proclama a 'neutralidade face às conceções do bem' (...) A doutrina da 'neutralidade' está a impor às instituições demoliberais um silêncio absoluto, uma passividade cúmplice, perante a escalada de comportamentos desviantes que, se não forem contrariados, acabarão por virar as populações contra a democracia liberal."[15]

Temos muitas dúvidas quanto à escolha dos três nomes referidos como representantes do problema que se assinala. São, na verdade, três pensado-

---

[15] ESPADA, José Carlos. *A Tradição Anglo-Americana da Liberdade.* Cascais: Principia, 2008, p. 36-37.

res que nos EUA se dirão Liberais, ou seja, praticamente o contrário dos neo ou ultraliberais que proliferam tanto lá (com outros nomes: *libertarians* uns, *neocons* outros) como no continente Europeu. São de esquerda mais ou menos moderada, e são três grandes nomes, que sinceramente não nos preocupam nada nesta matéria, antes pelo contrário têm contributos fundamentalíssimos para a Filosofia Política e do Direito do nosso tempo. Associá-los aos cavaleiros do Apocalipse hodierno não será coisa que façamos. Mas o Apocalipse, com outros nomes, está por aí a rondar... Isso está. E o neoliberalismo não tem nisso as mãos limpas, com a sua crença exclusiva no dinheiro. É uma crença, mas muito pobre como tal.

O autor continua, explicitando que tais comportamentos chegam hoje aos mais recônditos lugares graças à televisão, que está dominada pela ideologia niilista, propagadora de uma mensagem: "sexo, violência, relativismo e desespero". Bem poderíamos chamar-lhe realmente os quatro cavaleiros do novo Apocalipse.

De facto, como, aliás, este autor defende, os liberais tradicionais ficariam apavorados perante as interpretações hodiernas do liberalismo, especialmente as que o identificam ou consideram compatível com a ideia de que não existe uma verdade, e que tudo, afinal, é fungível, equivalente, indiferente, e eticamente neutro – se é que a ética existe... Neste ponto, tem toda a razão. Os liberais clássicos quase não têm herdeiros hoje em dia...

Mas sucede muitas vezes isto na política: a metamorfose dos ideais, a derrapagem semântica das palavras até passarem a significar o contrário do que desejariam designar, ou designaram mesmo originariamente.

A questão das formas de governo pode ter intuitos comparatistas, mais raramente de autognose, mas subliminarmente pode comportar a imorredoira preocupação filosófico-política de procurar a sociedade ideal, perseguindo, assim, a utopia, ou "mito da cidade ideal" (Mucchieli). Qual a melhor forma de governo?

Já Heródoto, numa parábola em que põe persas a discutir, se coloca a questão da melhor forma de governo. Um dos persas, Otanes, no final da discussão, vendo que haveriam, por votação, optado por escolher um rei, fez com os outros um pacto: não entraria em competição com os demais pelo poder, com a condição de não mandar nem ser mandado. A condição foi aceita por todos, e o "Pai da História" comenta, a terminar, que ainda então a casa de Otanes seria a única na Pérsia onde brilhava o fogo da liberdade, respeitando as leis, mas só obedecendo a quem reconhecia.

Excelente Otanes, único homem livre! Infelizmente, trata-se de uma ficção, mais ou menos didática, mais ou menos lendária. Cada vez mais, aos mais diferentes níveis, o homem de bem, o homem honesto que se quer retirar, não desejando sujar as mãos, tem as mais sérias dificuldades. Não pode nem deve alhear-se. Como se sabe desde Platão, o preço da sua abstenção seria o governo dos maus.

Aludindo tanto a formas políticas clássicas como a formas políticas nascentes, sobretudo em estado larvar, Steven Lukes, no seu *O Curioso Iluminismo do Prof. Caritat*, glosa, com imenso humor, essa demanda da forma de governo perfeita.

Adivinha-se o final... Mas é imprescindível ler.

BIBLIOGRAFIA

ARISTÓTELES. *Política* (n/ ed.: ARISTOTLE. *Les Politiques*, tr. fr., Paris: Flammarion, 1990), Livro III, Capítulos 6 s. (1278 b s.).

BOBBIO, Norberto. *A Teoria das Formas de Governo*. 4. ed., trad. bras. Brasília: Universidade de Brasília, 1985.

FERRY, Luc; CAPELIER, Claude. *La plus belle histoire de la philosophie*. Paris: Robert Laffont, 2014.

FISCHER, Louis. *The Life of Lenin*, 1964, trad. port. de Pedro Ferraz e Maurício Queiroz, *A Vida de Lenine*. Rio de Janeiro: Civilização Brasileira, 1967, 2 v.

LUKES, Steven. *The Curious Enlightenment of Professor Caritat*. Verso, 1995, trad. port. de Teresa Curvelo, revisão de Manuel Joaquim Viera. *O Curioso Iluminismo do Professor Caritat*. Lisboa: Gradiva, 1996.

SALDANHA, Nelson. *Secularização e Democracia. Sobre a Relação entre formas de governo e Contextos Culturais*. Rio de Janeiro/São Paulo: Renovar, 2003.

LIÇÃO 12

DIREITOS E DEVERES

12.1. ATUALIDADE DOS DIREITOS E URGÊNCIA DOS DEVERES

Poucos temas há tão populares como o dos direitos. Muita carência e injustiça num tempo em que a mundividência generalizada era a da aceitação da sua sorte[1] levou a uma muito fugaz época de permanente constatação de um *déficit*... A breve trecho, porém, começou uma sistemática ablação dos poucos direitos conquistados, e a permanente sanha anticonstitucional mostra como, para alguns, se trata apenas de tornar os direitos vazios, sem sentido, e depois acabar com eles. As declarações de alguns menos politicamente corretos são eloquentes: o que pensam do Povo é que é preguiçoso, amante de subsídios, e que tudo suportaria.

É verdade que nenhum governo possui varinha de condão adequada a satisfazer todos. Já o Príncipe imperial Gotoki, do Japão, no século VII, queixava-se das mil reclamações do povo em cada dia... Mas note-se que são reclamações de poderosos, de barões, certamente! O problema é que há reivindicações e reivindicações. Nos tempos que correm, no Sul da Europa, está em causa o mínimo de subsistência, está em causa a dignidade humana. E essas reivindicações não são só razoáveis, são vitais.

Entretanto, o discurso antidireitos continua, num tempo em que não tem razão de ser, muito pelo contrário. Mas os *media* dão-lhe farto eco.

Mesmo na doutrina jurídica há quem clame por deveres: Álvaro D'Ors insistira, nos seus últimos livros, como *Derecho y Sentido Común* e *Bien Común y Enemigo Público*, que faltavam deveres. E ia mais longe: para ele, os deveres é que seriam o verdadeiro direito natural, o qual como que se identificaria com os Dez Mandamentos. Compreende-se como reação a um tempo (breve porém) de reivindicação mais desabrida. Mas hoje perdem atualidade. O que está a faltar é a defesa de direitos, até os

[1] Apenas com uma ou outra revolta isolada: Eduardo Lourenço refere a aproximação até de dissidência ou oposicionismo com loucura em alguns regimes – *Do Brasil: Fascínio e Miragem*. Lisboa: Gradiva, 2015.

mais elementares. Evidentemente, numa república de anjos pode só pensar-se em deveres. Mas fazê-lo *hic et nunc* seria decerto transformar pessoas sofridas em "anjinhos"...

Mas independentemente do contexto, é evidente a necessidade de termos direitos e deveres. Ambos. Aliás, era esse o lema do próprio hino revolucionário *A Internacional: não mais direitos sem deveres, não mais deveres sem direitos.* A relação quase sinalagmática entre direitos e deveres não pode ser só pensada para o direito privado, mas também para a coisa pública. E para além do simples sinalagma.

São precisos direito e deveres. Em cada época é que se pode dizer serem mais urgentes uns ou outros. Bobbio falava de uma Idade dos Direitos[2]. Hoje estamos numa idade de ataque aos Direitos... Parece, por isso, ser urgente a sua defesa. Não é uma falta de rigor do próprio jurista fazê-lo. Pelo contrário. E *a fortiori* deve fazê-lo também o cientista político[3].

12.2. DEMISSÃO E ANOMIA SOCIAL

E, contudo, apesar de haver ataque aos direitos, também há falta de deveres. Os dois *déficits* não são incompatíveis. Desde logo muitos Estados não estão a cumprir os seus deveres de (ao menos) reguladores da Economia e das Finanças. E não estão a cumprir os seus deveres para com os cidadãos, ignorando o contrato constitucional. Os impostos pagam-se e não vão, aparentemente, para saúde, educação, segurança social, etc. Parece até que, pelo contrário, se usam fundos sociais para outros fins. Assim, certos Estados faltam aos seus deveres elementares. E faltam (com sucessivos cortes e afins) para com funcionários e pensionistas aos contratos que firmaram, desde logo ao grande contrato tácito em que se funda a *confiança* no Estado. Acreditava-se nele.

A sociedade não está isenta de culpas. Seria um sinal de maturidade cívica parar de apenas culpabilizar os governantes (de uma forma cada vez mais niilista e desesperada, aliás), esquecendo que, numa sociedade com eleições, eles são, antes de mais, expressão, *tant bien que mal*, do que o eleitorado decidiu.

---

2 BOBBIO, Norberto. *L'età dei Diritti*, Einaudi, 1990, trad. port. de Carlos Nelson Coutinho, *A Era dos Direitos*. 4. reimp. Rio de Janeiro: Campus, 1992.

3 V. o nosso livro *Direitos Fundamentais. Fundamentos e Direitos Sociais*, cit.

Além das eventuais culpas de participação política, ou falta dela, as nossas sociedades estão também bastante doentes em si mesmas. E tendem para ser sociedades que descuram os seus deveres.

A sociedade sem deveres está a levar os pais a demitirem-se de educar os filhos (e o resultado só não são monstruosidades porque certamente há anjos que evitam o caos), os professores a terem medo de classificar, os superiores a pedirem a aposentadoria antecipada o mais cedo possível (porque já não aguentam mais), os funcionários mais novos a adiarem as decisões, os subalternos a remeterem para os dirigentes (como bem observou o antropólogo Jorge Dias), os agentes policiais a não aparecerem onde estão os bandidos, ou a desesperadamente tomarem gente pacata por bandidos (e ao mesmo tempo diz-se que surgem pujantes e sólidas vocações de bandido) e todos a tentarem viver o mais possível sem responsabilidade. Até porque todos sabem que o crime passou a compensar, em muitos casos, e o denunciar o crime, ou o cumprir honestamente as obrigações (os deveres), pelo contrário, não traz benefícios, só problemas e canseiras.

Montesquieu afirmou que, quando é mais compensador fazer trabalho de corte (ou salamaleque, ou intriga, ou dar nas vistas) do que fazer o seu dever, tudo está perdido... E quem diz prestar vassalagem e passear-se na corte diz outras coisas... E as cortes tanto são as dos palácios das capitais como quaisquer círculos onde haja poder e ingénuos poderosos sempre prontos a cair nas malhas da sedução (que tem mil enleios) de favoritos e favoritas.

A neutralidade estadual redundou num Estado indefeso... E num cidadão refém, ou, no mínimo, sitiado... Não só pela criminalidade, como apregoa, exagerando sempre, capitalizando todas as pulsões básicas (e o medo é uma delas), a imprensa sensacionalista ou os defensores do *Law and Order*. Mas pela geral demissão, pela geral apatia, pelo geral conformismo, pela ausência de projeto, de garra, de determinação, de sentido – de desígnio. E pelo analfabetismo axiológico imperante.

Não tenhamos ilusões: já não se transmitem na família sequer hábitos de higiene (alguém achava que não saber escovar os dentes era sinónimo de incapacidade política...), boas maneiras no falar (por exemplo, a gramática elementar das formas de tratamento), regras de comer à mesa, para nem falar nos princípios básicos de ética... Só falta vir o Estado tomar definitiva e absolutamente conta das crianças com a justificação (em grande parte real) de que o está fazendo em pleno exercício do princípio da subsidiariedade... As famílias não têm culpa, e o Estado em grande parte está a *venire contra factum proprium*, na medida em que não dá (em certos países a situação é deplorável) condições para os pais educarem os filhos: obrigando, com salários baixos, cada vez mais baixos e precários e condições sociais de modo algum compatíveis com os impostos pagos, a que pai e mãe trabalhem, muito, muitas horas, e abandonem os filhos a creches que os armazenam e à televisão que, em grande medida, os prepara para a violência, a alienação, a anticultura. A alternativa é o desemprego. Mas a educação dada pelo desempregado também está inquinada pela sua permanente angústia, e pela carência material.

Encontramo-nos assim, pela demissão pública e privada, na porta de entrada da anomia social – se é que nela já não entramos em algumas sociedades.

Numa situação em que se inverteu a regularidade da ordem, para a regra passar a ser, realmente, o caos, ou a antiordem. Os otimistas falarão diferentemente quando virem que seus filhos pequenos não aprendem na escola (ou aprendem muito, até em excesso, o que não é básico e cultural), que não lhes obedecem a comandos elementares, e no seu próprio interesse, que começam a drogar-se, que entram no crime... Mesmo os filhos dos ricos, cultos, bem-pensantes, privilegiados...

Um Eça de Queiroz e um Ramalho Ortigão fustigaram já, em pleno século XIX, uma sociedade que parecia moribunda. Arrastamos essa carga. Permita-se-nos que confrontemos o nosso presente com esse tempo gémeo, através de um trecho d'*As Farpas*, que já impressionara João Bigotte Chorão:

> "(...) era a decomposição da sociedade, lentamente, surdamente, progressivamente contaminada pela mansa e sinuosa corrupção política. Quantos sintomas inquietantes!, a indisciplina geral, o progressivo rebaixamento dos carateres, a desqualificação do mérito, o descomedimento das ambições, o espírito de insubordinação, a decadência mental da imprensa, a pusilanimidade da opinião, o rareamento dos homens modelares, o abastardamento das letras, a anarquia da arte, o desgosto do trabalho, a irreligião, e, finalmente, a pavorosa inconsciência do povo."[4]

É caso para parafrasear Heidegger: "Só um Deus nos pode salvar"... Esperemos, contudo, que a simples razão humana (ainda que, eventual-

4 CHORÃO, João Bigotte. *Repreensão e Louvor a Ramalho*. In: *Os Vencidos da Vida*, Ciclo de Conferências promovido pelo Círculo Eça de Queiroz, Lisboa, 1989, p. 125.

mente, divinamente inspirada) possa chegar... E que consigamos estabelecer o bom senso sem precisarmos de um milagre. Muito menos precisamos de um salvador. Esse salvador por que clamam pessoas sem imaginação, que recorrem a uma narrativa já conhecida: a da ditadura, com estas ou aquelas subtilezas, mas sempre o recurso a uma mão de ferro que supostamente moralize o bródio. E que, como todas as ditaduras, daria cobertura a certas imoralidades e a certas injustiças, não resolvendo nada, e eventualmente, a prazo, até podendo vir a desiludir os que, com voz forte e com todas as certezas do mundo, por ela clamam. E era só necessário conhecer História para evitar mais uma vez os mesmos erros. Mas dizem que a História, afinal, contrariamente à frase popularizada por Cícero, não é mesmo mestra da vida. Sobretudo porque lhe não queremos aproveitar as lições. A culpa é da nossa ignorância e da nossa pertinácia no erro.

12.3. ARQUEOLOGIA DOS DIREITOS

Se a política rasteira apresenta os direitos como autogerados, nem sequer discutindo a sua radicação, e muito menos o seu fundamento, a ciência jurídica positivista, dogmática, apresenta o estado da questão dos direitos (como, aliás, apresenta tudo) como a quinta-essência do saber. O que tem história, e por vezes história polémica e até sangrenta, é apresentado com a *tranquillitas animi* de um *acquis* definitivo. Pior: como uma realidade científica universal e eterna – agindo e ensinando como se sempre tivesse sido assim. É o caso dos direitos subjetivos, molde teórico, verdadeiro paradigma, sobre o qual assenta todo o edifício jurídico da modernidade, e se criaram, também, os direitos fundamentais e humanos. Embora a estes se adeque mal o espartilho...

A verdade é que nem sempre foi assim. E há indícios de que a teoria já não bate muito certo com novas realidades, mesmo teóricas, nos extremos dos continentes teóricos.

Os Romanos não tinham direitos subjetivos, mas direitos objetivos. Cumpre lembrar, porém, que o positivismo redefiniu a relação entre direito objetivo e direitos subjetivo, de modo que hoje é praticamente impossível detetar o que aconteceu. Com efeito, direito objetivo é a própria coisa justa, devida, é o *quid* da relação, a *res debita*, o *suum*. E não, como se ensina hoje, a lei, ou o código (isso é o direito normativo). A propriedade romana típica era a da *plena in re potestas*, com poderes que incluíam o *ius utendi, fruendi et abutendi.* Ao invés, o direito subjetivo é, na definição canónica, um poder de exigir ou pretender de outrem um comportamento positivo (uma ação) ou negativo (uma omissão), ou de (na modalidade potestativa) desencadear certos efeitos jurídicos que inelutavelmente se impõem à esfera jurídica da contraparte, que nem os pode realmente violar, mas, no caso de contrariar este poder, violará apenas direito subjetivo simples constituído por via da existência do subjetivo potestativo.

Esta construção complexa, que faz as delícias dos aprendizes de jurista, é, nada mais nada menos, que herdeira do nominalismo, e do franciscanismo jurídico. A melhor introdução à compreensão do problema é uma leitura atenta (e já não será mau assistir ao filme) da polémica sobre a propriedade que ecoa em *O Nome da Rosa*, de Umberto Eco... Em teoria, Michel Villey desenvolveu muito solidamente a questão no seu clássico *La formation de la pensée juridique moderne.* Mas isso levar-nos-ia muito longe.

Fique-nos, porém, a ideia de que estes conceitos têm história, e que algo está a mudar...

Efetivamente, quando às gerações de direitos sucessivamente civis e políticos, se acrescentaram os direitos sociais, económicos e culturais (ou sociais só, para encurtar, embora aos outros dois englobando), e até direitos "pós-sociais", sobretudo ambientais, urbanísticos e afins, uma parte da doutrina inclinou-se inicialmente para uma espécie de não juridicidade ou juridicidade menor de tais direitos, sobretudo dada a sua inexistente ou muito rara e complexa sindicabilidade forense. Mas lentamente as coisas começaram de algum modo a mudar... E cada vez são mais os que reconhecem que alguma coisa do que se escondia por detrás da amálgama de uma avalanche de direitos era efetivamente de Justiça e merecia alguma tutela, e, sem dúvida, consideração de juridicidade.

Ainda é cedo para sabermos como, depois da fase clássica do direito objetivo e da fase moderna do direito subjetivo, passaremos a uma nova fase (já não dizemos pós-moderna, porque até essa expressão já envelheceu). Talvez se consiga construir uma teoria geral do Direito a partir da dimensão social do Direito. Fala-se hoje em direito altruísta, humanista, fraterno... Provavelmente o novo paradigma poderá até vir a ter, no futuro, um nome totalmente diferente. Mas são esboços de prospetiva...

Entretanto, os direitos fundamentais e humanos (os primeiros na perspetiva mais nacional, os segundos mais numa dimensão internacional, e, em rigor, todos subordinados à universalidade do Direito Natural, o qual também necessita de grande revisão crítica[5]) encontram-se incomodamente no casulo dos direitos subjetivos, que não lhes convém muito, ou não convém a todas as suas modalidades. Certamente um dia baterão asas... Acresce que a distinção entre as três categorias, na prática, não é tão fácil quanto os manuais fazem crer. Um direito negado a um cidadão num país transforma-se de fundamental em humano se for reclamado num tribunal internacional?

12.4. OS DIREITOS ENTRE DIREITO HUMANISTAS E JUSNATURALISTAS

Uma luta fratricida irrompeu quando começaram a confluir num discurso comum, em favor dos Direitos Humanos, quer o Magistério da Igreja, quer os Republicanos laicos herdeiros da Revolução Francesa, quer os novíssimos esquerdistas, convertidos à democracia burguesa pelo menos como regra do jogo e tática, quer os próprios comunistas de denominação ortodoxa...

Aí o purismo dos jusnaturalistas mais fiéis às condenações do liberalismo e a um certo tradicionalismo político veio ao de cima, a explicar que os Romanos não tinham direitos subjetivos, que se estava a apregoar castelos na Espanha (ou na França), conforme a nacionalidade de quem expunha, que entre o Direito Natural e esses direitos ia uma distância abissal, etc., etc.

Nomes prestigiadíssimos como os de Michel Villey, Carlos Ignacio Massini, Alejandro Guzmán, Álvaro D'Ors, Jorge Adame, e outros, explicariam abundantemente reticências aos novos direitos ditos humanos.

Todavia, em grande medida se tratava de uma questão de surpresa e de choque, principalmente depois que a Igreja Católica, sobretudo com João Paulo II, assumiu essa causa com denodo, e que os adversários e até inimigos de ontem pareciam ser aliados hoje... A exortação apostólica do Papa Francisco, *Evangelii Gaudium*, então, é uma plena assunção dos direitos humanos, numa perspetiva social muito consequente, e em tudo na linha mais avançada da doutrina social da Igreja. Outros textos e atitudes mais recentes têm levado a *concordia* onde havia ódio, e muito se espera do Sumo Pontífice. Se o conservadorismo e o ódio lhe permitir continuar a sua re-

---

[5] V. o nosso livro *Rethinking Natural Law*. Berlim/Heidelberg, Springer, 2013.

volução evangélica. E, como já Villey viria a concluir, muita da discórdia era também, em grande medida, um problema de terminologia, uma questão de palavras. E de suas conotações, agigantadas pelos preconceitos e pela vontade de criar um inimigo...

No caso dos Direitos se juntava, da parte dos críticos, um conjunto de alertas, realmente muito pertinentes: como garantir esses direitos conflituantes entre si? Como torná-los efetivos, dada a raridade dos bens? E como torná-los juridicamente eficazes? Ao ponderar que na Europa passava a haver jurisdição de Direitos Humanos, Villey terá ficado mais convencido. Embora a simples existência de jurisdição não garanta, por si só, os direitos, ajuda muito. Sabemos isso (disso sabe o homem comum) hoje pela ação dos Tribunais Constitucionais, pelo Mundo, e pela maior sensibilidade dos tribunais comuns aos problemas dos Direitos.

Alguma doutrina espanhola contribuiu em grande medida para apaziguar os ânimos, muitos justamente interpretando os direitos humanos sempre à luz do Direito Natural, não entendido numa perspetiva racionalista (Direito Natural moderno), mas na fidelidade ao realismo clássico, na tríplice lição de Aristóteles, dos Romanos e de Tomás de Aquino. Javier Hervada seria um grande obreiro dessa síntese. Nessas águas equilibradas e compatibilizadoras navegam também alguns portugueses, de que se destaca Mário Bigotte Chorão, designadamente nos seus *Temas Fundamentais de Direito* e *Introdução ao Direito*.

Numa formulação feliz, Francisco Puy sintetizou esta guerra bizantina: pois, na verdade, é muito mais o que une jusnaturalistas e jushumanistas do que aquilo que porventura ainda os divida: uns gostam de jogar à bola e detestam futebol, outros adoram futebol e odeiam jogar à bola... E mesmo a concórdia com os jusracionalistas é totalmente possível...

Apesar de uma certa confusão conceitual e metodológica, não deixa de ser reconfortante que os grandes, nobres, filosóficos e em grande medida (infelizmente) esotéricos conceitos do Direito Natural possam agora estar acessíveis a todos, mercê da linguagem dos direitos humanos.

Posto é que a má moeda não expulse a boa, e que contrafações de direitos, aspirações quiméricas, reivindicações desmedidas ou injustas, privilegiadores de minorias ativistas contra o conjunto do Povo, não venham a tudo deitar a perder. Ou vice-versa, maiorias conservadoras e tradicionalistas não venham a tapar o horizonte e a confiscar direitos de exceção e de participação de minorias, com base em preconceitos e na regra de oiro do número: que não é tudo.

Assim, corre-se também o risco de um jusnaturalismo de *flatu vocis*, intelectualista e catalogador, ou antiquário, na verdade alheio aos desafios do presente e ao constante e perpétuo apelo da Justiça, enquistado naquilo a que alguns autores chamam, e com propriedade, *titularismo*, redundando num *jusnaturalismo positivista*, ou em fórmulas excessivamente apegadas a racionalidades extrajurídicas, ou a preconceitos ideológicos ou afins.

Por essas ou por outras razões é também de assinalar que paralela reflexão se foi exercendo em torno de Teorias da Justiça.

Algumas, pouco originais, embora por vezes muito celebradas.

Outras, de verdadeiro mérito. Merecem entre nós menção as preocupações com a Justiça e a sua teorização de António Braz Teixeira, designadamente no seu *Sentido e Valor do Direito*, já várias vezes reeditado[6].

Noutras línguas, evidentemente que não se pode prescindir da leitura de Rawls e de Dworkin, sobretudo. Assim como de Amartya Sen, que nos dá a prova (como já antes Gunnar Myrdal), de que pode haver economistas com sentido social e de Justiça. Mas felizmente há muitos economistas que se preocupam com a Justiça. O problema é terem ou não voz nos *media*.

Em muito grande medida alheio a estas questões doutrinais e filosóficas, a política internacional e nacional digladia-se invocando direitos humanos de forma por vezes imprecisa, mas muito dinâmica.

Se o Direito tem dificuldade em disciplinar a Política, a Filosofia do Direito encontra ainda mais escolhos... É natural. Um lord inglês afirmou um dia que a Política era uma *coisa rude*: é sem dúvida uma atividade apressada, sem tempo para grandes congeminações.

O que comporta prós e contras.

BIBLIOGRAFIA

FERREIRA DA CUNHA, Paulo. *O Ponto de Arquimedes. Natureza Humana, Direito Natural, Direitos Humanos*. Coimbra: Almedina, 2001, máx.

---

6 TEIXEIRA, António Braz. *Sentido e Valor do Direito. Introdução à Filosofia Jurídica*. 2. ed. Lisboa: Imprensa Nacional-Casa da Moeda, 2000. Assim como o mais recente. *Idem*, *Breve Tratado da Razão Jurídica*. Lisboa: Zéfiro, 2012.

p. 111-190; *Idem. Teoria da Constituição*, v. II. *Direitos Humanos. Direitos Fundamentais*. Lx. /São Paulo: Verbo, 2000, p. 17-206, máx. p. 17-134; 297-312; *Idem* (org.). *Direitos Humanos. Teorias e Práticas*, Coimbra, Almedina, 2003; *Filosofia do Direito. Fundamentos, Metodologia e Teoria Geral do Direito*. 2. ed. revista atualizada e desenvolvida. Coimbra: Almedina, 2013; *Idem. Rethinking Natural Law*. Berlim/Heidelberg: Springer, 2013, com Prefácio de Virginia Black.

VILLEY, Michel. *La formation de la pensée juridique moderne*. 2. ed. Paris: PUF, 2013.

LIÇÃO 13

ORGANIZAÇÃO E CONTROLO DO PODER. ESTADO, PODERES E SEPARAÇÃO DOS PODERES

13.1. UNIVERSALIDADE DO CONTROLO DO PODER

O Poder é de si imoderado. Uma frase atribuída a muitos autores recorda que "todo o poder corrompe, e o poder absoluto corrompe absolutamente". Como se não pode prescindir do poder, mas simultaneamente se pretendem evitar as suas degenerescências e abusos, sempre se têm encontrado fórmulas que procuram moderar o poder, discipliná-lo, e reparti-lo, de forma a que não seja absoluto, tirânico ou totalitário.

Classicamente, o *regime misto* foi uma delas. Nos tempos medievais, não só as leis fundamentais dos reinos limitaram os monarcas como – e com que força, se fossem crentes – o estarem convencidos de terem de vir a prestar contas a Deus.

Modernamente, a técnica de controlo do poder mais clássica é da de separação, interdependência – os freios e contrapesos – entre os poderes do Estado. Trata-se de uma técnica que se eleva a princípio constitucional fundamental, e tem uma longa história (com muitas conexões), que vale a pena conhecer.

Ao contrário do que possam pensar pessoas sem raízes, sem conhecimentos, sem História, e, sobretudo, mais ainda se eventualmente ao serviço de motivações de concentração do poder, a Separação dos Poderes não é uma velharia de que o mundo técnico moderno pudesse prescindir. Muito pelo contrário. As utopias (e especificamente as distopias, utopias negativas, que visionam mundos infernais possíveis) já nos alertam abundantemente para a possibilidade de um futuro tecnocrático, cheio de máquinas sofisticadíssimas, mas com um *déficit* imenso de liberdade. Se atentarmos com sentido crítico e algum distanciamento para o que já ocorre em algumas situações nos nossos dias, aperceber-nos-emos de como poderá vir a ser... Ora, o poder a travar o poder (em conjunção com os direitos humanos) é essencial para que o cidadão comum, sem privilégios, sem mordomias, possa respirar.

A Separação dos Poderes é um mito? Sim, mas não fundamentalmente porque é ilusão, quimera não aplicada, muito menos "mentira". É mito porque grande ideia-força, e grande narrativa dadora de sentido ao mundo da Liberdade política. Evidentemente que andamos em maré de concentração de poderes a todos os níveis, desde logo porque nos injetaram e martelaram com a mania da liderança individual e não da colegialidade, que seria o mais democrático e o potencialmente mais virtuoso. E essa tendência para a concentração de poderes na empresa, na escola, no município, por toda a parte, vai formando mentalidades cada vez mais autoritárias. Começa a criar-se a ideia "natural" de que o poder é para os *chefes*, que seriam uma espécie de ungidos. É como que um novo *Führerprinz, mutatis mutandis*, a ganhar corpo. A insistência na "liderança" apresenta-se sob a capa sedutora de eficiência e bem geral, mas traz frequentemente no ventre um tiranete se se tratar de uma organização pequena. Por vezes um grande tirano caso falemos do Estado.

A democracia seria bem melhor com os freios e contrapesos antigos e modernos que podem deixar os dirigentes irritados, porque não lhes deixam as mãos livres, mas que são a melhor garantia da legalidade e da procura partilhada e dialogada das melhores soluções. Não temos dúvidas de que, hoje, a Separação dos Poderes conta com vários aliados, que alguns nem suspeitarão: a federalização, a regionalização (em Portugal significativamente sempre adiada, para bem do Terreiro do Paço e da cabeça imperial, como lhe chamou José Augusto Seabra), a descentralização, a desconcentração, o princípio da subsidiariedade, a necessidade de transparência, a fundamentação dos atos administrativos, a motivação das sentenças, a responsabilização dos titulares de cargos públicos, e, no limite, o controlo concentrado da constitucionalidade por tribunais constitucionais ou órgãos afins, etc. Tudo são formas solidárias da ideia que se encerra na essência da Separação dos Poderes: evitar o autoritarismo e o totalitarismo. Evitar o abuso, numa palavra.

É um "teste do algodão" a fazer sempre: pode um político prometer este mundo e o outro; se na sua prática ou mesmo no seu discurso mostrar que não preza a separação dos poderes, certo é que, ainda que disso se não aperceba, tem em si o vírus da autocracia. A democracia não é fácil, é exigente. E os dirigentes, em democracia, a qualquer nível, não apenas têm de ser competentes tecnicamente e honestos (dois requisitos já difíceis de encontrar), devem ainda ter um profundo e sincero amor à democracia, e um conhecimento e à vontade com as formas de que ela se reveste hoje, nomeadamente de legitimação pelo procedimento[1]. Não interessa apresentar obras (e sobretudo obras de fachada) se não se curar das pessoas e se o método de alcançar as realizações não for transparente, participado, etc.

13.2. DESFAZENDO IDEIAS-FEITAS

Para a compreensão de alguns problemas basilares da separação de poderes devemos desfazer previamente vários equívocos que se foram sedimentando, os quais, sendo muitas vezes o lugar comum que de si faz artigos canónicos, não raro derivam da propagação imitativa do erro que o arguto e também muito olvidado Gabriel de Tarde magistralmente estudou. De entre essas verdades, que certos veem como sacramentais, avultam as seguintes:

a) O encarar do princípio através da confusão entre órgãos, funções e poderes do Estado, donde resulta que a separação de poderes poderá passar a ser entendida como separação de algo diverso desses mesmos poderes.

b) A afirmação (explícita, ou, as mais das vezes, implícita) de que os poderes são compartimentos estanques, e/ou que Montesquieu, tido por pai da teoria, os teria engendrado quais três torres de marfim, altivas, isoladas e iguais em força.

Outras errôneas afirmações existem, com suas variantes. E não são poucas. Estas duas, porém, são do que de mais nocivo embaraça o nosso tema.

13.3. PODERES, FUNÇÕES E ÓRGÃOS – O PROBLEMA

Quando se procura pôr ordem no problema em apreço, começa por distinguir-se *poder, função* e *órgão*. É já um progresso importante, embora (mais ou menos subtilmente), muitas vezes de novo se venham a imiscuir considerações "impuras" e alheias na definição de cada um dos elementos

---

1 LUHMANN, Niklas. *Legitimation durch Verfaheren*. 2. ed. Neuwid, 1975, trad. port. *Legitimação pelo procedimento*. Brasília: Ed. Univ. Brasília, 1980.

da tríade. Devemos, além disso, estar precavidos para a eventualidade de nela poderem ainda exercer influência outros elementos, igualmente exógenos – *v.g.* de ordem social ou económica, designadamente na perspetiva da ligação dos aspetos vertentes com as divisões sociais (estratos sociais, estamentos, classes). É ainda de esperar a intervenção de outros fatores de modelação dos aspetos em causa, desta feita com uma aproximação substancial e até essencial notável relativamente aos três elementos a discernir. Trata-se da matéria adjacente dos fins do Estado.

Vejamos um pouco a razão de ser de uma tal situação.

Se, por um lado, a função faz o órgão, ou seja, se o que efetivamente este é decorre da(s) função(ões) que desenvolva, o certo é que também regista a doutrina o chamado *critério orgânico das funções do Estado*. Por outro lado, poderes e funções realizam-se ou concretizam-se sempre através de órgãos (ou agentes...) e estes nada seriam sem aqueles. Finalmente, as funções desenvolvem-se no exercício de poderes, e estes, enquanto "parcelas" do Poder, da integral soberania, são aspetos ou desdobramentos facilmente subsumíveis no *quid* autorizativo que permite realizar uma dada função. Explica-se por consequência sem dificuldade a tentação de tudo confundir.

Para obviar a este problema, várias soluções têm vindo a ser propostas no concerto desconcertante da doutrina. E cada solução tem acabado por vir a constituir novo problema.

13.4. A PROPOSTA DE LESSONA

De entre as várias, inúmeras, propostas que se vão acumulando ao longo do tempo, destaquemos, por exemplo, a de Silvio Lessona, para quem a questão terminológica deveria obter nada menos que a seguinte solução: reservar-se-ia o termo *órgãos* para uma focalização subjetiva do problema (ordem); a atividade do Estado seria distribuída por *funções*, desta feita numa ótica objetiva; e o termo *poder* seria banido desta área do Direito, restringindo-se o seu uso – *stupete gentes!* – às situações de "direitos subjetivos", enfim, com o significado especialmente privatístico de *poder jurídico*.

Se as duas primeiras precisões conceituais, embora necessariamente redutoras, esclarecem a questão à sua maneira, a proscrição da terceira categoria – precisamente a supressão do termo *poder* – apenas abruptamente elimina o problema, cuidando assim tê-lo resolvido.

Não será, ao que julgamos, com este tipo de soluções que se encontrará a fórmula capaz de aplacar as nossas angústias teóricas. O poder e os poderes estão aqui naturalmente em casa. De estranhar seria que não sentíssemos todos o pesado hálito da sua presença tutelar. Não é ignorando-os, como a conhecida ave pernalta, que lograremos apagá-los do nosso universo de análise.

Não se entende mesmo como possa ser razoavelmente factível estudar a separação ou a distribuição, ou o que se queira... de algo que recusemos considerar em si próprio. Tal absurdo de falar em torno do que se reduz eideticamente a um parêntesis vazio só é possível através de algum divórcio face às *coisas,* que alguma doutrina lamentavelmente vai crescentemente acentuando. Mas prossigamos.

13.5. ÓRGÃOS DO ESTADO

O que sejam *de per si* órgãos parece não excessivamente polémico nesta aceção. Trata-se afinal das estruturas, mais ou menos complexas, de formação e manifestação da vontade do Estado: são *um fumus* de pessoas jurídicas *(improprio sensu,* evidentemente) inseridas na sistémica estadual a quem, por via de uma mais ou menos lata *fictio juris,* se atribui a possibilidade de pensar, falar e agir pelo Estado, *em dadas matérias, definidas pelas suas incumbências, e no exercício afinal de dados poderes.*

Ora esta última característica (sublinhada) muito nos aproxima do problema das funções e dos poderes, como é patente. E parece, por conseguinte, não restarem dúvidas de que os órgãos são, afinal, as estruturas *subjetivas* desta tríade.

13.6. FUNÇÕES DO ESTADO

Caberá então perguntar agora pelas funções. No respeitante a este assunto, as diversas ciências têm vindo (entre si, mas também no seio de várias) a complicar o problema. *Nous sommes venus trop tard dans un monde déjà trop vieux,* em que as teorizações se multiplicaram como os grãos de trigo no quadriculado tabuleiro do ingénuo vizir.

Nas perspetivas adversas de várias teorizações, tanto a função é fim como é meio, tanto se excede e agiganta em escatologia como se confina e amesquinha em técnica ou tática, tanto é faculdade como passa a obrigação, ou poder-dever. Confundindo procedimento, método (do grego *meta* + *odos* – caminho para), com teleologia, a Ciência arrisca-se a afundar-se na mais caótica imprecisão, ainda que sob capa de complexidade mais ou menos impenetrável. Diversas teorias procuraram centrar-se exclusivamente na análise das funções, pondo de lado, pelo menos nessa primeira fase, os restantes elementos da tríade. Fugiram assim de parte do problema, para virem a cair numa sua novel versão.

Sem a menor preocupação de exaustividade, até porque as principais teorias são sobejamente conhecidas, passemos o olhar por algumas.

13.7. TEORIAS DE JELLINEK E DUGUIT

Para Jellinek, na análise do Estado parte-se dos fins para as funções. Mas se aqueles são dois, estas acabam por ser três, dado que três seriam também os meios. Como fins, contar-se-iam os culturais e os jurídicos; como meios, haveria a considerar dois tipos de normação, a abstrata e a concreta. No respeitante às funções, à normação abstrata de índole cultural ou jurídica corresponderia a função legislativa; a atividade concreta de âmbito cultural encontrar-se-ia a cargo de uma função administrativa; e idêntica concretização, agora no domínio do judicial, seria do foro de uma função judicial. Daqui decorreriam os diferentes tipos de atos – leis, atos administrativos e decisões judiciais.

Para Duguit, a ordem é inversa. Parte este dos atos para as funções. Haveria então atos-regra (legislativos), atos condição e atos subjetivos (administrativos). Ficando de fora o judicial (para a clássica perfeição da tríade), o autor cria ainda os atos jurisdicionais, a que logo faz corresponder a inerente função (judicial).

As teorias de Jellinek e de Duguit, sendo aparentemente opostas, radicam em pressupostos e atitudes mentais comuns.

Como já todos nitidamente pressentimos, paira sobre os seus espíritos a velha ideia da tripartição funcional que se diz provir de Montesquieu – legislativo, executivo (administrativo), judicial.

E no fundo é essa teoria, essa *visão* clássica das coisas, que ambos afinal pretendem provar *cientificamente*. Para tal, e fazendo uso de um instrumento mental que no espírito (ou *forma mentis*) dos juristas só pode ser afim de algo como a inversão do silogismo judiciário, partem da conclusão para as premissas. O primeiro visa justificar a divisão tradicional de funções (assim também confundida com os poderes) através de um percurso descendente: do mais vasto, distante... (fins), para o mais chão (atos), passando pelas funções. O segundo procede ao invés: parte dos atos, o mais imediato ou aparente, para depois construir as funções, em princípio mais remotas.

Mas a razão profunda de ambos pode claramente descortinar-se através da análise das contradições internas dos seus esquemas: Jellinek poderia ter criado quatro funções (porque não a da normação abstrata para fins culturais e a da normação abstrata para fins jurídicos?). Duguit poderia ter-se quedado pelas três (uma para cada tipo de ato que conhece), mas não sendo nenhuma delas a função judicial. Ambos adaptaram a sua visão a um inveterado hábito preexistente. Na verdade, as teorias da separação dos poderes dificilmente se conseguem libertar do seu arquétipo histórico, o do autor do *Espírito das Leis*. O que não é um mal, porque nele está o essencial, que é a teleologia do princípio: *que o poder trave o poder.*

13.8. A ESCOLA DE VIENA: KELSEN E MERKEL

A escola de Viena, com Kelsen e com Merkel, vai aparentemente cortar com a tradição que via algo de sagrado e intocável nas três funções assacadas ao barão de la Brède, na senda da iconoclastia (então) implícita no seu positivismo lógico-metodológico. Atenta ao fenómeno, e desprezando um inatingível númeno, cuidando do real, e não do ideal, limita esta corrente as funções do Estado a duas funções jurídicas, num procedimento a que não será alheia a paradoxal tentação pan-juridista da metáfora do rei Midas que seduzira Kelsen, e está explicitamente presente na *Teoria Pura do Direito.*

Assim, nada sendo alheio ao Direito (mas também porque, como no oiro de Midas, este é oiro artificial, alquímico – e esperemos que não apenas lixo de Énio), assinala-se a função de criação e a função de execução do Direito. Contudo, não se sabe se por via de uma reminiscência da dialética de Hegel, Kelsen será forçado a alinhar na tripartição. E, assim, uma espécie de estranha síntese nos surge, na veste de uma nova função, a administrativa, consistindo na obediência ao Direito.

Aqui não são os nomes das funções a pesarem sobre o rigor do teórico. É uma antiquíssima força, é o sortilégio, é a magia do número três – Talvez fundada na vaga (e, contudo, fortíssima) ideia de que a dualidade é incompletude, que à tese e à antítese algo falta para um coroar final e harmónico.

E é ainda um *quid* indefinível de índole lógica (tão cara a Kelsen): criar direito, executar direito, e algo mais, como que "fazer operar" o direito, torná-lo efetivo, são três passos sucessivos e com sentido, num caminhar do vértice para a base de uma estrutura piramidal de pensamento. Um vértice de ar rarefeito, junto do céu dos conceitos, uma base que se quer com os pés bem assentes na terra.

É verdade que fazer operar o direito, ou fazer cumprir o direito é ainda executá-lo, em termos latos. Só que aqui novamente entram velhos pressupostos (velhos mitos, tão inconscientes...): pressupõe-se o direito como a lei, e quando se cria esta, segundo esse preconceito iluminista-liberal, pode o deus-jurista descansar como no sétimo dia da criação. A função executiva já não é criadora; a administração executa, não cria. E quanto ao cumprimento, aí está a polícia e aí estão os tribunais, em que os juízes nada criam e pouco executarão, dado serem, como afirma o inevitável Charles de Secondat, simples *bouche qui prononce les paroles de la loi,* e o judicial um poder invisível e nulo[2].

Encurtando razões, a escola de Viena ruma para uma teoria nova e radical, para logo se não poder sustentar, e acabando perturbada.

Depois destas teorias, já clássicas, entra em explosão e em delírio o rol das doutrinas, mais ou menos à razão de uma sentença por cabeça. Ante a pulverização dos sufrágios, começaram mais tarde a aparecer novas teorias-síntese, visando repor a ordem.

Falemos agora – sempre em epítome – de algumas de entre elas.

13.9. TEORIA DE MARCELLO CAETANO

Entre nós, Marcello Caetano propõe uma "teoria integral". Precavido pelo fracasso de Hans Kelsen, autor de pesada teorização pan-jurídica (em que tudo se encaminha para a identificação prática entre Direito e Estado), e tendo detetado na realidade fenoménica, sociológica, um "Estado", não apenas composto por elementos penetrados de juridicidade (aos tempos ainda veteroliberais de Jellinek e de Duguit tinha inapelavelmente sucedido já um Estado Social, hiperocupado e infatigável trabalhador *præter legem*), vai o Mestre de Lisboa sugerir uma nova perspetivação, desta feita partindo de uma base dual. É um dualismo com subdivisões.

---

2 MONTESQUIEU. *De l'Esprit des Lois*, XI, 6.

Não vamos entrar aqui no pormenor da doutrina, aliás das mais correntes nos nossos meios, ainda nos nossos dias. Cumpre apenas sublinhar que se apartam em dois grandes grupos as funções jurídicas e as não jurídicas; que, nas primeiras, se inclui a legislativa e a executiva, a qual, por sua vez, se subdivide em administrativa e judicial; que se coloca nas segundas funções o que, na ação estadual, é técnico ou político.

Ressalte-se a inovação de não ceder à trifuncionalidade habitual, e a reaproximação a Locke que a configuração dada à segunda função jurídica constitui (a outra, para além do legislativo), bem como a clareza em abertamente reconhecer a óbvia presença do político no Estado, a par do que é técnico, e de a ambas as categorias apartar das coisas do Direito. Compreende-se a fama e a longevidade entre nós de uma tal estruturação, embora suspeitemos que se terão ficado a dever menos ao valor intrínseco da doutrina inicial, que é grande, do que ao comodismo nacional pelo qual se vão copiando ou glosando, pelo menos os velhos manuais, sem cerimónia e nem sempre com a vénia mínima de uma referência da fonte. Mas não nos alonguemos...

Porque é, então, "integral" a teoria de Marcello Caetano? Por duas ordens de razões.

Primeiro, porque pretende abarcar a unidade totalizante do Estado na nossa época, quer na sua veste jurídica, quer quando despido de Direito. É, pois, uma visão que supera o âmbito da ciência jurídica para se posicionar (também) na ciência política ou na sociologia política. Aí procura navegar de forma reta e realista, objetiva, mas não *afivelando* decerto *no palco da tragédia* qualquer *máscara de cardeal-diácono do Direito...* Se Kelsen purifica o Direito até o rebaixar a instrumento ou técnica do Estado, podendo depois (quando a juridicidade já não constitui qualquer *differentia specifica*) tudo nele considerar função jurídica, Marcello Caetano descreve o Leviatã dos nossos dias, híbrido de Direito e de não direito (quantas vezes antidireito), não indicando *o sollen,* mas apenas o *sein* da realidade que, hoje, mais interessaria domesticar juridicamente. E sem cuja subordinação ao Direito se arrisca a juridicidade a não passar de insignificante passatempo, qual regra fugaz de um improvisado jogo de crianças.

Em segundo lugar, pensamos que a aludida integralidade deriva de uma fusão de teorias. Na última formulação da sua doutrina, Kelsen admite funções não jurídicas – tal é a posição que o irá perder. Procurou distanciar-se excessivamente do lugar de fiel seguidor da teoria tripartida e dos poderes tradicionais e, como é tão habitual nas querelas jurídicas, "deixou entrar pela janela o que pretendia fazer sair pela porta". A expressão também é proverbial, e alguns a radicam em La Fontaine e suas *Fábulas*. Ora Marcello Caetano assumiu a queda de Kelsen no real da distinção entre o jurídico e o não jurídico não como remendo final e exceção a uma construção teórica, mas antes como *prius* da sua teoria. E, a partir do que em Kelsen era fraqueza, construiu Marcello Caetano, com a força das sínteses, uma teoria em que se colhia do positivismo lógico uma boa parte, procurando, contudo, evitar cair em excessiva heterodoxia face à clássica divisão tripartida.

Assim, do pujante primeiro Kelsen toma afinal a ideia da divisão do jurídico em criação e execução do direito, a que chama, aproximando-se da visão tradicional, função legislativa e executiva.

E logo aproveita também do teórico austríaco para subdividir o executivo em administração e jurisdição. No plano do não jurídico, à função de obediência ao direito, operacional, chama técnica.

Esta visão não ficará isenta de críticas, como é óbvio. Destaquemos as que se apresentam do flanco da função política, a qual, não constando embora do elenco tradicional, lhe havia sido acrescentada "em breve", como assinala Mário Esteves de Oliveira.

Ora, se era certo que o político, *livre* e *autónomo*, se não compadecia com as peias do jurídico, aproximando-se, nessa não juridicidade (*hoc sensu*), do técnico, a verdade é que muito de político porejava no ser próprio do legislativo, do executivo... Afinal, e utilizando as palavras de Lorenz von Stein, o político seria sempre "o pensamento que dirige". E dirige não só a Administração, mas também tudo o demais. Aliás, se à função política chamarmos governamental, e se, consequentemente, a localizarmos no órgão *governo*, o problema é outro ainda, e teremos então de analisar *de jure* e *de facto* o quanto tal órgão será ou não "diretor" do Estado.

Retomemos, porém, o fio dos nossos pensamentos. É certo que a função política e o ato político se revestem de relevantíssima importância prática, até pela sua tradicional inatacabilidade hierárquica ou contenciosa. Todavia, apresentar a política como uma função à parte, de entre o todo das atividades do Estado, é empresa suscetível de propiciar inextricáveis confusões.

Em suma, o que se critica muitas vezes a Marcello Caetano é a parificação de funções, mercê de um critério que, partindo da distinção inicial entre o estatal jurídico e o estatal não jurídico, aparece não raro como uma divisão essencialmente formal. À consideração da importância do político e da sua influência noutras funções estaduais repugna um critério que, aparentemente ao menos, as igualiza a todas, e, acantonando depois a política junto da técnica, lhe impede a expansão.

13.10. KELSEN E MARCELLO CAETANO

Assim, se a teoria de Kelsen, decorrendo da sua pirâmide normativa, é comparável à música do *Bolero* de Ravel, não parece restarem dúvidas de que a de Marcello Caetano ao menos prefigura um sistema dodecafónico, como nas *melodias* de Schönberg. Deixa de haver nota dominante, revela-se a pulverização de notas (funções), como que desprovidas de hierarquia, mas irrepetíveis. É certo que Marcello Caetano não visaria um tal *igualitarismo*. Evidentemente. Mas todos sabemos que, uma vez posta em marcha uma doutrina, aos efeitos queridos se vêm a acrescentar inafastavelmente bom número de efeitos não desejados. A quem, por mais brilhante, é dado antever todas as consequências de um pensamento?

Já ulteriormente à teorização de Marcello Caetano, algumas outras teorias surgiram, esgrimindo em particular acerca da questão *política*. Era claro que o insigne administrativista não conseguira encerrar a velha polémica.

13.11. DE MANE A HAURIOU

Roland Mane readapta a intuição de Kelsen do binómio criação--execução através de uma teoria que se apresenta como "estrutural".

Esta nova tentativa persiste na senda do *dodecafonismo*: estaríamos agora perante quatro funções (divididas em dois grupos).

O primeiro grupo é o político, envolvendo as funções de governo e de legislação; o segundo é, afinal, de índole "técnica", englobando a administração e a jurisdição.

A obsessão do político leva a outras formulações, repetindo num retinir constante a nota proibida, para escândalo de todo o Schönberg.

Numa sinfonia iterativa, vem um Renard falar em política (governativa e executiva) e em jurídico (judicial). Entre nós, Marcelo Rebelo de Sousa, aperfeiçoando a visão de Marcello Caetano, chegou a defender a existência de uma função político-legislativa como dominante, e de funções dependentes, vinculadas, a jurisdicional e a administrativa. Mais tarde, de novo voltaria à divisão entre uma função política e uma função legislativa, ambas dominantes.

A exposição das teorias não mais teria fim. De sublinhar até a existência de posições que por completo subvertem os esquemas tradicionais, sabe-se lá se pela dupla inspiração sociologista (a preocupação de ver o real, o concreto: ou o que se julga que ele seja) e purista (regresso às fontes, máxime a Montesquieu). Hauriou, por exemplo, chegaria mesmo a proclamar a inexistência do poder judicial (pois não está expressamente escrito num capítulo célebre de *O Espírito das Leis* que a função judicial é afinal "*en toute façon nulle*"?), mas, para continuar portas adentro do sagrado templo da habitual e cultuadíssima trindade, chama para terceiro poder do Estado, além dos costumeiros legislativo e executivo, ainda o *sufrágio*! Caso é para perguntar o que virá a ser o judicial no seio de um tal sistema. Mas afinal é muito simples. Num retorno pelo menos a Kelsen, o judicial é agora novamente um ramo do executivo.

13.12. TESES SOBRE AS TEORIAS

Algumas teses se parecem impor, a partir desta panorâmica, necessariamente impressionista:

a) A arte combinatória é imparável e *ad infinitum* se podem jogar as categorias.

b) Em todas as classificações propostas se insinua sempre o padrão original da tríade, identificada normalmente com a de Montesquieu, mas que claramente se sente ser algo de mais profundo e enraizado, dado o repetido desconforto face a tal teoria em concreto experimentado. Motivador, aliás, de sempre renovadas formulações. Ou será antes a vontade de superar a grande teoria, o espírito problematizador e inovador que deseja ultrapassar o clássico, sem, todavia, o conseguir olvidar nunca?

c) Concomitantemente, uma outra tríade se desenvolve nas tipologias – órgãos, funções e poderes – fazendo-se um apelo híbrido (normalmente tácito) a um dos restantes elementos quando a mera "função" parece não responder cabalmente às solicitações, não sendo tal solução afinal mais que uma forma de fazer persistir o problema inicial. Tal é, por exemplo, o que vem a suceder quando

Duguit "cria" os atos jurisdicionais, fazendo-os radicar exclusivamente afinal nos Tribunais-órgão. Quando se acentua a função política, que umas vezes é apontada como superfunção, outras como função à parte, outras ainda como pano de fundo de várias outras funções, o que poderá estar em causa é o problema da distinção, nem sempre claramente apresentada nesta sede, entre poder e poderes.

d) Acresce que todo o antecedente obsta a um entendimento claro da definição material (não formal ou orgânica) das funções estaduais, e do seu núcleo essencial – e hoje cada vez mais candente –, a questão das reservas: de lei, de administração e de jurisdição.

e) Pressente-se a presença surda de problemas não jurídicos a interporem-se em toda esta questão. Problemas fácticos mais que teóricos ou normativos. Matérias sociais (de classe e de aspiração a titularidade de órgãos), puras lutas de poder (especificamente políticas, pois), atividades materiais e especializadas, mais ou menos "construtivistas" (daí as funções terem nomes como "técnica", "administrativa", "executiva"...).

f) E, contudo... a Separação dos Poderes persiste, e move-se. Como grande princípio jurídico-político com vocação de perenidade, apesar de todas as teorias, críticas e olvidos.

13.13. GENEALOGIA DO PODER: FUNÇÃO, ÓRGÃO, PODERES

Acompanhando o pensamento de Lessona sobre o nosso problema, julgamos poder extrair-se de toda a dificuldade e de todo o desacordo alguma lição. Poder-se-ia eventualmente dizer (com M. de La Palice?) que uma coisa são funções, outra são órgãos e outra são poderes. Ninguém o contestará em teoria. Mas como tirar daí consequências suficientemente esclarecedoras e operativas? Sublinhemo-lo, antes de mais: até de um ponto de vista histórico tal divisão se nos afigura importante. Primeiro, a função. Depois, o órgão. Finalmente os poderes. Mas, é evidente, todas estas três entidades são manifestações do *Poder*. Três pessoas distintas, uma só divindade verdadeira – glosaríamos.

Isto é: o poder, numa comunidade tribal ou num império estadual, não importa, preexiste, como alfa e ómega do político. Daí a omnipresença deste em todo o tema. Sendo muito difícil desvendar os arcanos da

História mais arcaica, é-nos apenas permitido supor que, no mítico chefe da aldeia primitiva, o poder seria quiçá uno, "soberano", sem limites, numa altura em que a direção de tão diminuto agrupamento social não exigiria uma complexidade de tarefas e uma sobrecarga de trabalhos...

Ninguém duvidará, entretanto, que seria materialmente diferente a eventual determinação de regras gerais e abstratas para futuro e para todos por parte desse chefe (o que, para a mentalidade tradicional, jamais se poderia aceitar nesses termos, a menos que o chefe fosse um desses legisladores primordiais semidivinos), a resolução pontual dos negócios correntes da tribo, ou o julgamento caso a caso de infrações, etc. Em tudo se manifestaria o poder (político), havendo já, no entanto, funções, reunidas embora no mesmo órgão de comando, de composição unipessoal. De resto, mesmo quando as funções estão reunidas num só, parece não deixar de poder detetar-se o seu caráter distinto entre si. S. Luis administrava a justiça sob o velho carvalho de Vincennes[3], o rei justiceiro português, D. Pedro I, desenvolvia a mesma função em audiências determinadas, após declaração solene de que o iria fazer. E se, nestes casos, se está ante o exercício positivo de dadas funções, ele há também casos de exercício negativo, ou de funções ou manifestações de funções vedadas ao Príncipe. Assim, por exemplo, em França, os Capetos não possuíam o poder de lançar impostos, e aos Bourbons não era permitida a mobilização militar[4].

Nas situações em que há um poder radicado num só (nos absolutismos *lato sensu* ou nas monarquias da classificação *etimológica* de Aristóteles), mas em que a multiplicidade de afazeres do Estado imponha já uma divisão de trabalho, não há divisão de poderes, há distribuição de funções, ditada por razões de eficiência.

Tal repartição tanto pode ser efetuada através de uma relativamente perfeita correspondência órgão-função, como (o que será mais natural) por meio de uma formulação híbrida, em que o soberano aliena funcionalmente (não politicamente) parte das suas competências (na verdade, em geral delega), permanecendo em última instância como seu responsável e detentor (podendo avocar o que delegou). *Simples officiers du souverain,* os órgãos singulares ou coletivos podem deter funções ou parte delas, não verdadei-

---

3 LE GOFF, Jacques. *Saint Louis.* Paris: Gallimard, 1966.

4 JOUVENEL, Bertrand de. *Du Pouvoir. Histoire Naturelle de sa Croissance*, nova edição. Paris: Hachette, 1972-1977.

ros poderes. Esta era, aliás, e em síntese, a posição de Rousseau, que, radica em Bodin e no seu conceito de soberania, a que já aludimos.

Finalmente, a separação de poderes (ideia em si mesma antiga, de certo modo decorrente das clássicas do regime misto, mas em voga com esse nome desde os séculos XVII e XVIII, com Locke e, sobretudo, com Montesquieu – como sabemos) corresponde a uma técnica de limitação do poder, de garantia de liberdade, de proscrição dos abusos..., consistindo na atribuição a certos órgãos de parcelas do anteriormente uno *poder*, de molde a que cada órgão, constituído por indivíduos (titulares) em princípio exclusivamente a si adstritos (sujeitos a incompatibilidades), pudesse travar os excessos dos demais. Técnica antiga, esta, de separar e pluralizar os detentores do poder. Desde logo com as monarquias duais (recordemos os dois reis de Esparta ou os dois cônsules da república romana), vai encontrar na distinção conceitual entre as funções do Estado uma auréola de cientificidade e naturalidade de que carecia a sua *ultima ratio* política. Quer dizer, se havia que dividir, então que se repartisse pelas funções. O que põe problemas.

É que efetivamente seria concebível a existência em teoria de dois, três ou mais poderes, sediados em órgãos diversos, mas tendo como âmbito o todo do *Poder*, todas as funções do Estado. Numa tal situação estaria em relevo a distinção, a separação puramente orgânica. E obviamente não haveria separação funcional.

13.14. VICISSITUDES HISTÓRICAS DA TEORIA DA SEPARAÇÃO DOS PODERES

O que historicamente sucedeu (e nestas coisas é a História quem, sobretudo, nos esclarece), foi o ter-se procurado identificar os poderes (separados) com igualmente separadas funções. Não completamente – aqui tudo ou quase tudo é apenas tendencial: assim, por exemplo, em Aristóteles, e falando nos nossos termos habituais e contemporâneos, o poder deliberativo é simultaneamente o legislativo e o "político", embora englobe, *v.g.*, certos casos jurisdicionais – como as possibilidades de decretar a pena de morte, o desterro, a confiscação de bens, etc.; do mesmo modo, o poder executivo é administração e "governo", e o judiciário é o judicial.

O problema principal foi o ter-se primeiramente postulado (por razões de perfeição na justificação teórica, além de outras) a divisão completa de poderes. Esta mania perfecionista inicial, à qual anda aliada a inveja dos parlamentares entre si e o medo de que o invejado Mirabeau[5] se viesse a tornar primeiro-ministro, teve logo desastrosas consequências práticas: para uns, na França de 89 e 48, para outros, na de 91 e do ano III, redundando a inoperância (e não só) assim instalada mais ou menos sempre em golpe de Estado.

Ora após o erro da não colaboração de poderes (Montesquieu, contudo, falava significativamente em "*aller de concert*"), veio a cair-se numa dispersão de funções pelos poderes (agora já algo identificado com os órgãos que os assumem). E de tal sorte se veio a tornar imperante esta tendência, que se não sabe muito bem qual a função do governo moderno: pois se ele *executa e cria*, dividindo-se pelas funções política, técnica e executiva, administrativa, legislativa e sabe-se lá porque não ainda também pela judicial... Pelo menos, sente-se que alguns poderes teoricamente apenas executivos, depois de terem total influência nos legislativos por via do comando das respetivas maiorias parlamentares, bem gostariam de ter um judicial dócil, e especificamente um judicial constitucional que não causasse problemas. Em casos, como o português, em que os juízes do tribunal constitucional são em grande parte (no caso, 10 em 13) eleitos pelo Parlamento, tem sido um milagre muito de saudar a sua independência partidária, e, implicitamente, em relação aos governos. Mas é uma questão de virtude das pessoas, não tanto do sistema, embora as alternativas pareçam ainda mais vulneráveis, como seria o caso de mera indicação corporativa de juízes de carreira, ou nomeação pelo Presidente da República. Mas todos os sistemas são falíveis.

Por todas estas vias se recoloca o problema original do político e do poder. Todavia, a assimetria teórico-prática não fica por aqui, porquanto, se o governo é um *factotum*, também o legislativo e até o judicial podem colidir com posições tradicionalmente consideradas sob a alçada de diversas funções, cometidas a outros órgãos. Exercer uma função será também, pelo menos em parte, avaliá-la, e poder invalidar o que ela dita será até um dos maiores, senão mesmo o maior, dos poderes face a qualquer função? Porque é isso que tais sistemas de controlo detêm. Não nos parece que assim seja. Uma coisa é agir, outra é controlar. E é próprio do judicial esse controlo, em última instância pelo menos.

---

5 Sobre quem não pode deixar-se de ler o ensaio de ORTEGA Y GASSETT José. *História como Sistema. Mirabeau ou o político*, trad. port. Brasília: Ed. Univ. Brasília, 1982.

Mas não importa tanto saber se os juízos judiciais de constitucionalidade e as apreciações contenciosas dos atos administrativos, por exemplo, são puramente jurisdicionais ou outra coisa. Sobretudo não vale a pena argumentar que são coisa política, como forma de os apoucar, denegrir e preparar o clima social para que possam ser extintos.

A questão mais importante é outra (como já se punha idêntico problema a propósito da inconstitucionalidade dos Assentos, em Portugal): com estas formas de controlo por órgãos judiciais está-se a contribuir ou não para que o poder trave o poder absoluto? E a resposta é só uma: está-se realmente a melhorar o sistema de freios e contrapesos. O judicial, ao apreciar legislação e atos administrativos, funciona como uma instância mais que caminha no sentido da teleologia essencial da Separação dos Poderes.

Todo este clima de incerteza e, sobretudo, de polémica (e polémica pouco séria e pouco documentada por parte de muitos) provoca um recolocar do problema das funções e dos poderes. Se se começou por pensá-los numa perspetiva do poder e do Estado, a partir dos seus órgãos de produção, agora, mesmo intra-Estado, se passa a equacionar a questão noutros termos: encara-se o problema pela perspetiva garantística, no perfeito esquema dos "freios e contrapesos". E já se vai pensando em dividir os poderes como nas antigas monarquias dualistas se poderia já ter feito: entre um poder de ação (governo, função executiva), e um poder de controlo (legislativo, Assembleias).

A isto não será alheio o facto de os parlamentos, por circunstâncias humanas e técnicas, mas também ideológicas e de decisão dos poderes executivos, terem perdido a corrida da produção normativa no atual estado de "motorização legislativa", reservando-se afinal pouco mais que o "*pouvoir d'empêcher*". Só que não se vê bem como não incluir também (em termos teóricos) nesta função de controlo o judicial, pelo menos enquanto vigia da lei e da Constituição junto do executivo, da administração, e do outro vigilante ainda, o legislativo, volvido fiscalizador geral de políticas. Este controlo judicial assim alargado não é, no fundo, inteiramente novo, podendo talvez ver-se já nas pretensões de controlo "constitucional" de um Althussius. Mas o controlo da constitucionalidade concentrado é, historicamente, kelseniano.

Em conclusão: os poderes, não se confundindo com as funções, encontram-se historicamente ligados a elas, ao ponto de aqui e ali com elas mesmas poderem confundir-se. E os órgãos, exercitando uma ou mais funções, total ou parcialmente, constituem a vertente subjetiva de que as funções vêm a ser o lado material e objetivo, tornando-se os bastiões desses poderes que se querem autonomamente legitimados para o exercício de parcelas, facetas, ou manifestações do poder.

Mas, como já vimos, se esta linear estilização histórica nos permitiu entender melhor as relações entre os elementos em apreço, restam ainda algumas questões de fundo por esclarecer.

13.15. SEPARAÇÃO E UNIDADE DO PODER

Rousseau tinha alguma razão ao advogar (tal como, de certa forma viria a fazer Duguit) a incindibilidade essencial da "soberania". Assim como o direito de propriedade, comportando direitos reais limitados, direitos sobre direitos, se sente, no caso, minguado e constrangido na sua *plena in re potestas*, assim também o poder convive mal com os poderes a que dá origem, mas que tem de suportar. Como na *Teogonia* de Hesíodo, o deus Urano e depois Kronos, o "gerador" convive mal com o "gerado", para sermos suave nos termos... E tal como podemos ver no direito das coisas um *princípio da elasticidade* ou da expansão dos direitos circunstancialmente vítimas de limitação, os quais sofregamente tendem para a totalidade dominial mal se vejam livres dessa incidental e como que antinatural compressão, do mesmo modo veremos um poder único e total a sempre procurar alargar-se para impor a sua força exclusiva. E de igual forma ainda, nessa cobiça de infinito, também cada poder limitado e singular se lança, ávido, na invasão da esfera do vizinho, nessa sede inicial de se tornar poder dominante, para depois reinar só.

Todas as histórias de todas as coligações, desde *v.g.* os triunviratos a tantas sociedades comerciais dos nossos dias, são histórias de alianças depuradoras, meticulosa e repetitivamente perseguidas até ao duelo final em que se revela um mundo demasiado pequeno para dois poderes.

Como camponês que cada dia deixasse o marco das suas terras um passo a mais pela propriedade do vizinho adentro, ou como o onerado por uma hipoteca que arduamente labuta até dela se ver desobrigado e livre, cada poder, sediado em cada órgão, procura à sua medida talhar o Estado, obter a primazia, e, no fundo, almeja a exclusividade. Cada poder, nessa luta, é imagem do poder uno, alimentada pela miragem do seu sonho. Que por vezes se chega, porém, a materializar.

Tudo estava, aliás, previsto. A luta pela liberdade possível através da máxima divisão do poder baseia-se precisamente na importância que para o poder tem a sua unidade. Não seria um meio apto a produzir uma respirabilidade do ar político se não contasse precisamente com a composição química desse veneno totalitário. Já Locke reconhece a vocação totalitária do Leviatã, da sociedade política, e estabelece inclusivamente limites à lei e a tudo o mais, considerando no estado de natureza o absolutismo do Príncipe. E afirma:

> "constitui uma experiência permanente o facto de todo e qualquer homem tender a abusar do poder que tem."

E Montesquieu é também perentório, a esse respeito, condenando radicalmente a concentração de poderes.

Tal não prova diretamente que cada poder tenda a invadir o terreno do outro. Mas toda a argumentação de um e outro dos autores a este propósito, se bem que tão diversos na essência entre si, todas as incompatibilidades levantadas como muros, todos os antipoderes estabelecidos como contrapesos, e o próprio caráter temporário e por vezes eletivo de alguns cargos, todas essas precauções claramente nos aparecem estabelecidas na perspetiva de que cada poder está irremediavelmente possuído da tendência para "*en abuser*", desse irreprimível desejo de exceder-se.

A ideia da Santíssima Trindade parece dever ocorrer a qualquer um. Três poderes distintos, mas um só verdadeiro, como afloramos já – o todo, o único, o Poder. Para o qual todos no fundo tendem, no qual todos convergem. Ocorrem as três modalidades do pensar jurídico de Carl Schmitt, e a teorização que, a propósito precisamente da Trindade, o próprio Duguit teceu.

Continua, porém, a faltar algo. E volta a pressentir-se que o método de investigação histórico-crítico de novo poderá ser de alguma valia, a exemplo do que sucedeu até agora para o esclarecimento da problemática "*órgãos – funções – poderes*", assim ordenados desde o chefe aos seus *officiers,* até ao advento do constitucionalismo e à repartição dos poderes outrora reunidos no soberano mercê de doutrinas previamente adotadas. Vejamos, então, sempre sumarissimamente, algumas realidades constitucionais, assim historicamente entendidas. Uma pergunta deverá iluminar a nossa indagação: será que nessas diferentes épocas alguma vez terá ocorrido a rígida separação de poderes, completamente alheia a um poder dominante?

13.16. SEPARAÇÃO DOS PODERES E PODER DOMINANTE

Trata-se ainda de esclarecer o problema do *poder* e do *político*.

Também acerca destas questões, parece-nos útil a aludida metodologia, de claro pendor histórico.

Ao mesmo tempo que se proclama serem os poderes separados e iguais, a teorização dos regimes políticos, localizada noutra sede doutrinal, suficientemente distante para não parecer entrar em contradição com a primeira tese, mítica, intocável, fala-nos, por exemplo, em parlamentarismo e em presidencialismo (v. o nosso livro quase homónimo). E, com estes ou aqueles matizes, acaba por dizer-nos que neste predomina, no Estado, o poder do executivo (chefiado por um presidente), e naquele essencialmente avulta o poder da assembleia legislativa.

Flagrante incoerência, para não dizer contradição. Não se diga, também, como fazem alguns, que onde não existir separação de poderes haverá simplesmente uma sua hierarquização à sombra e sob o arbítrio do poder executivo, e, por vezes, do legislativo.

É que tudo pode igualmente ficar sob controlo do judicial (o que, em tese, nos parece o menor dos males, pelo menos: mas não se diga nunca que dessa água se não beberá – pois é concebível também um mau "governo dos juízes", o que não tem sido o caso, porém). Mas há mais possíveis, que podem ocorrer mesmo na situação de existência formal de separação de poderes... Entre o formal e o real vai passo de gigante.

Hierarquização, essa acaba sempre por estabelecer-se. Parece inelutável em tudo o que provém do Homem, como o ilustram, por exemplo, os estudos etológicos. Já Locke afirma a preponderância do poder legislativo, considera o poder do Povo superior a todos os do Estado, e não olvida a prerrogativa do monarca. E Montesquieu vê a necessidade de uma *puissance réglante*, que outra coisa não é que esse poder supremo, num passo muito esclarecedor quanto às suas preferências políticas.

Assim, depois de ter eliminado a concorrência do judicial, esclarece:

> "Il n'en reste que deux: et, comme elles ont besoin d'une puissance réglante pour les tempérer, la partie du corps législatif, qui est composée des nobles, est très propre à produire cet effet."

Diverso pretendente para a titularidade de uma tal função terão os defensores de um poder moderador, como, por exemplo, das Cartas constitucionais brasileira e portuguesa outorgadas por D. Pedro (I e IV, conforme os países). É óbvio que ele mesmo, enquanto rei, se reserva um tal poder. Embora, na prática, tenha sido pouco ou mesmo nada usado, este poder tinha, obviamente, uma função simbólica.

Há casos em que o mito e a mistificação se desnudam. E, em suma, abundam os exemplos históricos de situações (*de facto* ou *de jure*) abertamente tidas como de poder dominante. Quando tal sucede, dada a divergência entre o princípio e a realidade, por vezes até reconhecida legalmente como tal, paralela e contraditoriamente com o dogma, quando tal sucede, dizíamos, o mito da separação de poderes deixa de ser só narrativa original ou palavra de ordem mobilizadora, para ser também ilusão.

Tal vem a suceder frequentemente. Mas não olvidemos a pergunta que há pouco fazíamos, acerca dos fundamentos históricos do caráter ilusório de uma rigorosa e não desequilibrada balança de poderes. Basta a enumeração de uns tantos casos paradigmáticos.

Desde logo em França, cuja história constitucional é verdadeiramente o balão de ensaio destas matérias.

Nem precisamos de consultar as abundantes e elucidativas obras gaulesas, nem sequer nos é necessária bibliografia especialíssima, esotérica, ou tão atual que a não pudéssemos ainda encontrar. Tudo isto é suscetível, no fim de contas, de ser bem apreendido com uma releitura de velhos e bons manuais.

Trata-se apenas de fazer as extrapolações necessárias. Recordemos o célebre *textbook* de Marcello Caetano. Aí consta uma relação das constituições francesas. Nenhum livro interessa se apenas diz o que vem noutros; não repetiremos, pois, o que facilmente aí pode colher-se. Depois de uma leitura atenta dessas diferentes situações histórico-constitucionais (quem preferir a literatura francesa poderá, de entre múltiplos, consultar a *História das Instituições* de Jacques Ellul[6]) pode facilmente deduzir-se qual o poder dominante em cada concreta ordem constitucional.

Detetar-se-á, naturalmente, um vaivém de predominância, alternadamente parlamentarista ou governamentalista, com pontos de equilíbrio e de rutura.

Além da análise dos textos e das realidades constitucionais concretamente vigentes, também a doutrina mais esclarecida se não tem cansado

---

6 ELLUL, Jacques. *Histoire des Institutions*. Paris: PUF, 1961-1969, 5 v.

de afirmar (embora normalmente de uma forma algo incidental) que há poderes prevalentes.

Já o clássico Forsthoff, no Prólogo de 1949 ao seu *Tratado de Direito Administrativo,* faz questão de começar pela afirmação da soberania da Administração, mau grado o constitucionalismo e a sua divisão de poderes lhe terem imposto limites. Também Marcelo Rebelo de Sousa, ao aperfeiçoar a teoria de Marcello Caetano, o procura fazer introduzindo precisamente a noção de funções dominantes e funções dependentes. É que, no final de contas, sempre retorna a eterna e fundamentalíssima questão: "quem manda?".

No limite, a última palavra tem de pertencer a alguém. E sobretudo nas ocasiões excecionais, em que as regras estabelecidas podem não servir. Trata-se de saber a que potência divina cabe o papel do milagre, isto é, saber quem detém realmente a "soberania", *hoc sensu*, pois esse é quem decide do estado de exceção.

É a clássica e sempre atual lição de Carl Schmitt, logo no início da sua *Teologia Política*: "Souverän ist, wer über den Ausnahmezustand entscheidet". Jamais a ideia de equilíbrio pôs necessariamente em causa a de um ponto fulcral de sustentação de si mesmo. A mecânica não nos brinda apenas, nem sequer fundamentalmente, com equilíbrios instáveis. Esta enfatização da harmonia e da proporção, certamente entroncando, nos tempos modernos, nesse Renascimento que desenterrou e se maravilhou com os Gregos, dados à ordem por natural propensão para os extremos (como sublinharam um Kitto, e, mais criticamente, Gore Vidal), ganhou sem dúvida principal pujança desde o século XVI. Da ciência ao sentimento passou a ser lugar comum este princípio. É o equilíbrio de afetos da filosofia moral de Shaftsbury, é o equilíbrio da balança comercial, são as primeiras ideias do concerto europeu, é até a dieta equilibrada de J. J. Moser... Em todos esses e outros casos, o símbolo da balança readquire um prestígio de há muito olvidado. Foi num ponto de auge desse clima que Locke e Montesquieu refletiram. Necessariamente aí foram beber alguma inspiração.

Dissemos que a separação de poderes é uma técnica de garantia contra o abuso do poder. Reparte-se este para que um só (e este um é já, evidentemente, pessoal ou coletivo) não venha a exagerar no seu exercício. Ora quando se trata de dividir apetecível bolo como esse, quais os candidatos com mais hipóteses na partilha?

Não serão decerto os singulares indivíduos, por excecionais que se revelem (com a exceção dos tiranos, "*proprio sensu*" que são sempre poucos e por vezes não duram demasiado). Antes de todos os pretendentes singulares se encontram normalmente os estratos sociais mais ou menos consistentes, as classes.

Com a era das revoluções que, começando com a Revolução Gloriosa, haveria de se expandir e impor um novo sistema, o que cada classe pretende é conquistar a primazia, isto é, o poder preponderante. Classes e segmentos sociais estão em campo.

Quer dizer, o bloco no poder, para utilizar a terminologia de Poulantzas, ante a perspetiva da separação de poderes, procura opor-se-lhe, porque dividir poderes será, em princípio, retirar-lhe poder; já a posição dos grupos e das classes excluídas ou marginalizadas do poder é a completamente oposta – interessa-lhes precisamente dividir para reinar. Diz, aliás, o povo, que "quem parte e reparte e não fica com a melhor parte...".

Todos os teóricos clássicos refletem esta oposição. Ora é a defesa da unidade do poder e da supremacia deste face aos demais (se o que se pretende é defender um poder já constituído, ou em vias disso, contra ameaças limitadoras e desagregacionistas, como é o caso, por exemplo, de Bodin, cunhando a soberania contra as pretensões temporais do Papa, do Imperador e dos senhores feudais); ora é a apologia ou a justificação da ascensão de um grupo outrora desligado do poder e que parcialmente a ele acede por via da divisão.

Locke era o justificador oficioso de uma revolução burguesa, do Terceiro Estado. Por isso sublinhou a preponderância do órgão-poder-função (Parlamento, legislativo, função legislativa) em que tal classe preponderava, embora, obviamente, se não esqueça de outros atores da peça, nomeadamente do seu rei burguês, Guilherme de Orange.

Baseado nos escritos de Eisenmann, um dos primeiros a ter assinalado o caráter mítico da separação de poderes, Louis Althusser teve o mérito de divulgar eficazmente o caráter (pelo menos em alguma medida) aristocrático da construção de Montesquieu. Depois do seu *Montesquieu, a Política e a História*[7], ninguém mais pode continuar a acreditar nos velhos

---

7 ALTHUSSER, Louis. *Montesquieu, la Politique et l'Histoire*. Paris: PUF, trad. port., *Montesquieu, a Política e a História*. 2. ed. Lisboa: Editorial Presença, 1977.

preconceitos e nas velhas ilusões sobre o não empenhamento e a perfeição teórica de uma doutrina pretensamente revolucionária... Com efeito, defensor das velhas e boas liberdades senhoriais (muito *à la Fronde)* como forma de oposição e alternativa ao *l'Etat c'est moi*, desejoso de que as regiões e os notáveis deixassem a aviltante situação de súbditos na órbita de um Rei-Sol, o autor de *O Espírito das Leis* coloca o centro de gravidade do poder no legislativo, mas especificamente na câmara alta do parlamento, onde a aristocracia deveria ter natural assento por direito de sangue. Mas Montesquieu é um autor e uma personagem muito rica e complexa, demasiado para ser catalogado *pro domo.*

Eis, pois, como se compreendem as sucessivas interferências do social na separação de poderes – é que o fulcro dos novos poderes oscila consoante a classe dominante no plano social geral, a qual, como é bem sabido, nem sempre coincide com o bloco no poder, daí surgindo conflitos, que podem culminar em autêntica subversão da hierarquia do prestígio social, e outras mutações ainda. Recordemos o sucedido com a hierarquia das castas indianas, que não terá sido sempre a de hoje.

Neste contexto agónico de ascensão e declínio sociais, de luta pelo poder e pela manutenção do poder, como surgiria, então, a separação de poderes? Naturalmente a partir da tomada de consciência, por parte de uma classe (*lato sensu*), o Terceiro Estado, ou também, em certo sentido, a nobreza, da sua própria identidade, interesses e força, e da força concorrente ou oposta de outra(s), ou de uma instituição, a monárquica. Atuaria esta técnica não tanto com vista à limitação do poder como, potencialmente, à tomada do poder. E, neste sentido, propondo-se um acordo, um pacto, uma *entente cordiale* na qual o poder em ascensão afinal se compromete a manter nominalmente (ou pouco mais) o poder que sente em declínio, a troco da confiscação das suas prerrogativas de base.

Trata-se, essencialmente, de um processo bipolar (entre detentores e pretendentes ao poder) diluindo-se embora o antagonismo dual numa repartição a três em que um dos parceiros fará o jogo do mais forte, ou fará as vezes de decoração, resíduo, arabesco lateral, ou paliativo a remover, enfim, entidade *en toute façon nulle.*

Consideramos, assim, dever distinguir-se entre uma separação de poderes que é uma ideia mobilizadora, uma palavra de ordem contra o absolutismo real e que traz consigo as aspirações burguesas ou aristocráticas (funcionando, portanto, como mito no sentido de bandeira ideológica), e uma outra separação de poderes, ulterior, que justifica um *statu quo* de pendor burguês (goraram-se, entretanto, as pretensões aristocráticas) e constitui, assim, uma história *contada* às *crianças e explicada ao povo* dos bons fundamentos do novo Estado e da revolução que o instituiu.

Trata-se, neste último caso, de um mito no sentido de narrativa mágica, legitimadora da comunidade e dos seus poderes, texto ritual das origens.

Fica para nós clara a tridimensionalidade mítica da separação de poderes, cabalmente integrável nas categorias de Raoul Girardet[8].

Consoante as facetas e as épocas, assim a separação de poderes assumirá cada um desses três rostos.

Mas a separação de poderes, tal como a temos vindo a considerar, embora possua um fundamento que diríamos natural (o qual, baseando-se na irreprimível e universal aspiração de liberdade dos indivíduos e das sociedades, em si desemboca, como já antes o fizera noutras formas de governo misto), é apesar de tudo uma ideia de uma época. Interessaria também averiguar como as sucessivas conceções históricas sobre o poder viriam a permitir que um dia uma tal noção viesse a surgir e a tornar-se famosa. Se há decerto um abrir de portas dos indo-europeus, quebrando tabus da unidade e ensinando que o fazer repartido, embora hierarquizado, é um fazer melhor, por certo se fazem sentir mais recentes contributos. A trifuncionalidade indo-europeia é aqui o princípio *de tudo*...

Aliás, nem a separação de poderes como palavra de ordem, nem a sua visão narrativa primordial acabariam por adquirir tanta importância como o sentido verdadeiramente ilusório que a expressão possui desde a sua reedição, revista e atualizada pelo liberalismo tradicional e romântico, apoteose teórica da burguesia. Os nossos dias conhecem assim essa separação de poderes existente e ilusória ao mesmo tempo, tríplice mito ainda, mas, como assinalávamos no início deste estudo, essencialmente mito-ilusão.

Já Aristóteles, Políbio e Cícero, para não dar senão exemplos clássicos, haviam começado por falar em vários poderes. Admitir a realidade desta variedade é o primeiro passo para o que visamos.

Todavia, o sentido e a força sociais (com correspondência de classe) de tais teorias eram praticamente nulos. Sempre se falou de governo mo-

---

8 GIRARDET, Raoul. *Mythes et mythologies politiques*. Paris: Seuil, 1986.

derado ou misto, mas como se passa de uns sentidos para outros do mesmo mote, e, sobretudo, como se procedeu à recuperação dessa velha ideia?

Deve reconhecer-se que um tal processo foi conduzido de uma forma exemplarmente inteligente, o que explica o êxito que tem vindo a alcançar, ao ponto de mesmo os seus adversários louvarem *semanticamente* o novo princípio.

Com efeito, quem, hoje, de um modo ou de outro, não prega a distribuição de poderes, seja pelas vias normais do Estado central e unitário, seja através das ideias de municipalização ou poder local, regionalização, descentralização, desconcentração, ou federalismo, para espaços mais amplos? Bem se sabe que estas fórmulas se não reconduzem à nossa específica categoria, mas são, de algum modo, fórmulas de, como dizia alguém, "não pôr os ovos todos no mesmo cesto". Como, aliás, já referimos.

Além disso, mesmo os defensores de estados autoritários sacrificam formalmente, se não sempre, a separação de poderes *qua tale,* pelo menos a muitos dos seus aspetos, desde logo numa perspetiva orgânica e de estruturação do poder. E sendo a separação de poderes um dos pilares do constitucionalismo, não deixa de ser interessante sublinhar-se que um dos primeiros e mais importantes cuidados de uma qualquer ditadura triunfante e em vias de se instalar por um lapso temporal razoável, seja o de dotar-se de uma Constituição. Documento em que, além de liberdades e direitos nominais, constarão ainda normas de funcionamento de governos, assembleias e tribunais, com funções e formas de composição sem dúvida muitas vezes irreconhecíveis face às da tradição ocidental e liberal-democrática, mas todavia presentes. Como as palavras e as estruturas persistissem, teimosas, esvaziadas de conteúdo útil, subvertidas no seu primitivo valor. Mas, por vezes, o procedimento hipócrita do uso apenas do molde constitucional, ou dessa "forma literária" prega partidas aos poderes. A Constituição portuguesa de 1933 acabaria por trair em alguma medida, na sua simples "letra", o projeto verdadeiramente anticonstitucional (antidemocrático, antiliberal e antiparlamentar) do regime. Claro que depois, na prática, a constituição real mostraria quanto a formal era uma ficção, "para inglês ver".

Uma última nota nesta argumentação. Além das já referidas fórmulas (e fases) da separação dos poderes falta uma, que é a atual, em luta contra a antisseparação dos poderes: a da plena integração do princípio na ideia de Estado Constitucional. Hoje a Separação dos Poderes não se pode dizer uma técnica inócua. Mas é um adquirido que em muito supera as suas determinações contextuais históricas – de que, contudo, se pode orgulhar legitimamente.

Mas voltemos aos primórdios.

É sobretudo com Montesquieu que a separação de poderes alcança a fama. Para tal, concorreram situações ambientais, conjunturais, mas também o talento pessoal do presidente do *Parlement* de Bordéus.

Para a ideia poder prosperar, tinha por força que ser francesa, ou "afrancesada". Os Gregos e os Romanos eram já muito velhos; embora ficassem sempre bem, fossem de bom tom, eram, sobretudo, decorativos, e o século também precisava de apresentar alguma coisa de inovador, e de substancial... Os Alemães tornavam-se irremediavelmente prolixos e sempre idealistas (Kant também falará na separação de poderes, mas ninguém se lembra dele por isso, nem isso se recorda nele). Os Ingleses tinham o defeito de um pragmatismo excessivo, descolorindo os efeitos bombásticos de uma teoria, e para mais encerrados no castelo, *sweet home* da sua ilha, olhando o seu império mais do que o continente. Apenas os Franceses possuíam a trombeta encantada de arautos de ideias, uma língua conhecida e usada em todos os meios cultos da Europa, de Portugal à Rússia, um espírito de *philosophes* panfletários e uma crise suficientemente capaz de catapultar inovações para as primeiras páginas das Gazetas de todo o mundo. Em breve a sua fama de monarcómacos contou com o ativo da cabeça de um rei, e não muito depois milhares de embaixadores fardados pregavam, das escaldantes areias do Egito às estepes geladas da Ásia, o novo credo e a nova ordem. Se no início tinham sido os privilegiados cultos a interessarem-se pela nova moda de Paris, a propagação ideológica estava agora garantida pela via da anexação, da conquista, do *diktat,* e dirigia-se desta feita do centro para a periferia em ondas bem detetáveis. É verdade que a Revolução Francesa não se resume, de modo nenhum, à separação de poderes, mas o facto é que esse é um dos seus legados, e dos mais positivos.

Entre os exageros jacobinos e utopias de toda a ordem, entre o imperialismo napoleónico e a nova ordem bonapartista, na amálgama de ideias e correntes que se confundiram e foram sedimentando contraditoriamente nos seus próprios defensores, nas páginas compiladas dos teóricos e nas mochilas dos soldados do Corso veio também, confusa, mas atraente, insinuante como um perfume francês, veio também a separação de poderes. Estava garantida a divulgação da ideia.

13.17. MONTESQUIEU E A FORTUNA DA SEPARAÇÃO DOS PODERES

Além da importância desta divulgação ambiental, há a parte que cabe a Montesquieu. Tinha ele elegância e inegável brilho estilístico, tinha influências, amigos, frequentava os meios em voga, era pitoresco, espirituoso, inteligente, legível. Acima de tudo, se não contarmos com o facto de que a sua mensagem agradava a forças poderosas em ascensão, o que foi essencial, expôs a sua tese com clareza e simplicidade, evitando completamente a polémica e usando o tom inatacável do descritivo. Em poucas páginas, em não mais que um capítulo da sua monumental obra *O Espírito das Leis*, sobre a Constituição de Inglaterra, forja as armas e edita os argumentos da sua doutrina da separação de poderes.

Apresentou, assim, o seu pensamento atribuindo-o a outros, mas não a quaisquer outros. Cobriu-se com a capa da responsabilidade alheia, mas soube igualmente coroar-se com os louros do imenso prestígio daqueles a quem referia. Falou não de teorias, sempre passíveis de refutação fácil, mas de pretensas realidades, e apontou o exemplo vivo, concreto, e nem sequer distante, de uma imaginária Inglaterra onde o poder seria tal como o descreveu, nova terra prometida onde correria o leite e o mel.

Mais ainda: Montesquieu fez da separação de poderes não só uma realidade já existente, utopia realizada, mas também coisa natural, essencial ao ser próprio do Estado e absolutamente indispensável à liberdade dos cidadãos, de forma a que qualquer fuga a ela viesse a ser considerada como grave perturbação, perversão, corrupção ou desequilíbrio no cosmos. E nisso não andava nada longe da verdade. Nesta tentativa de identificar a separação de poderes com a ordem natural de todo o Estado poderá ver-se a causa próxima do art. 16º da Declaração dos Direitos do Homem e do Cidadão e dessa expressão liminar exclusora "... *n'a point de Constitution*". Sim, não há constituição em sentido moderno sem direitos fundamentais e sem separação de poderes (pressupondo-se que estão num texto codificado).

Montesquieu faz ainda mais. Ao citar, na França de então, a contemporânea Inglaterra, transporta o leitor para um país de sonho, um *brave new world* de prosperidade e liberdade. A afirmação do caráter natural e "constitucional" da separação de poderes, forma própria da estruturação do Estado, é um elemento mítico, remetendo para origens e essências primordiais; ao apontar o exemplo estrangeiro da doirada Inglaterra, eis-nos no domínio do utópico. Poderosa associação.

Mito, afirmação do que sempre foi, ou do que foi numa Idade do Oiro, do que, antigo, é próprio das eras matinais e sem corrupção, e utopia, desenho do que deve ser, cidade ideal sonhada: e mito e utopia são duas forças políticas muito consideráveis e atraentes.

E o caso aqui é ainda mais interessante. É que os dois elementos convivem na separação de poderes tal como Montesquieu a apresenta.

Daí a sua força potenciada. Eram, com efeito, os dois condimentos tradicionalmente aptos a conquistar a adesão de conservadores e progressistas, homens do passado e homens do futuro, comungando na recusa do presente. A receita teve plenos resultados.

E com o aplauso de uma aristocracia que desejava a divisão de poderes para readquirir o poder perdido, e de uma burguesia a almejar o poder jamais possuído, se foi expandindo e firmando a fama de uma teorização na qual cada um via o que desejava, tal como nas narrativas míticas cada um interpreta a seu modo e delas extrai uma moralidade a seu talante. Donde também o próprio equívoco a propósito de Montesquieu, louvado por gregos e troianos durante muito tempo.

Nesta génese engenhosa, necessariamente havia de resultar uma confusão, porque não basta a vontade de acreditar no valor *pro domo sua* de um sistema; é preciso que ele contenha em si mesmo alguma ambiguidade. E deteta-se, de facto, alguma imprecisão neste sistema. Entre poderes e funções do Estado não há, aqui, um contraste nítido. O que Montesquieu pretenderia (uma vez libertos nós, intérpretes, dos preconceitos que nos antolharam durante muitas décadas) parece não ser difícil de esclarecer. Com o argumento da naturalidade e do exemplo inglês, estava a nosso ver em causa essencialmente a vontade de que o poder moderasse o poder, isto é, que a classe aristocrática, através da função legislativa e do exercício de um poder dominante, designadamente sediado na câmara alta do Parlamento, se sobrepusesse aos demais, designadamente aquele que, na época, constituía o inimigo principal, o órgão Rei, e a sua burocracia (e séquito) de acólitos. Evidentemente, esta é apenas uma simplificação muito decantada dos objetivos visados, mas, no essencial, o fito seria este.

Nesta linha, fala Montesquieu em funções (as quais parece sempre existirem) misturadas com órgãos e poderes. Aproveita-se da natural distinção interfuncional para, *uno actu*, a ligar à divisão de órgãos (e dos seus titulares), falando em poderes mesmo, mas no plural, para que ninguém cuidasse deter o Poder. Curiosa tática e interessante retórica (expositiva e conceitual). O nosso autor tem que conviver com demais candidatos a um poder predominante. Daí a sua subtileza e a sua argúcia.

13.18. PERIGOS E DIFICULDADES

Dada esta génese, a separação de poderes confronta-se ainda com a pulverização do poder. Técnica de liberdade, é ela, aos olhos de alguns, igualmente tática de revolucionação, isto é, de desorganização, ao menos momentânea, do poder constituído. Daí o elemento de anomia que sempre, mais ou menos, se poderia observar na sua prática. Há, contudo, um grande exagero nesta perspetiva. Há espíritos que ainda não se habituaram a lidar com o equilíbrio entre poderes, com os direitos, com as garantias, etc. E a esses tudo parece impedir a sua missão ungida... e que, por isso (ou por nada, só "porque sim") deveria ser indiscutível.

É verdade que a permanente luta pelo poder supremo se pode ocultar por detrás da boa intenção de um poder travar um outro poder. Mas, e a alternativa a não haver poderes separados e em mútua vigilância não será muito mais nociva para o comum dos cidadãos? Para o comum dos cidadãos, não para os beneficiários de um poder autoritário ou totalitário uno.

A separação de poderes, colocando a tónica na divisão de funções do Estado, mas sempre mais ou menos pretendendo (desde o início) preenchê-las com conotações de classe ou grupo, produziria, segundo a mentalidade autoritária e mais ainda a totalitária, das mais nocivas anarquizações do aparelho governativo. Podem dar-lhe nomes mais sofisticados hoje, mas é essa a ideia.

Que há conotações de classe nos poderes, isso ainda haverá. Mas aí está outro dado que é preciso conhecer, não querer ocultar. Detenhamo-nos um pouco nessas questões sociais.

Mesmo nos nossos dias, persiste em muitos círculos uma identificação psicológica do Governo com o velho executivo real, independente do povo, uma certa ideia do Parlamento como areópago burguês, palrador e negociante ou retórico-forense, ficando reservada para a aristocracia a função não diretamente candidata ao exercício do Poder, a judicial, a única que não deriva do nascimento ou da eleição, mas decorre de uma formação: afinal decorrendo de uma *auctoritas*.

Não esqueçamos, entretanto, que a luta da burguesia pelo exercício do poder político corresponde a um grave passo na inversão de valores da estrutura indo-europeia. A ordem burguesa, o estilo burguês são por excelência o contrário dos valores políticos, dado que – como já aflorámos *supra* – "a burguesia nunca soube o que fosse governar" (Carlos Eduardo Soveral, *A Nostalgia de Hesíodo*). Eis, então, o mundo às avessas, no qual a base da tradicional pirâmide social se inverte e faz as vezes de vértice. Com os produtores e fruidores a mandar, a sociedade não pode deixar de ser invadida pelos valores mercantis.

Quando, na Revolução Francesa, a boca (a burguesia), aproveitando o estrebuchar dos membros manietados e já algo inertes (o descontentamento aristocrático, dos descendentes dos velhos guerreiros) face à hegemonia sufocante (macrocefalia) do cérebro (o absolutismo real), instituiu o constitucionalismo, sabia que ao transformar os Estados Gerais (com três votos, um para cada uma das três ordens) em Assembleia Nacional se estava a hipertrofiar, cometendo-se função acima das suas possibilidades essenciais. A máscara assustada, horrorizada mesmo, do único deputado refratário ao juramento da Casa do Jogo da Pela, retratado com mestria no quadro de David, é a proficiente ilustração do *horror vacui*, do horror ao vazio de poder em que realmente se estava prestes a cair.

A burguesia intelectual dos juristas, formada no panfletarismo filosófico, confiava que a parcela de soberania que o jurídico ainda comporta poderia ser bastante para substituir o mágico-político das antigas investiduras de direito divino. Não olvidemos que a primeira função tem duas faces, a sagrada e a profana... É nessa inconsciente fé dos juristas burgueses na vertente laica da primeira função que entroncam as teorias juridicistas do constitucionalismo, substituindo a Bíblia pela Constituição, a Graça e a Bem-aventurança no Além pelos Direitos na terra, e a omnipotência de Deus Uno e Trino pela separação de poderes. Aí entroncam longinquamente também aqueles que começam por banir do Estado a política enquanto função. Cria-se então um substituto das três funções, radicadas em grupos sociais. E a função que, para Montesquieu, não tem raízes sociais vincadas, dado defender ele o julgamento do réu pelos seus pares, essa função é dita nula.

Ora as funções criadas pelo constitucionalismo moderno (que não são sequer as de Locke, bem mais fáceis de entender – legislativo, para a burguesia; executivo, federativo e prerrogativa, do rei, incluindo-se o judicial no executivo) pretendem ser racionais, nada tendo a ver com o mítico, irracional, ou "livre" que era o político.

E, é claro, no liberalismo de então também nada as aproximava do económico (matéria reservada aos particulares pelo *laissez faire)* ou do bélico, este último considerado "atividade extraordinária do Estado" pelo póstero Jellinek.

Durou pouco, contudo, o mito da burguesia no poder como simples garante do livre jogo da sua concorrência intestina no plano social e sobretudo no mercado. A política burguesa apenas como polícia e finanças é também um mito, porque os intervencionismos sucederam-se. Como hoje em dia sucede com o ativismo e intervencionismo dos neo/ultraliberais, completamente desembaraçados a interferir na esfera privada (nomeadamente patrimonial) dos indefesos cidadãos.

Cedo também se começou a detetar que o mito se quebrara e que o político, a decisão da força e da arbitragem dos conflitos, da direção suprema do Estado, o próprio cerne deste, aí vinha a galope, perturbando a paz. *Chassez le naturel...* É que mesmo num Estado dominado de facto pela economia e verbalmente pelo direito (volvido molde apto a embalar um qualquer conteúdo), a função política, "soberana", que lhe é própria, não pode passar despercebida como função dominante entre os indo-europeus, por mais que dela se queira abdicar. Foi o que todos os mais lúcidos teóricos a breve trecho vieram a concluir, mesmo desconhecendo as teorias sobre os indo-europeus.

Prossigamos, assim, na análise desse evoluir da sociedade pós-revolucionária e da paralela teoria das funções e dos poderes do Estado.

No período veteroliberal, de mais perfeita (ainda que não integral) identificação prática e teórica das funções do Estado com as funções jurídicas, apesar da falta do político, dominava ainda o direito, e, apesar de tudo, podia dizer-se que o Estado se abrigava sob o manto protetor de Júpiter, senhor da primeira função indo-europeia.

Significativamente ficavam de fora, na visão de Jellinek, as atividades extraordinárias do Estado, desde logo a guerra (e a política externa, também; talvez porque da diplomacia se disse, como de resto da política, ser a continuação de guerra por outros meios). Era Quirino, disfarçado de Júpiter, expulsando Marte, demasiado incómodo para a prosperidade dos negócios.

Parece não haver dúvidas que se procurara abarcar, numa segunda fase, o que dificilmente seria englobável na pureza rigorosa das teorias: a Administração e os seus múltiplos atos materiais (que parecia não caberem na teoria de Kelsen), e a jurisdição (que mal se enquadrava na de Duguit), e o puramente político (que não se ajustava nem sequer ao ponto de vista de Garcia Pelayo). Administração, jurisdição, política eram atributos também de soberania, primária esta, de segundo grau aquelas duas, talvez. Mas sempre foram o que cabia na função única do Estado.

Isso foi o que as teorias liberais, mesmo as mais tardias e avisadas, não foram nunca capazes de fazer corresponder cabalmente à sua lógica, presas como sempre estiveram ao dogma de um mítico Montesquieu. O mais que conseguiram foi concluir que todas estas três funções eram matéria do executivo.

Evidentemente, cabem no executivo a função administrativa e a política. E, sobretudo para quem pense que no Estado só há criação e execução do direito, não há dúvida que aí também se encontra o judicial. De resto, se, seguindo, por exemplo, Gaudemet, aceitarmos que só há poder de ação (governo e execução) e poder de controlo (legislativo), também assim será, em princípio, apesar da aludida possibilidade de o judicial também ser um sistema de controlo (e, aliás, também pode ser de criação...). Mas, afinal, pouco se avança.

Por alguma razão – compreende-se agora – foi Odin a Odin sacrificado durante nove noites. A essência do político só poderá ser compreendida com o sacrifício do próprio político? Só lhe damos o valor quando nos falta? Fosse como fosse, o deus nórdico ficou a ganhar, ganhou sabedoria, diz o mito. E que ganharam os doutrinadores com o definhar da política? Alguns apenas o terem alinhado pelo economicismo ou sociologismo imperantes. A atração pela cientificidade toldou-lhes muitas vezes o discernimento, e quantas vezes passaram à semi-inutilidade de colecionadores do óbvio, ou à inutilidade completa de tecelões de confusas teorias.

O que, entretanto, importaria averiguar seria porque subtil raiz indo-europeia mais ou menos inconsciente os teóricos mais argutos e esclarecidos, mesmo no breve período de pura juridicização do poder (ainda assim um não completo vácuo), sempre de uma forma ou de outra procuraram não excluir do Estado os atributos do primeiro deus do panteão, banindo de bom grado os dos demais. Julgamos que a razão para tal decorre menos da vontade dos teóricos que da força dos factos. Como excluir do Estado a soberania, como tirar o poder ao poder, como sacrificar Odin a outro deus que não seja o próprio Odin?

O político regressa ao Estado. Só que as virtudes políticas, aliadas às religiosas (sacrifício, até ascetismo), intelectuais (amor da sabedoria e, portanto, demanda da verdade), que lhe são vizinhas, acabaram por dar lugar às virtudes especificamente económicas (misto de risco e prudência, a resultar no impasse, na volubilidade, ou no oportunismo) com a preponderância da burguesia.

Mesmo findo o liberalismo "clássico", mas não terminada a fortuna da classe que dele foi o esteio, proteica mais que todas, o Estado exerceu insofismavelmente funções não jurídicas. Mais: passa, sobretudo, a ocupar-se das económicas. Como se o burguês, maçado até ao tédio pela falta de atividade no governo, tivesse resolvido para aí transferir o conselho de administração das suas empresas. Todavia, não terá sido o burguês propriamente dito a ocupar essas cadeiras do Poder. A imagem, o arquétipo imitado, era das facetas mais prosaicas do burguês: o negocismo, o materialismo, etc. Infelizmente, na ordem burguesa instalada começou a faltar cada vez mais o *élan* revolucionário e ao mesmo tempo a sólida ética do bom homem de negócios clássico. Conforme o nosso *Para uma Ética Republicana.*

13.19. ESTADO ECONOMICISTA, DE PARTIDOS E MEDIÁTICO

No Estado contemporâneo observa-se uma poderosa e irresistível cavalgada do poder dominante. O económico e o financeiro, uma vez instalado na governação ao ponto de toda a escolha política ser não só um problema de mercado como, sobretudo, uma questão de *marketing*, não tem parado de alargar a sua preponderância. Sufocante, em tempos de crise. E impiedosa.

As chamadas "indústrias da cultura", a par dos *media* normais, já ocuparam o bastião de liberdade e individualidade que era a esfera do pensamento e da criatividade, impondo os seus produtos pelo oligopólio e pela propaganda, e a educação tornou-se um modo de adiar a entrada dos jovens num mercado de trabalho saturado (e escasso), completamente alheia aos seus fins, degradada, ao serviço da técnica produtivista, e, por omissão ou ação seletiva, ao serviço dos economicamente poderosos. O ataque às Humanidades, às Letras, e mesmo às ciências fundamentais tem sido a regra. Os cortes às Universidades passaram a ser banais, e repetidos.

Um outro fenómeno dominante do Estado contemporâneo é a sua vinculação aos partidos. Diga-se, antes de mais, que os partidos são essenciais à democracia, e que o discurso antipartidos é sempre perigosíssimo, atiçando a fogueira do autoritarismo ou do totalitarismo. De forma alguma, pois, criticar a situação partidária é criticar o sistema de partidos, sem o qual não há nem democracia nem liberdade, hoje e amanhã. Mas é mister reconhecer que há muito de doente na vida partidária. E tem-se mesmo a impressão que, com o envelhecer das democracias, os velhos partidos ficam menos aptos a ser instrumentos de liberdade, e os novos não conseguem substituir os primeiros, o que cria um sério impasse, e uma verdadeira crise de representação.

Mas vejamos um pouco mais profundamente essas associações políticas constitucionalmente consideradas esteios do Estado democrático. E bem.

Tudo na luta dos partidos (por vezes a própria confrontação física, felizmente com frequência sublimada por palavras) se assemelha aos confrontos das hostes militares. O que é um partido (sobretudo se bem organizado) senão um exército? Que dizer da sua hierarquia, da tática, da estratégia, dos avanços e das retiradas, das declarações de guerra e dos pactos de paz, das alianças, das traições, das deserções? Quanto no vocabulário e na simbologia eleitoral não pertence ao domínio bélico! Ele são vitórias e derrotas, são também as tréguas da oposição de S.M., são hinos que tornam mais curtas as longas marchas, são bandeiras desfraldas aos ventos da história, são cartazes que tocam a rebate pela mobilização partidária como o pontiagudo dedo do tio Sam nos requisitava militarmente, dizendo: "*I want you*".

Uma vez alcançado o poder, todos afirmam ter uma perspetiva de Estado, nacional. Ou identificando misticamente o seu partido com o Estado e o Povo, ou afirmando que, doravante, conta o geral e se põe entre parêntesis o particular (e partidário). É esta segunda versão de longe a mais corrente nos nossos dias. Analisemo-la por um instante a esta luz mítica.

Trata-se da metamorfose generalizada do guerreiro em político (o político tradicional, normalmente cooptado, nomeado ou hereditário, luta é pela preservação do poder, na maioria dos casos), que já Aristóteles parecia advogar (depois da força virá a ponderação), e que tem a sua expressão mítica mais comum no mito de Cincinnatus e a mais acabada imagem plástica no mármore de Houdon representando George Washington. Embora outras representações sejam interessantes, como uma pictórica, que devemos a um Cabanel (e mais há). Simplesmente, na visão tradicional troca-se a espada pelo arado, só subsidiariamente e *in extremis* pelo bastão do poder civil (o cetro). Já neste movimento geral o que está em causa é a bem célebre "continuação da guerra por outros meios". Ter-se-á por certo concluído que a melhor maneira de dominar é fingir que se não domina, e que aos aríetes e bacamartes d'outrora sucediam mais eficazmente as *boîtes de Communication* e as promessas eleitorais bem difundidas pelos *media*. Em vez da invasão e da redução à escravatura, ou o lançamento autoritário dos tributos, a democracia e a legalidade, o discurso legitimador e a legitimação pelo procedimento. Uma questão de subtileza... Ora a subtileza, como o verniz, estala quando rebenta uma crise: as verdades nuas e cruas surgem na sua verdade.

Voltando ao tema. É curioso, porque no atual sistema o *cursus honorum* é irreversível e único: entra-se num partido para chegar ao poder, o que se não pode (ou em geral não deve) confessar; permanece-se no poder enquanto se controla o partido, o que é igualmente indizível (ou o era, até há pouco); e, entretanto, tudo se fazia (hoje tudo está mais às claras nesse nível) para, no poder, esconder o partido, como o usurpador que lavasse permanentemente as mãos outrora maculadas pelo sangue do rei legítimo, ou vivesse mudando de esconderijo para esconderijo a inculpadora adaga do crime. Parece que a função guerreira sempre incomodou a soberana. Exceção feita de casos de totalitarismo não escondido. Mas agora vai-se notando um certo fanerismo, para o qual poucos tabus restam... E já nada parece ser escandaloso. Dir-se-ia que o uso repetido da "doutrina do choque" tem dado resultados: tudo parece resignado. Quem sabe o que poderá ocorrer em tal letargo, ou quando houver um despertar! Há lições a tirar, por exemplo, da Primavera árabe. E da "revolução" brasileira "dos 20 centavos" quem sabe mesmo o que restou? Sinais dos tempos, sinais confusos.

O terceiro fenómeno que compreende os parâmetros clássicos é o poder dos *media*, e especialmente da televisão. Mas desse já fomos falando ao longo deste livro. E nem é bom falar muito dele.

13.20. BALANÇO DE PODERES

O Estado é, sobretudo, o mundo da política, embora aí estejam presentes também outros relevantes aspetos da vida, de entre os quais se devem destacar o Direito e a Cultura. No Estado não parece caber muito naturalmente a Economia, e a guerra é uma situação por definição extraordinária (ou não o será? Será que, assim como a Geografia ensina, sobretudo, a fazer a guerra, como dizia Yves Lacoste[9], o Estado não sobrevive sem inimigos e

---

9 LACOSTE, Yves. *La Géographie, ça sert, d'abord, à Faire la Guerre*. Paris: Maspero, 1976.

a latência ao menos do conflito armado?). A teorização de Jellinek, nas suas grandes linhas, estaria, assim, quase só incompleta.

Ao contrário do que pretendia fazer crer Montesquieu, não é *natural* que o poder esteja organicamente dividido. Pode ele residir na sua sede normal, a dita "soberania" (digamos, para facilitar), ou pertencer, anomalamente, aos senhores da guerra ou aos homens de negócios ou à alta finança, que era antigamente discretíssima (como convinha ao seu poder-sombra, o que lhe conferia mistério e, confessemos, até alguma classe e elegância), mas agora passou a vir a público opinar também, de vez em quando... O que logicamente pode dividir-se (mas – como é evidente – desde sempre pôde, mesmo antes do período histórico da separação de poderes) são as funções do Estado.

A complexidade das hodiernas tarefas estaduais (mesmo as normais, tradicionais) e razões históricas e psicossociológicas que seria muito longo enumerar, enfim, as peculiaridades da existência atual, dão, todavia, como adquirido na nossa sociedade o princípio da separação de poderes. Tal princípio deverá ser entendido como um processo de complementaridade e articulação entre órgãos gozando de legitimidades próprias e funcionando como parciais detentores de uma ou mais funções do Estado (definidas estas a partir de critérios substanciais, de que as *reservas* serão o decantado fruto). Mas a separação dos poderes afigura-se molde institucional e princípio da maior relevância e oportunidade *a todos os níveis* da manifestação do poder num Estado de Direito democrático, como forma de, travando o poder ao poder, se evitar o abuso do poder. A qualquer nível, em qualquer instituição. E esta aplicação global do princípio teria um efeito de grande renovação e até "higiene" democrática. Preciso é que dela se faça bandeira e concretização.

Parece, entretanto, que a várias vezes apercebida omnipresença do político, se na realidade influi diretamente nas opções do legislativo e indiretamente nas decisões do judicial, fundamentalmente existe, hoje, ao nível orgânico no Governo. Porque neste órgão coexiste a política pura (prerrogativa, poder moderador – que não deixaram de se fazer sentir na prática), poder federativo (Locke), poder executivo, função administrativa, função legislativa (decretos-leis). Ou seja, porque é ele o mais bem posicionado para exercer no Estado a possível imagem atual do deus-pai de plenos poderes, tende atualmente a pensar-se (e a ocorrer) (n)um governo detentor de um poder dominante. Nem sempre se confessa este facto.

Razão havia para a desconfiança parlamentar e judicial face a um tal órgão, nele vendo nada menos que o sucessor daquele execrado executivo monárquico e absolutista *à abattre*. Mas razão apenas parcial, por motivos diversos dos assumidos. Hoje o governo só é um perigo para os demais órgãos porque pode fazer muito, fazer demasiado e, nessa fúria de a si próprio se pôr à prova, pode muito bem transpor o *limes* da reserva de lei ou do juiz. Só que, nesse caso, qualquer deles se deverá legitimamente insurgir, embora subsista o problema da arbitragem de tais conflitos, tudo redundando *in extremis* numa questão de força. E não é apenas uma questão de ultrapassar a separação de poderes, é também a possibilidade de o executivo ultrapassar competências (inconstitucionalidade orgânica) e legislar, ainda que no estrito uso dos seus poderes, próprios ou delegados (com autorização legislativa), de forma inconstitucional (aqui, inconstitucionalidade material). O que, aliás, pode também ocorrer com a legislação provinda do Legislativo.

Acresce que, como é por demais patente, a legitimação eleitoral dos governos atuais (através de um presidente da república ou de um Parlamento, de ambos, ou, hipoteticamente, pela via de eleições diretas) é a mesma do legislativo, dado o atual sistema de partidos, praticamente detentores do monopólio da representação.

E também o judicial disso sofre consequências. Toda esta situação atenua enormemente (se é que não subverte por completo) a separação de poderes, mas pode tranquilizar os mais receosos, já que um governo maioritário dificilmente virá a ser acusado de exorbitar os limites do seu poder por deputados cujo mandato seguinte dependa da submissão face aos chefes políticos que, como é uso, serão também os chefes do executivo. Apenas a oposição clamará no deserto. Se o fizer... Porque também pode haver oposições pelo menos parcialmente demissionárias, absentistas ou passa-culpas... O que é prodigioso, mas pode ocorrer... Ao ponto de o último reduto de salvação da separação dos poderes e da própria Constituição poderem ter de ser... os tribunais. E em especial a jurisdição constitucional.

Apesar desta grave perturbação na separação de poderes e nas próprias garantias dos cidadãos, que do dia para a noite se podem ver perdidos pelo conluio mais que natural entre um governo autoritário e uma assembleia majoritariamente dócil, cabe ainda ao judicial uma palavra, se for capaz de, como lhe incumbe, desempenhar as suas funções livre das pressões facciosas e das seduções corruptoras. Livre também do preconceito da popularidade das suas sentenças, isto é, alheia e indiferente ao sufrágio da oscilante opinião pública, a qual, lamentavelmente, não raro não passa da *opinião que se publica* – ou se exibe.

Além disso, se o governo deve governar, qual o papel da outra grande função primariamente política, a do Parlamento?

Não exclusivamente legislar, nem legislar *legislação* que não seja direito, mas simples administração em forma de artigos. De resto, não pode hoje caber ao Parlamento o exclusivo da normação.

E, desde logo, tal lhe não pertence se entendermos como legislar não apenas a aprovação dessas normas jurídicas grandiosas e vocacionalmente perenes imperativas, gerais e abstratas, com dignidade material de Lei, como é, por exemplo, um Código Civil, mas ainda a edição de um sem número de medidazinhas avulsas, desarticuladas e temporárias. Umas decerto indispensáveis a pequenas manobras do leme da governação, mas outras pouco mais que bizantinices mesquinhas, que tornam o mundo irrespirável e povoam os jardins da existência de letreiros que nos proíbem pisar a relva, mandando-nos simultaneamente perguntar o conteúdo da tabuleta ao polícia mais próximo, no caso de sermos analfabetos (o exemplo é verídico). Evidentemente, estas "normas" devem caber à Administração, se úteis, e a ninguém, se nocivas – porque parece não poder existir o *tertium genus* das inúteis, sendo a inutilidade imediato fator de nocividade.

Tem o rigor que distinguir, assim, o que é Direito e o que é mera legislação, ou regulamentação, ou até ação sob a forma do imperativo escrito e publicado na folha oficial ou afim. A prática tem demonstrado que o Parlamento não possui meios de qualquer natureza para tratar dessas questões técnicas e dessas minudências burocráticas. Assim, a menos que se detetasse a essencialidade de um qualquer desses problemas visivelmente procedimentais ou técnicos, a menos que por um papel ou um carimbo estivessem em perigo valores eminentes, e ante a recusa ou a demora da Administração, a menos que isso sucedesse, deve o Parlamento ser liberto de tais funções, como já em certa medida está. A administração possui muito melhores meios para resolver tais problemas.

Contudo, não pode o legislativo passar um cheque em branco ao governo. Não raro a complementação e a regulamentação subvertem por completo a vontade do legislativo. Não são só os prazos que se não cumprem, por vezes. Há casos de verdadeira inversão do conteúdo útil das normas.

13.21. O MITO DA SEPARAÇÃO DOS PODERES

O facto de que, ao longo dos tempos e das posições políticas ou teóricas, a separação de poderes ter significado coisas muito variadas e até opostas tem-se refletido quer na fama do conceito, quer na sua delimitação.

Na verdade, se tanto é separação de poderes, para uns ou para outros, ora um sistema de controlos jurídicos e políticos de cariz interorgânico, ora apenas a distinção entre funções no ou do Estado, ora um certo equilíbrio entre entidades intra ou extraestatais de diversa índole, ora o estabelecimento de órgãos estaduais tendencial ou totalmente monopolizadores de certos tipos de atos, mais ou menos independentes, e cujos titulares ficam sob a alçada de incompatibilidades mais ou menos rigorosas, se assim é, e se a cada teoria corresponde uma razão de ser e não apenas uma fantasia de um espírito geométrico, então a separação de poderes é mesmo *um mito*. Pelo menos é uma tentação dizê-lo...

Um mito e não um dogma religioso, estabelecido por um concílio de uma vez por todas (na pior das hipóteses, até um próximo concílio). Um mito porque, se por vezes a separação é funcional, outras orgânica, outras social, outras teleológica, se tanto é horizontal como vertical, tanto pessoal como territorial, tanto rígida como flexível, e se existe entre poderes como intrapoderes, sendo quer sincrónica quer diacrónica, então é, sobretudo, uma voz, uma palavra dos deuses, algo que com ser dito, pela simples magia do significante, transcende os significados e diretamente comunica com as profundezas da *psique*. Um mito, pois, seria: como palavra de ordem, verdadeiro tópico ou lugar comum retórico.

Ao possuir como mitemas iluminadores tópicos tão diversos (mas latamente tão consonantes) como os de governo, ou sociedade, ou constituição mista, balança de poderes, freios e contrapesos, ou o primado da lei e a supremacia do legislativo, a separação de poderes, em cada momento concreto, deles ganha, numa sincrética pré-compreensão, uma riquíssima faceta multicolorida, numa policromia de contrastantes versões.

Não é preciso, contudo, fazer conviver o Rousseau mítico dos epígonos na populosa e desavinda família da separação de poderes. Para além do antimito da antisseparação dos poderes em Rousseau, há outras críticas: "Uma teoria antiquada" (Löwenstein), ou mesmo, para os defensores de totalitarismos, uma "instituição característica da decadência liberal", princípio "infetado de tanta imprecisão e inconsistência", ou ainda, noutra perspetiva, bem diversa, "um dos mais confusos" (G. Marshall), "complexa amálgama de ideias" ou "expressão (...) equívoca" (Nuno Piçarra), "teoria artificial" (Duguit), "esquema provisório" (Finer), ou, na interessante expressão de Robsoni, "antique and rickety charriot... so long the favourite vehicle of writers on political science and constitucional law for the conveyance of fallacious ideas" – eis umas tantas frases lapidares com que os estudiosos nos têm dado um eco da *selva oscura* em que consiste o tema.

Se se disser que estamos perante um "princípio do Estado constitucional", como em Otto Mayer, ou ante a "essência da democracia", como em Bortolotto, ou se se distinguir mesmo entre uma divisão de poderes "como facto" e uma outra como "programa político", como em Zippelius, atinge-se a tranquilidade de quem lê um tratado, e nada se tem a temer ao virar da página.

Mas que dizer quando um Jacques Ellul vem considerar, a propósito, o poder "muito vago", quando um Packet afirma que os factos contradizem a teoria, quando um Kägi fala na simplificação, racionalização, logicização e, finalmente, na dogmatização dessa separação de poderes clássica de Montesquieu, sente-se alguma coisa a mudar, um pouco como o chão a fugir-nos debaixo dos pés.

O pior está para vir. Abertamente e sem pudores falsos, eis que podemos ler já em Passerin D'Entreves ser a separação de poderes nada mais que uma "abstrata dedução de um esquema preconcebido"; Duguit, como vimos, afirmava a artificialidade de tal teoria; Magiera pensava que o conceito seria "pelo menos, equívoco" E é ainda Löwenstein quem, além de considerar o princípio coisa do passado, lhe atribui a qualificação de "um dos dogmas políticos mais famosos".

Todas estas posições são prenúncios, mais ou menos abertos, de uma confusão que faz pender a categoria em causa, precisamente nessa sua estranha e contraditória integralidade, para o campo dos mitos, mas dos mitos num sentido negativo...

Paradigmática desta aproximação é a dualidade de expressão sobre o problema patente em alguns autores, dualidade a que não é mesmo estranha uma certa gradação. Löwenstein, Lucas Verdú e Murillo de la Cueva podem servir-nos como proficiente exemplo.

O primeiro começa o seu capítulo partindo de uma posição ainda admissível no terreno do léxico esperado neste tipo de prosa: fala no caráter antiquado da teoria. Duas linhas abaixo, ainda contido, sem abandonar por completo o seio aconchegado das palavras permitidas, diz tratar-se de um dogma. Ora o dogma, como vimos, é de origem mais religiosa que mítica, e encontra-se laicizado, sobretudo se se trata, como é o caso, de "dogmas políticos".

O autor resvala para o vocabulário mítico a olhos vistos.

O que era dogma político apenas será tido como algo que se considera "o *mais sagrado* da teoria e prática constitucional" (grifámos).

Ora o sagrado, esse indefinível *ganz Andere,* é indiscutível terreno mítico. Entre as duas afirmações não medeiam dez páginas.

Também aqueles dois autores de língua castelhana e mais nossos contemporâneos não escapam a um duplo registo do discurso: o usual da teoria juspolítica, consciente e lógico, no plano da ação científica do *logos,* a par de um outro, irreprimível, que procura analogias mais profundas e que não é justificado ou argumentativo, mas simplesmente se mostra, revelador. De igual modo, começam aqueles autores por uma focalização clássica.

Mas nela vai já a anunciar-se uma ponte para mais comprometidas asserções. Ainda aqui, a passagem é propiciada pela expressão "dogma". Assim, a separação de poderes começa por ser "um postulado, um princípio dogmático do Estado constitucional liberal".

Mas, por curiosa coincidência, no espaço de cerca de dez páginas, hão de encontrar-se outro género de aproximações ao tema. Primeiro, considerar-se-á estarmos face a um "*emblema* da *imaginação* política euro-atlântica contra a opressão" (grifámos), o que claramente aproxima o conceito do símbolo, e da vertente mítica que dá o mito como bandeira, ideia-força. Mais adiante, novamente com um intervalo de cerca de dez páginas, refere-se mesmo um "processo de desmitificação", o que vale por confissão de que, ao menos em parte ou em alguma versão, se está perante um mito.

Outros autores, furtando-se embora à utilização de expressões de patente vizinhança mítica, enunciam descrições do estado do conceito que, por vezes, diríamos estar perante uma linguagem cifrada que pretendesse traduzir o mito sem expressamente no-lo nomear jamais.

Tendo sempre presente a noção adotada de mito, como negar tal qualidade a "uma abstração do passado, um ideal do seu tempo e um programa para o futuro", nas palavras de Ranke? Aí estão as três modalidades míticas de Girardet. A abstração do passado é a narrativa mítica das origens, o ideal é a ideia-força mobilizadora, naturalmente, e o que se coloca como programa para o futuro não é senão o caráter ilusório do mito.

Do mesmo modo, também a citada frase de D'Entreves pode ser a definição das utopias, mundos geométricos deduzidos de um *a priori*. E sabemos como a utopia é uma forma particular de mito.

Mesmo expressões aparentemente inócuas podem encerrar, no plano descritivo, um ou mais elementos da tríade mítica. Assim, que outra coisa senão o mito-ilusão quererá significar este sucinto parágrafo de Mirkine--Guetzévitch:

> "in effetti, la separazione dei poteri non è mai esistita e non puó sistere in una democrazia?"

E não nos parece que, aqui, o mais importante seja a delimitação no caso concreto da democracia, antes a questão da universal inexistência. Trata-se, de resto, da mesma questão da diferença entre realidade e ficção já posta por tantos outros, de que citámos Duguit e Packet. Por curiosidade, registe-se que Mirkine-Guetzévitch medeia apenas duas páginas entre a afirmação citada e uma bem enfática aproximação dos referentes míticos. Escreve ele:

> "Ma la formula stessa della separazione dei poteri aveva acquistato nel 1789 una potenza magica."

Pode afinal dizer-se que da descrição por um autor das vicissitudes da separação de poderes à sua consciencialização do caráter mítico daquela, e à afirmação, mais ou menos explícita, de tal facto, pode não ir muito.

Mas continuemos com os testemunhos. Algo de muito semelhante ao que sucede com o autor que acabámos de citar pode encontrar-se em Luigi Rossi, que assim começa a sua análise do que chama "divisão de poderes":

> "È noto che, nella divisione dei poteri (...) la parola non corrisponde alla cosa: la 'divisione dei poteri' non è divisione dei poteri. Questa, intesa alia letera, non esiste, non è mai esistita, e non puó esistere."

E o mesmo autor prossegue, considerando terem sido precisamente as desencontradas teorias e práticas constitucionais que sucessivamente usaram o termo, ao ponto de a fórmula ter sido "privada de base real". Opondo-se, num dos sentidos possíveis, ao real o ilusório e o próprio mítico, aí de novo o encontramos.

Já claramente nos apercebemos que a grande maioria dos que nos dão achegas para a classificação mítica da separação de poderes o fazem pela via da declaração da sua inexistência, ou das suas insanáveis contradições teórico-práticas, o que é praticamente a mesma coisa. É essa ideia da separação de poderes como mito-ilusão que está presente nos críticos do liberalismo e da democracia ocidental.

Assim, Mussolini afirmara, com efeito, diante duma assembleia de magistrados italianos que, na sua conceção "não há divisão de poderes no âmbito do Estado". Mas até aqui ainda há uma mistura do ser com o dever-ser. Já, contudo, Foderaro, na mesma linha fascista, considera o princípio sepulto e declara o "fim do dogma". Ora, Michele la Torre, escrevendo dez anos antes, havia já afirmado, imbuído de um espírito semelhante, mas olhando mais as realidades que os desejos, revelarem os factos ser impossível um equilíbrio entre os poderes, dando assim por ilusória tão importante premissa da construção *sub judice*.

Do mesmo modo, após uma análise e de uma classificação dos teorizadores revolucionários e dos teóricos juspolíticos mais modernos no ocidente, o investigador da então Jugoslávia, S. Sokol, conclui que, com a exceção da corrente representada por Rousseau, Condorcet, Robespierre e Saint-Just, nenhum dos grupos de autores considerados "conseguiu ultrapassar suficientemente o princípio da divisão do poder, que é um dos fundamentos das suas interpretações científicas". E conclui significativamente este autor do então chamado "bloco socialista":

> "(...) eles não souberam ultrapassar o princípio da divisão do poder por razões ideológicas de classe: é para eles um axioma que este princípio garante a democracia política."

Aqui há, certamente, mito-ilusão. Mas, tal como na perspetivação de um Foderaro já se pressentia, vislumbra-se a possibilidade de daqui deduzir que a separação de poderes é um mito-ideia-força, isto é, algo de muito próximo de uma ideologia ou de algum dos seus componentes. Ora, se o italiano afirma que "*l'origine della teoria é prettamente politica*", o estudioso jugoslavo explicitamente aduz razões ideológicas dessa consciência na sua opinião falsa ou desvirtuada. Em ambos os casos se estaria diante de uma espécie de cortina de fumo falseadora da realidade, uma ilusão criada a si próprio e aos outros por preconceitos ideológicos. Os quais, obviamente, só podem decorrer de opções políticas, em grande medida mítico-utópicas, como se sabe. Os argumentos de ambos são, evidentemente, reversíveis.

Desta enumeração (que naturalmente poderia prolongar-se quase *ad libitum*) poderemos já retirar alguns elementos para uma conclusão que, neste particular, se impõe.

Os estudiosos do problema começam por apresentar uma formulação clássica do problema, e mesmo que, como Barthélemy-Duez, considerem a separação de poderes uma "simples regra de arte política", procuram manter-se na classe *bien rangée*. Na sua maioria, porém, tendem estes clássicos para a consideração da importância do princípio (vejam-se as citações de Otto Mayer ou Bortolotto e as primeiras afirmações de Löwenstein, Verdú e la Cueva, por exemplo), só começando os problemas na altura da especificação do conteúdo do conceito (e daí as distinções, como em Zippelius ou em Nuno Piçarra).

Após esta fase, e tendo crescido os problemas em progressão geométrica, há tendência para, mudando de tom quase sem querer, confessar o caos teórico. Tena Ramírez fala da crise da divisão de poderes, que pode assumir a feição de equívoco, artifício, precariedade, idealização, amálgama, imprecisão, inconsistência, ou confusão.

A este grupo de teorizadores vacilantes, problematizadores, ou a esta fase de caos teórico, contrapõe-se a *descrição* generalizadora (de que podem considerar-se os exemplos de Ranke e de Passerin D'Entreves). Estas descrições estão a anos-luz de distância das análises de tópicos constituintes do conceito ou das suas (sempre demasiadas) relações com tudo o que é juspolítico, como fazem *v.g.* um Lipartiti, um Rossi, um Zangara, um Sorrentino, e até mesmo um Tsatos, e um Wladimir Brito, entre tantos outros. Esse tipo de estudo enquadrar-se-á mais na tentativa analítica da primeira categoria, aquando da tentativa de passar das afirmações gerais e vagas à definição concreta do *quid* em apreço. Descrições como a de Ranke – ou como a de Madison, ao batizar a separação de poderes como "máxima sagrada" – ainda se situam no plano do muito geral, mas têm relativamente às primeiras importante *differentia specifica*: é que o seu estilo de linguagem muda, ao ponto de nos descrever ou remeter implicitamente para o mito.

Não vimos ainda exemplos da categoria seguinte. Ela é formada por aqueles autores que passam da afirmação implícita de elementos míticos à sua afirmação explícita. Começa-se um pouco timidamente, é certo. Lessona procura exorcizar o fantasma, mas esquece-se que falar no diabo é chamá-lo. Diz a dado passo este Professor de Florença:

> "Ecco perchè io penso che di quella separazione non si debba fare un mito nè ad essa si debbano attribuire virtù soprannaturali (...)."

Também Mirkine-Guetzévitch assinala o caráter utópico da Inglaterra retratada por Montesquieu, na qual avulta a separação de poderes.

E é sabido que quer Eisenmann, quer Althusser, quer, entre nós, Rogério Ehrhardt Soares e Gomes Canotilho expressamente sublinham o caráter mítico dessa visão da separação de poderes que atribui a Montesquieu o que ele não viu em Londres, nem inventou em Bordéus ou em Paris.

Em todos estes casos há referências diretas ao mito (ou à utopia) *na* separação de poderes. Porém, há mesmo quem afirme – antes de nós – o mito *da* separação de poderes. Trata-se de uma visão muito mais global, embora a nosso ver pouco documentada e sobretudo incidental. Trata-se nomeadamente da posição de Lenoble e Ost, que sobre o assunto se limitam, porém, à seguinte afirmação no seu vasto trabalho *Droit, Mythe et Raison*:

> "Ansi, en droit, à mesure que de nouvelles rationalisations s'élaborent, qualifiera-t-on de mythes ou de fictions les anciens dispositifs signifiants: l'idée de séparation des pouvoirs, par exemple, est objet d'un tel processus de dévalorisation."

Abstraindo do aludido caráter incidental da referência, que há de ter-se como atenuante de eventual incompletude da teoria, sempre se dirá que, relativamente a este ponto terminal do caudal da doutrina alheia, temos importantes divergências.

É certo que, da insatisfação teórica e da declaração da confusão à perspetiva ora recolhida vai uma enorme distância. A consideração de que a separação de poderes é um mito em geral e não apenas um tema à volta do qual pululam mitos, parece também importante, embora se nos afigure ter constituído tarefa muito mais arrojada e criadora a descoberta dos primeiros mitemas nesta questão.

Deve, porém, assinalar-se um ponto muito importante. É que Lenoble e Ost não saem da linha progressiva dos que sucessivamente se vão desenganando da separação de poderes. E daí a assimilação entre mito e ficção. É apenas enquanto mito-ficção, ou é primariamente nessa qualidade, que os dois autores belgas consideram a globalidade da separação de poderes. E, em plena consonância com essa lógica, e com uma visão restrita de mito, referem a progressão temporal que culmina com o dar-se conta do mito, considerando que tal processo corresponde a uma desvalorização.

Não podemos estar de acordo com boa parte disto. A quase identificação entre mito e ficção é redutora em relação àquele, e desvirtuadora da realidade desta. Mesmo que o mito fosse só ficção, estava por provar que a ficção tivesse menos valor, para mais numa área do Ser em que *o que parece é.* As ficções têm realidade, e não é pequena, e a política, precisamente, aí está a prová-lo. Veja-se a equação de Clyne sobre o poder dos Estados.

Não há desvalorização alguma para a separação de poderes quando a consideramos simultaneamente uma ficção, uma ilusão, que está paredes meias com uma ideia-força que, em versões mais populares ou mais eruditas, arrasta as massas e conquista os teóricos, e uma narrativa das origens do constitucionalismo, mais ou menos fantasiada, com apelo a Idades do Oiro ou a Utopias.

Nenhum, mas nenhum desses elementos é desvalorizador da ideia. Mesmo a sua inexistência prática não é mais que a manifestação da imperfeição do real por referência ao ideal, não deixando, por isso, de ser uma existência, ainda que parcial ou imperfeita.

De resto, as várias teorias sobre o assunto, como diversas correntes míticas, não concordariam sobre qual o modelo ideal. Todas invocando o nome, e todas possuindo alguma legitimidade para o fazer, contribuem para a fama dessa ideia importante mas vaga, que consiste na necessidade de, ante o poder uno e tendencialmente delirante de *libido dominandi*, se estabelecerem mecanismos de contenção e proteção. E por isso são partícipes legítimos da glória comum.

É certo que o princípio jurídico perde nesta visão, ganhando a síncrise do político. Mas isso é apenas a declaração formal do que sempre se soube. Não acreditamos que valha muito em juízo, mesmo constitucional, a invocação de uma dada teoria da separação de poderes *contra legem* e sem um artigo da constituição vigente que lhe valha. Pode a principiologia constitucional ser de alguma ajuda, mas sempre haverá a grande reação do positivismo legalista. Embora admitamos que as coisas possam vir a mudar...

Já estão a mudar em algumas ordens jurídicas, mais principialistas (sobre a constituição principialista v. a obra de Paulo Bonavides).

Na medida em que o mito dos poderes estanques foi sendo apercebido, foi-se do mesmo modo compreendendo que as concretas fórmulas de repartição dependem do legislador constituinte, não podendo haver dogmas na matéria. Tudo parece assim indicar tratar-se agora de um puro problema de direito positivo e da sua interpretação.

A própria distinção da separação de poderes numa *theory of law* e numa *theory of government* é miticamente importante. Já o era no plano sistemático, para desembrulhar o conceito, tal como a análise dos diversos sentidos de separação ajudava a ir compreendendo o que, afinal, ia estando em jogo. Importa, realmente, recordar que a expressão separação de poderes (ou divisão de poderes) é relativamente recente, recuando precisamente aos primórdios do constitucionalismo, e referindo-se especificamente à doutrina jurídica, visando o primado da lei, enquanto a ideia dos poderes separados é a do poder limitado, do regime misto. Doutrina jurídica ou doutrina política, ela apresenta-se-nos sempre como mítica. Embora, como é facilmente compreensível, os mitos jurídicos sejam de muito mais difícil recorte e deteção. E uma das razões que julgamos ter levado ao tardio reconhecimento do mítico na separação de poderes terá sido precisamente a preponderância do jurídico, desde o século XVII. Uma outra forma de exprimir a dualidade da separação de poderes é a que opõe já não doutrina a doutrina, mas doutrina (ou teoria) a princípio.

Também aqui interessa observar que, enquanto as doutrinas são mitos estandarte, propulsivos, com alguma componente utópica, ideias-força que se propalam com fins antes de mais proselíticos, já os princípios constitucionais, inclusivamente enquanto fonte (ao menos hipotética) de direito, têm uma outra dimensão, bem mais *séria*. Mas nem por isso menos mítica... Assim, os princípios, e em especial a literatura que doutrinalmente os fundamenta e explicita, filosófica e historicamente, aproximam-se das narrativas míticas das origens, constituindo os pilares da construção do universo constitucional, e normalmente sendo considerados como existentes e ativos em estado puro ou numa época histórica anterior (Idade do Oiro), ou num fantástico mundo a construir (passando, então, a componentes da Utopia). Assim, citando apenas um exemplo, quando, entre nós, Nuno Piçarra, no artigo "Separação dos Poderes", da *Enciclopédia Pólis*, revela que

> "o princípio constitucional da separação de poderes foi elevado a *ultima ratio*, a fundamento último de todas as normas constitucionais organizatórias (...)."

o facto é que nos propicia simultaneamente uma efetiva descrição de um mito das origens ou dos fundamentos, a base de uma narrativa mítica primordial. Se todas as normas constitucionais organizatórias retiram o seu fundamento deste princípio, elevado a sua *ultima ratio*, então a separação de poderes não pode deixar de ser a grandiosa colunata sobre que assenta o frontão esculpido das várias normas, e nesse templo do poder há de ainda ter lugar cimeiro no *sancta sanctorum*. Do mesmo modo que toda a mitologia, desde logo, e como é evidente, no plano genealógico, decorre da teogonia inicial, narrativa por excelência dos princípios, também a separação de poderes, como ponto fixo de apoio dos Arquimedes da Constituição, é o fulcro e a matriz mítica de cada uma das suas futuras oscilações.

Mas, tudo visto, e apesar de ser um mito (e um mito em grande medida utópico num Estado que já de modo nenhum corresponde aos parâmetros do mundo liberal tradicional), a separação dos poderes é um grande, belo e imprescindível princípio constitucional. Muitas das agruras que vivemos decorrem do esquecimento ou do desprezo por este princípio. Sempre se deve insistir.

E muita solução para os nossos males políticos adviria do seu reencontro. Reencontremos a separação dos poderes – ou então inventemos algo de melhor que todo o constitucionalismo voluntarista, ou moderno. O qual, no mundo barbarizado que temos (em que a lei da selva cada vez mais impera, e se desespera pela falta de ordem e de Justiça), em grande medida está cada vez mais a provar a sua necessidade e até imprescindibilidade face ao constitucionalismo natural – próprio de um tempo em que a política, o Estado e até os povos eram diferentes.

BIBLIOGRAFIA

CAETANO, Marcello. *Direito Constitucional.* Rio de Janeiro: Forense, 1977, v. I.

DE JOUVENEL, Bertrand. *Du Pouvoir*, nova ed. Paris: Hachette, 1972-1977.

FERREIRA DA CUNHA, Paulo. "O Mito da Separação dos Poderes", in *Pensar o Direito*, v. I, Coimbra: Almedina, 1990, p. 233-317; *Idem. Presiden-*

cialismo e Parlamentarismo. Belo Horizonte: Fórum, 2010, Prefácio de Marcelo Figueiredo, Apresentação de Maria Elisabeth Guimarães Teixeira Rocha; *Idem*. *Para uma Ética Republicana*. Lisboa: Coisas de Ler, 2010.

ELLUL, Jacques. *Histoire des Institutions*. Paris: PUF, 1961-1969, 5 v.

LE GOFF, Jacques. *Saint Louis*. Paris: Gallimard, 1966.

LOCKE, John. *Second Treatise of Government* [1690], ed. by C. B. Macpherson, Indianapolis: Hackett, 1987, ou trad. port. de João Oliveira Carvalho: *Ensaio sobre a verdadeira origem, extensão e fim do governo civil*, Londres, 1833, ou trad. bras. de Fernando Henrique Cardoso et Leôncio Marins Rodrigues. Brasília: Universidade de Brasília, 1982.

MARQUES, Fernando Pereira. *Introdução ao Estudo dos Partidos Políticos e Sistemas Eleitorais*. Lisboa: Âncora, 2016.

MONTESQUIEU. *De l'Esprit des Lois*, (n/ ed. in *OEuvres Complètes*. Paris: Seuil, 1964. p. 527 s.), máx. XI, 6.

ORTEGA Y GASSET, José. *História como Sistema. Mirabeau ou o Político*, trad. port. Brasília: Univ. de Brasília, 1982.

PIÇARRA, Nuno. "Separação dos Poderes", in *Pólis. Enciclopédia Verbo da Sociedade e do Estado*, v. V, Lisboa/São Paulo: Verbo, 1987, cols. 682-714.

LIÇÃO 14

SUFRÁGIO, DEMOCRACIA E REPRESENTAÇÃO POLÍTICA. O ESTADO DE DIREITO

14.1. RETOMANDO AS CONFUSÕES DO POLITICAMENTE CORRETO

Há alguns métodos que o "pensamento único", que joga na confusão do "uno" e nos mitos do "eterno presente" e do "presente-futuro (ou futuro-futuro) como o melhor dos mundos" abomina, pois eficazmente o confundem e denunciam: um deles é a dialética, outro é o recurso histórico, etimológico, genealógico, e outro é a análise crítica dos entes e dos conceitos. O politicamente correto não suporta que se argumente, que se critique, que se pense, porque ele é feito de dogmas que cobrem de ridículo e opróbio quem se lhes opuser. Mas sem razões visíveis. Sobretudo pelo jogo do poder do subentendido, pela pressão enorme dos respeitos humanos, da vergonha ou medo de se ser diferente, e assim exposto, estigmatizado, eventualmente perseguido.

O pensamento único pretende (em geral: porque comporta uma ou outra exceção) que toda a divisão, a separação (por exemplo, entre Estados, Povos, Nações...) são coisas bárbaras, medievais, que a descentralização ou a regionalização são o renascer do feudalismo, que nos Estados tudo deve ser regulado por sapientíssimos funcionários atrás do poder (embora superficial e verbalmente celebre a democracia, ou o seu nome), mas no fundo o que gostaria era de implantar um Leviatã, governado também por eminências pardas pouco eminentes. O curioso é que por vezes é contrário ao funcionalismo e prega a excelência do mercado (ou "dos mercados"), mas, bem vistas as coisas, depende sempre da máquina repressiva e do guarda-chuva protetor do Estado que tanto execra. Uma das suas características é nunca ser o que parece...

Mas há variantes no politicamente correto. Sobretudo (ao menos na aparência, na fraseologia, no *décor*) uma de direita e outra de esquerda... Embora uma e outra acabem por rumar para o mesmo sentido, tudo ponderado.

Para uma certa versão do politicamente correto (que usa fraseologia de esquerda), o passado não criou nada senão injustiça, opressão, discriminação, racismo, sexismo, escravatura, obscurantismo, fanatismo religioso (e religião, aliás: porque para esta visão, em geral, toda a religião é obscurantista e fanática), etc., etc. O mundo racional e pensante teria começado ontem (curiosamente, muitas vezes esquecendo o legado da Revolução Francesa e da Americana, e as lições do nazifascismo e da II Guerra Mundial), pelo que o presente é, afinal, se não "o melhor dos mundos", pelo menos um caminho para o mundo perfeito da utopia concentracionária e totalitária em que querem volver-nos o "amanhã"... Finalmente, esta corrente muito mescla, muito baralha, e não resiste à análise das coisas: coisas que não têm só a existência da prática de hoje, nem apenas a consistência de uma definição apriorística de uns grupos de pretensos "intelectuais", nem a dimensão que lhes é atribuída por apressados comunicadores de massas ou políticos. Coisas que têm história, lastro, complexidade.

Há também uma outra versão do politicamente correto, mas quase restrita ao economicismo (e financismo) neo/ultraliberal, deixando à já referida versão o terreno da cultura e da "escatologia". É a versão de direita.

Uma e outra confluem num panorama político e cultural desertificador e de anomia... Parecem, em ambos os casos, herdeiros todos daquele "novo-riquismo" de linguagem que já detetara Luís Forjaz Trigueiros, no seu *Monólogo em Éfeso*, no início dos anos 70 do século passado.

O politicamente correto sempre foi um obstáculo a uma límpida ação social, cívica e política, revelou-se, por vezes, um folclorismo que desviava a atenção de prioridades políticas (como as da liberdade, igualdade e fraternidade) para causas que muitos consideravam bizarras, ou, pelo menos, laterais. Nos últimos tempos, porém, tem tomado o freio nos dentes, com pretensões maximalistas e até totalitárias: como polícia de costumes (pretendendo censurar a arte, por exemplo), como arauto de um punitivismo e revanchismo que levaria, se conduzido às últimas consequências, a uma guerra de quase todos contra quase todos. O antídoto essencial é o bom senso, e um pouco, também, de bom gosto. Com a preservação do legado de liberdades e pensamento, e de tolerância e convivência. Isto sem recusar que algumas causas politicamente corretas ou afins tiveram a virtualidade de denunciar crimes, abusos, preconceitos. O problema são os crimes, abusos e para já sobretudo preconceitos que muitos acabam por demonstrar. Uma sociedade hipócrita, com velhos preconceitos, não é muito respirável. Mas como estará para ser uma outra em que velhos conservadores e tradicionalistas continuarão com os seus preconceitos ancestrais, e novos politicamente corretos acrescentarão novos preconceitos (por exemplo, contra fumantes, comedores de carne, etc.). A sociedade contemporânea está a necessitar fortemente de paz, e de um novo contrato social de convivência. Tentando algum dia enterrar tantos machados de guerra que se desenterraram, ou que se inventaram agora de novo. Esperemos que essa paz se encontre sem ser como epifenómeno provocado pela necessidade de agregação em novas guerras, contra inimigos reais, e perigos efetivos. Esperemos que essas guerras, no plano internacional, se evitem, e também a guerra civil permanente nas nossas sociedades que deveriam, em democracia, ter encontrado já mecanismos de solução de conflitos.

14.2. OS LUGARES COMUNS

Ora o sufrágio e a representação (e a democracia) são matérias em que precisamente a ideologia dominante baralhou, e estamos todos muito confundidos a este propósito. Só as velhas obras e os grandes autores (lidos no original ou, pelo menos, em traduções fiáveis) nos podem ajudar, as que não lhe sofreram a influência.

Aparentemente, tudo estaria resolvido: neste capítulo estudar-se-iam (em consonância com a hiperocupação e hipercomplexificação que esta doutrina nos quer impor, mesmo metodologicamente, mesmo na gestão dos recursos humanos) as mil e uma modalidades práticas, concretas, que assume a eleição, a votação, etc. Enfim, as coisas "técnicas", que só interessam, realmente, a quem queira disso ser técnico. E estudar-se-iam modalidades de votação, sistemas de apuramento, métodos de cálculo de proporcionalidades, etc., apenas, ou quase, porque o problema do sufrágio, da representação e da própria democracia estaria resolvido. Porque o homem culto (pretensamente culto), ou informado (mal-informado) de hoje confunde tudo isso: para ele, o sufrágio, a votação, a eleição são o cerne, o fulcro, o ser da democracia, e a democracia é representação. Ainda que, pela abstenção massiva (nos países de voto não obrigatório) sejam os eleitos representantes de uma minoria... Pelo sufrágio, os cidadãos (cidadãos abstratos, realmente "números") escolhem *democraticamente* os seus "representantes". E tudo estaria bem, não poderia estar melhor...

Nos dias de hoje, realmente se trataria de "representantes" e nada comissários ou mandatários – porque cada vez mais livres de ligação com os seus eleitores, as suas circunscrições eleitorais, etc., e cada vez mais dependentes dos partidos que (afinal) os fizeram eleger...

Esta visão otimista, ou pelo menos conformista (e que parece corroborada pela frase de Churchill, segundo o qual a democracia é a pior forma de governo, com exceção de todas as outras) está, com ligeiras modificações de pormenor, na cabeça de muitos. E, todavia, o problema é muito mais complexo.

Inspirado no livro de José Pedro Galvão de Sousa, *Da Representação Política*[1], vamos apenas avançar algumas pistas muito sucintas, para ulterior estudo e reflexão. Na verdade, este é um dos grandes temas da Política, e entrar por ele profunda e extensamente seria repensar quase tudo o mais, a partir da sua mira.

14.3. O QUE SE ESTUDA E O QUE SE NÃO ESTUDA

Ao contrário da perspetiva que assimila sufrágio, representação e democracia, como se de uma mesma coisa se tratasse, se empreendermos ao mesmo tempo uma análise histórica e genealógica dos conceitos e das instituições, e se analisarmos o seu conteúdo, verificamos que se trata de entes bem diversos. Mais: não só as relações entre os três são complexas, como dentro de cada um há múltiplas variantes.

O lugar comum pulveriza a consideração (na verdade politicamente e ideologicamente quase inócuo) das formas de sufrágio, aventura-se ao estudo mais profundo dos tipos de democracia (embora o "fim da História" que implicitamente muitos de nós continuam a professar, seja claramente favorável à democracia liberal – representativa, obviamente; desde que não ponha em causa alguns dogmas intocáveis e alguns poderes insindicáveis...).

Mas quanto aos tipos de representação política há um grande silêncio. Quanto à representação em si mesma!...

Não se trata, evidentemente, do longo e decerto fastidioso (para os especialistas) cotejo com as formas de representação extrajurídica (a psicológica, a artística, etc.), ou privatística (só essa nos consumiria pesados tomos). Mas apenas da representação no estrito seio do universo juspolítico.

14.4. TRÊS FORMAS DE REPRESENTAÇÃO

A representação política pode ter três formas clássicas. Da confusão entre elas e do esquecimento das respetivas distinções têm decorrido profusos e graves erros intelectuais e não poucas desventuras práticas.

---

1 SOUSA, José Pedro Galvão de. *Da Representação Política*. São Paulo: Saraiva, 1971.

A representação implica, obviamente, a distinção entre a sociedade e o poder, entre governantes e governados. Por isso é que, na pureza das coisas, a democracia plena, a democracia mais pura – ou seja, a democracia direta, em que os governados seriam afinal os governantes – é (por definição) totalmente contrária à ideia de representação. Rousseau (que também era, evidentemente, adversário da separação dos poderes – que satiriza, aliás; talvez esse tenha sido um dos seus mais graves pecados políticos... e não outros que se lhe assacam, mas não cometeu) compreendeu claramente isso: e por isso é que também se manifestou, no *Contrato Social*, frontalmente contra a representação.

Muitos autores creem que a representação é um fenómeno especificamente ocidental, com raízes no mundo romano embora não totalmente esclarecidas (está por estabelecer o caráter dos comícios, por exemplo), e sobretudo aprofundada durante a Idade Média, quando o poder articulado e não centralizado, a par da importância reencontrada dos estamentos sociais e o advento da pujança das corporações, de algum modo naturalmente propiciava esta fórmula política.

A representação apresenta, sobretudo, três aspetos: a representação da sociedade *pelo poder*, a representação da sociedade *perante o poder*, e a representação da sociedade *no poder*. Não podem ser confundidos.

14.5. REPRESENTAÇÃO PELO PODER

A representação da sociedade pelo poder remete-nos mais para o poder em si mesmo. O poder representa a sociedade enquanto cabeça do corpo social, do *corpus politicum*. O poder, naturalmente restrito, consubstanciado nos governantes, e em última instância num soberano, Príncipe, etc. (pessoal ou coletivo) assume a representação de toda a comunidade política na sua unidade.

Essa unidade frequentemente tem como critério ou elo orgânico o Estado, ou a comunidade política em causa.

Esta representação nada tem a ver com o sufrágio, diretamente, e também é independente da democracia. Um governo tirânico, autocrático, não representativo (no sentido de que não sai de eleições: sentido corrente) representa um Estado (e a sociedade, por extensão) do mesmo modo que um governo plenamente democrático, saído das mais livres eleições.

O movimento da representação pelo poder é como que descendente.

Ou melhor: vem de cima, como que toma nos seus braços a sociedade, e volta ao topo. Um poder menos democrático representa a sociedade pelos elementos de permanência. Dir-se-ia que representa o Povo, apesar de si próprio, apesar da sua natureza enquanto governo.

14.6. REPRESENTAÇÃO PERANTE O PODER E EVOLUÇÃO DO SISTEMA

Coisa diversa da representação *pelo* poder é a representação da sociedade *perante* o poder. Esta situação compreender-se-á melhor se nos lembrarmos de que, não só em França (*représentation*), mas também entre nós se utilizava a expressão "representação" para o fazer chegar ao poder as aspirações, queixas, reclamações dos povos.

Pois a representação perante o poder é esse movimento ascensional que vem do Povo e leva a sua mensagem aos governantes.

Aí, de forma nenhuma um poder tirânico pode *representar*. Porque é a sociedade no seu dinamismo e na sua multiplicidade que vai aproximar-se do poder (ou ser chamada por este) para apresentar aquilo que sente e pensa.

Mesmo hoje em dia, em que a representação tomou uma feição diversa, se veem resíduos (mesclados) desta ideia.

Com efeito, nos sistemas de partidos a representação é feita pelas diversas opiniões ideológicas que recolhem o voto popular, com expressão a todos os níveis institucionais, mas mais especificamente se pode ver nos Parlamentos. De igual sorte, numa Câmara aristocrática como era a Câmara dos Lordes espelhavam-se as sensibilidades de classe, numa Câmara Corporativa as perspetivas dos diferentes grupos de atividade laboral e social, num Conselho Federal as motivações de regiões ou estados federados.

E num conselho de sovietes (num Soviete Supremo) chegariam, depois de sucessivas delegações – se não houvesse movimentos descendentes, ideológicos e pragmáticos, aliás existentes em todos os modelos – sobretudo as aspirações dos trabalhadores, etc., etc.

As perspetivas por que o povo pode ser representado perante o poder são múltiplas: cidadão, trabalhador, morador, consumidor, etc., etc. Pelo que é sempre discutível saber qual a dimensão mais verdadeira, e se as demais se lhe devem submeter. Uma fórmula de ultrapassar abstratamente essa pulverização de papéis e de agregar tudo foi a consideração do sufrágio universal, direto e secreto, em que qualquer pessoa, independentemente da sua atividade, formação, radicação, é tida por igual às outras, e com voto igual. E este cidadão anónimo passou a votar cada vez mais em deputados que não conhece, impostos por partidos, por vezes sem mesmo lhes poder ler os nomes nos boletins de voto. E os deputados passaram a ser elementos de pesadas e manietadoras máquinas partidárias, que os passaram a submeter a estrita disciplina de voto.

A relação entre eleitor e eleito quebrou-se. Passou a existir uma espécie de plebiscito muito limitado de cada partido aos seus eleitores, e a junção desses plebiscitos resultou no que já foi considerado como um Parlamento como carteira de títulos, em que cada partido joga os seus perante os demais. Mas também se tem dito, com algum acerto, em abono deste sistema, ser ele mais propício à representação de projetos, que os partidos encarnam, evitando o caciquismo e o mediatismo resultante da apresentação de candidatos individuais, numa sociedade de massas e de televisão.

Por outro lado, esta absorção da multiplicidade das características da sociedade pela unificação (sob o signo da discórdia ideológica, mas ainda assim com cada parte, partido, aspirando à totalidade) confundiu a representação da sociedade pelo poder e a representação da sociedade perante o poder... O que resultou, sobretudo, em menos representação da sociedade perante o poder, e apenas uma maior (mas inconsistente tantas vezes) representação da sociedade pelo poder. Quando se fala, em grande medida como propaganda, ou sem se detetar os males profundos, em reaproximação dos eleitores dos eleitos... a verdade é que o contrário é que deveria ser feito. Mas é muito complicada qualquer reforma dos sistemas políticos feita no quadro de uma cosmovisão estatista e uma democracia de espetáculo em que, para mais, são na prática muito desiguais os meios de divulgação de ideias e projetos. E numa sociedade em que, no fundo, a multiplicidade social é vista como folclore ou até como um mal perante uma vontade unitiva, abstrata, racionalista, afinal utópica. Ainda há muitos preconceitos sob a capa de tolerância...

No fundo, quando nasceu o Estado começou o declínio da representação perante o poder. Apesar de a democracia se ter incrustado no Estado de forma muito hábil – e ainda bem.

Uma manifestação pujante (mas duvidamos até que ponto eficaz) da representação perante o poder, nos nossos dias, é a proliferação de petições, muitas vezes circulando na *Internet*. Curiosamente, têm um papel duplo: além de procurarem sensibilizar o poder para coisas e causas concretas, impedindo que não veja o mundo real encerrado na torre de marfim da corte (e há muito autismo entre os políticos), também alertam a opinião pública para causas gerais ou particulares. O problema está (estará mesmo? pode ser que não...) na banalização dessas petições. Pessoas mais ou menos conectadas à rede informática podem receber várias por dia... E a abundância pode levar a algum laxismo e desatenção. Para quê assinar mais uma petição? – perguntar-se-á o menos militante. E a verdade é que nem todos são militantes, nem todos, mesmo os lúcidos civicamente, podem ser militantes. É da natureza das coisas. Ser militante é uma vocação, é certo. Mas ser cidadão ativo é um dever.

14.7. REPRESENTAÇÃO NO PODER. AS DUAS MODALIDADES OU FASES DE GOVERNO REPRESENTATIVO

Finalmente, devemos considerar a representação *no* poder.

Se a representação *perante* o poder tem, como vimos, esse movimento ascensional, de sentido unívoco, e se a representação *pelo* poder, embora desça à sociedade, volta logo à governação, para nela como que cristalizar, na representação da sociedade *no* poder é como este se baixasse e aquela se elevasse, para se associarem. No limite, para se fundirem. Esta terceira perspetiva (ou uma das suas modalidades) é que verdadeiramente consuma as tendências que referíamos no final da divisão anterior, as quais, de algum modo, ainda têm reminiscências das outras fórmulas, e especialmente da representação da sociedade perante o poder.

A ideia de representação da sociedade no poder corresponde real e cabalmente a de governo representativo. O qual não pode ser, sem mais, confundido com democracia ou com eleições.

O governo representativo, a que corresponde esta ideia de representação da sociedade no próprio poder, pode assumir duas modalidades, que na verdade correspondem a duas fases.

A primeira, cronologicamente, é a do governo misto ou regime misto, em que, seguindo o já almejado por Aristóteles e corroborado por Tomás de Aquino, as instituições se organizam de forma à coexistência e concatenação de elementos monárquicos, aristocráticos e democráticos. Entre nós, há alguns anos já, o filósofo liberal *sui generis* que foi Orlando Vitorino redigiu um projeto de Constituição em que pretendia reabilitar esta modalidade de equilíbrio de racionalidades do poder.

A ideia abstratamente é simples: no topo da sociedade política está um Rei ou Chefe de Estado não coroado, mas que é sempre (na verdade) portador do princípio monárquico; e um senado aristocrático, ou câmara alta, ou corpo de nobres, ou uma qualquer evolução da *Curia Regia*, modera os ímpetos mais ventosos do povo, representado por seu turno numa Assembleia, num Parlamento. Ou então estes dois últimos elementos convivem em Cortes...

A primeira modalidade do governo representativo é um passo mais que a representação perante o poder: nela já está, ainda que em parte, o Povo na situação de partícipe do poder. Nos reinos hispânicos, por exemplo, tal sucedeu antes que essas velhas liberdades e prerrogativas tivessem sido sufocadas pela voragem e vertigem do absolutismo.

O salto para uma nova situação curiosamente parece ter sido dado através de uma sociedade política que, como vimos, para alguns nunca se transformaria em Estado: a Inglaterra. Aí, sobretudo na sequência das revoluções do século XVII (mas já com ecos anteriores: que Tomás Moro, por exemplo, contrariaria ao rebelar-se, afinal em nome do Direito Natural, contra a omnipotência do Parlamento tanto quanto a do rei), o Povo não só participava no poder, estava representado no poder, como passou a identificar-se com o poder.

Com efeito, na medida em que o Parlamento representa o Povo, e tudo (ou quase...) pode fazer, ao menos em teoria, chegamos realmente ao "poder do Povo, pelo Povo e para o Povo", à democracia representativa, com identificação entre o sujeito e o objeto da política. O Povo e o poder passariam a ser idênticos. E é assim curioso que, em certo sentido, a democracia representativa acabaria, realmente, com a representação.

Tanto o parlamentarismo, de origem inglesa, como o presidencialismo à americana consubstanciam essa realidade nova do Povo governando, da confusão entre poder e Povo. Embora, evidentemente, uma mais subtil distinção sobre elites, blocos no poder, etc. nos leve a uma ideia mais clara sobre quem realmente governa. E o Povo está muito longe de efetivamente governar, tantas são as limitações e influências... Mas esse é outro problema. Talvez "o" problema.

14.8. REPRESENTAÇÃO E ESTADO DE DIREITO MATERIAL, DEMOCRÁTICO

A conclusão histórica e lógica da evolução da representação (designadamente na última modalidade da sua terceira fórmula, a representação da sociedade no poder, especificamente com o governo do Povo pelo Povo) é o Estado de Direito.

Não um Estado de Direito meramente formal, e eventualmente antidemocrático, que apenas obedecesse aos ditames que a seu bel-prazer faria e desfaria, sob forma legal, ou negasse a representação no poder à sociedade. Mas um Estado de Direito com essa dimensão ética da democracia verdadeira, um Estado de Direito democrático, material, substancial.

O Estado de Direito, assim entendido, é muito mais Direito que Estado. É um Estado submetido ao Direito: e tem de legiferar de acordo com a sociedade, que não pode violentar com utopias, nem com arbítrios.

É, assim, um Estado para a Sociedade, e não o contrário. É um Estado racional, "ótimo" (não "mínimo", que passou em geral a ser propaganda) e não *factotum*, totalitário. E é assim também um Estado de justiça material e interventivo em prol dela, e não um simples Estado guarda-noturno ou um "deus-ocioso".

Não é um Estado ideológico, nem de fação, nem de credo. Mas tem de lutar pela sua autossubsistência, inegavelmente com poder simbólico, e tem de manter a sociedade sã e competentes os cidadãos com ação educativa, que implica educação cívica, política, cultural. Que implica políticas e opções, e não mera gestão, e muito menos simples concertação entre forças ativistas...

Poder-se-á dizer que o Estado de Direito muito pouco tem a ver, substancialmente, com o Estado maquiavélico ou com o também maquiavélico estado absoluto. O Estado de Direito parece ser a *Pólis* atualizada e em ponto grande.

Grandes problemas se põem sobre a compatibilização efetiva entre um Estado de Direito material como aquele de que falamos com, por um lado, o Estado do positivismo jurídico, voluntarista na feitura das normas e na consideração e aplicação do Direito, e, por outro lado, o Estado de partidos, grupos de interesse, predomínio avassalador do poder económico, etc., que condicionam o poder e distorcem a representação popular...

Também ao nível internacional, novas e preocupantes perspetivas e novas práticas, embora por vezes animadas de boas intenções, criam poderes sombra, insindicáveis: poderes de secretarias, de funcionários, de relatórios, de relatores, de peritos, de pessoas não eleitas, sem rosto, e de castas sem responsabilidades.

À sombra da democracia, feita princípio embalsamado, que se venera mas não se vive, vão florescer poderes cinzentos e burocráticos, os quais podem revelar-se eficacíssimos como contrapeso à força das massas anónimas e não pensantes criadas por Estados que se demitiram de formar cidadãos, mas também podem ser os confiscadores dos últimos redutos de liberdade dos que gostariam de, conscientemente, participar na coisa pública a todos os níveis.

Se os partidos se fecharem em castas (e pior ainda em oligarquias) se os poderes se sentirem legitimados para não cumprir promessas, se as organizações internacionais burocratizadas e com *deficit* democrático se substituírem aos Estados e os Estados aos cidadãos, o ciclo fechar-se-á. E não teremos nem o Povo como poder, nem o regime misto (representação da sociedade no poder), nem a representação da sociedade perante o poder (que não a ouvirá), estando a representação da sociedade pelo poder muito debilitada pelo divórcio entre ambos.

BIBLIOGRAFIA

EHRHARDT SOARES, Rogério. *Sentido e Limites da Função Legislativa no Estado Contemporâneo*, in *A Feitura das Leis*, II, coord. de Jorge Miranda e Marcelo Rebelo de Sousa. Lisboa: Instituto Nacional de Administração, 1986, 2 v, v. II, p. 429 s.

ENZENSBERGER, Hans Magnus. *Aussichten auf den Buergerkrieg*. Frankfurt: Suhrkampf, 1993, trad. cast. de M. Faber-Kaiser, Perspectivas de guerra civil, Barcelona: Anagrama, 1994.

FORJAZ TRIGUEIROS, Luís. *Monólogo em Éfeso*. Amadora: Bertrand [1972].

GALVÃO DE SOUSA, José Pedro. *Da Representação Política*. São Paulo: Saraiva, 1971.

LEIBHOLZ, Gehrard. *O Pensamento Democrático como Princípio Estruturador na Vida dos Povos Europeus*, trad. port. Coimbra: Atlântida, 1974.

SANCHEZ DE LA TORRE, Angel *et al. El Estado de Derecho en la España de Hoy*. Madrid: Sección de Filosofía del Derecho de la Real Academía de Jurisprudencia y Legislación. Madrid: Actas Editorial, 1996.

SÉRGIO, António. *Diálogos de Doutrina Democrática*, in *Democracia*. Lisboa: Sá da Costa, 1974.

PARTE V

ESTADO:
DOS FUNDAMENTOS AO FUTURO

LIÇÃO 15

ESTADO: CONCEITOS, FUNÇÕES, EVOLUÇÃO

15.1. ESTADO: CONCEITOS FUNDAMENTAIS[1]

Muitas confusões terminológicas, com anacronismos que se tornaram já veniais de tão correntes e muito psitacismo nas lições enleiam e tornam em muitos casos a matéria de Teoria do Estado ou Teoria Geral do Estado (*episteme* de cunho germânico: *Algemeine Staatslehre)* uma área quase sem sentido, sobretudo apta à memorização, de escasso valor prático. E fica-se ainda com a desconfiança de que, em geral, se trata de um discurso legitimador do Estado e do seu puro poder[2], poder omnipresente e crescente, apesar de todas as "privatizações"[3]. Já Kelsen virá a ficção ideológica estadual, nomeadamente na criação da "realidade jurídica" a que chama Povo, cuja unidade "é um postulado ético-político afirmado pela ideologia nacional ou estatal"[4]. E é o mesmo Kelsen quem cita Nietzsche, no *Also sprach Zarathustra*:

> "O Estado é o mais glacial dos monstros. Mente friamente, e da sua boca sai esta falácia: Eu, o Estado, sou o Povo."[5]

E, contudo, não deveria ser assim, de modo algum. Porque se trata de um sector importantíssimo, mas que espera uma renovação crítica. Ela não poderá, como é óbvio ser feita na estrita economia nestas páginas, que

---

1 V. ainda MIRANDA, Jorge. *Teoria do Estado e da Constituição*. Coimbra: Coimbra Editora, 2002, p. 31 s.; p. 235 s.; CANOTILHO, J. J. Gomes. *Direito Constitucional e Teoria da Constituição*. 7. ed. Coimbra: Almedina, 2003, p. 1369 s.

2 Cf. lugares paralelos in SOARES, Rogério Ehrhardt. *Direito Público e Sociedade Técnica*, p. 23.

3 Dando-se conta de pressupostos "metafísicos sem valor" em que assentam anteriores construções da Teoria do Estado, já DUGUIT, Léon. *Manual de Derecho Constitucional*, ed. castelhana com um Estudo Preliminar de Jose Luis Monereo Perez, José Calvo González. Granada: Editorial Comares, 2005, p. 45.

4 KELSEN, Hans. *Essência e Valor da Democracia*, 1929, p. 12-13, 30-31, 37-43 e 63.

5 NIETZSCHE, Friedrich. *Also Sprach Zarathustra* apud *ibidem*, p. 32.

apenas desejam levantar alguns problemas. Muito, mas muito, mudou no Estado desde a teorização de Georg Jellinek[6], de cuja lição se continua a usar e abusar, tanto tempo e tão águas passadas debaixo das pontes da História. Apesar de, desde pelo menos os anos 20 do século XX (e desde logo com Smend), não terem faltado críticos à tríade elemental e elementar dos elementos do Estado que, além de confundirem níveis, esquecem a essência do "fenómeno"[7].

A primeira das confusões é precisamente a decorrente do abuso da expressão "Estado", que acaba por se identificar com toda a sociedade política ou até comunidade política (aquela, corpo político organizado, esta, não organizado: por isso, ainda hoje, e apesar de tudo se diz "comunidade internacional", e não "sociedade internacional").

O rigor das coisas levaria a distinguir. Salvo numa formulação de linguagem corrente ou "literária", em que se perdoa a imprecisão terminológica, "Estado" deve ser reservado à forma política que se desenvolveu "como obra de arte", diria Jacob Burkhardt, a partir do Renascimento, do progresso do capitalismo, da centralização dos Estados nacionais, e da separação epistemológica da Política de outras realidades da primeira função indo-europeia[8] (mais ou menos sacrais, como a religião, a moral e o Direito), que simbolicamente fazemos coincidir com a obra de Maquiavel, *O Príncipe*[9].

---

6 JELLINEK, Georg. *Algemeine Staatslehre*, 1900, trad. cast. *Teoría General del Estado*, nova ed. cast. Buenos Aires: Editorial Albatros, 1978.

7 Cf., *v.g.*, SOARES, Rogério Ehrhardt. *Direito Constitucional: Introdução, O Ser e a Ordenação Jurídica do Estado*, máx. p. 64.

8 Sobre os indo-europeus e o seu legado, além da obra do renomado jurista alemão JHERING, Rudolf von. *Les Indo-Européens avant l'Histoire*, op. post., trad. de O. de Meulenaere. Paris: A. Maresq, 1995; cf. especialmente DUMEZIL, Georges. *Mythes et Dieux des Indo-européens*. Paris: Flammarion, 1992; *Idem*. *Les Dieux Souverains des Indo-Européens*. 2. ed. Paris: Gallimard, 1977; *Idem*. *Mythe et Epopée*. Paris: Gallimard, 1971-1973, 3 v.; PUHVEL, J. (ed.). *Myth and Law Among the Indo-Europeans*. Berkeley-Los Angeles/London, 1970; BENVENISTE, Emile. *Le Vocabulaire des Institutions Indo-européennes*. Paris: Minuit, 1969, 2 v.; MALLORY, J. P. In: *Search of the Indo-Europeans*. Londres: Thames & Hudson, 2003, e uma síntese em CUNHA, Paulo Ferreira da. *Repensar a Política. Ciência & Ideologia*. Coimbra: Almedina, 2006, p. 57 s.

9 Cf., sobre esse papel fundador de Maquiavel, CUNHA, Paulo Ferreira da. *Repensar a Política. Ciência & Ideologia*, p. 155 s.

Antes desse momento não há Estado. Não há, no rigor das coisas, "estado egípcio"[10], nem "estado romano"[11], nem qualquer dos reinos medievais é Estado propriamente dito[12]. Por isso, Portugal não nasce como um "Estado".

O Estado não é, ao contrário do que possa pensar-se, a forma normal e muito menos a única de vivência societal em política. Nem pode ser tido como simples sinónimo de país ou nação "politicamente organizados". Um dos problemas que se colocam em alguns "Estados" do Terceiro Mundo é, precisamente, o da construção do Estado; e há quem duvide que o Reino Unido, com a sua peculiar forma de organização política (e de mentalidade não estatista[13]) tenha sido, pelo menos durante séculos, um verdadeiro "Estado"[14].

Além disso, outras realidades políticas devem ser consideradas: a tribo, a horda, o clã, como formas primitivas. A aldeia, o feudo, o reino são realidades a não olvidar[15]. E ainda formas intermédias, como veremos (o chamado "Estado estamental"[16]) e formas a que se poderia quase chamar já "ulteriores" (como a União Europeia, que é algo de novo já).

Com grande desenvolvimento cultural e dimensão humana, como sublinhou, por exemplo, François Vallançon[17] foi a *Pólis*. A chamada Cidade-Estado grega tem uma pequena dimensão geográfica mas um grande

---

10 ASSMANN, J. *State and Religion in the New Kingdom*, in *Religion and Philosophy in Ancient Egypt*. New Haven: Conn., 1989, p. 65.

11 Cf., *v.g.*, D'ORS, Álvaro. "Sobre el No-Estatismo de Roma", in *Ensayos de Teoria Política*. Pamplona: EUNSA, 1973, p. 57-68.

12 MIRANDA, Jorge. *Manual de Direito Constitucional*. 5. ed. Coimbra: Coimbra Editora, 1996, p. 59.

13 Neste sentido, LEIBHOLZ, Gerhardt. *Conceptos Fundamentales de la Política y de la Teoría de la Constitución*, trad. cast. Madrid: Instituto de Estudios Políticos/Civitas, 1964, p. 174 s.

14 Aportações interessantes para o problema in POCOCK, John G. A. *Linguagens do Ideário Político*, passim, máx. p. 289 (império, estado e confederação).

15 Recorda-os, recentemente, SALDANHA, Nelson. *O Conceito de Nação e a Imagem do Brasil*, "Revista Brasileira", Fase VII, janeiro-fevereiro-março 2006, ano XII, n. 46, p. 215 s.

16 Sobre a "Constituição Estamental", GARCÍA-PELAYO, Manuel. *La Constitución Estamental*, in "Revista de Estudios Políticos", v. XXIV, Madrid, 1949, p. 105 s.

17 VALLANÇON, François. *L'Etat ou l'Odyssée*, in "EYDIKIA": Atenas, 1991, n. 1, p. 73 s., trad. port. de Clara Calheiros, recolhida in CUNHA, Paulo Ferreira da (org.). *Teoria do Estado Contemporâneo*. Lisboa/São Paulo: Verbo, 2003.

significado de lugar equilibrado de exercício do poder. Não por acaso a dimensão da "cidade" (*lato sensu*) tudo tem a ver com a criminalidade e um certo equilíbrio psicológico (que, se rompido, nela redunda). Os ratos de John Calhoun ou do Henri Laborit (por exemplo, no filme *Mon oncle d'Amérique*), o espaço dir-se-ia "vital" *hoc sensu* de Edward Hall, no seu *A dimensão oculta*, e tantas outras aportações científicas, assim como a mera observação empírica, parece levarem à conclusão que a governação justa e sã e o comportamento cívico dos homens necessita de espaços humanamente dimensionados, e não excessivamente vastos.

E o princípio da subsidiariedade, pelo qual as decisões devem ser tomadas ao nível mais próximo possível daqueles a quem dizem respeito, talvez não seja senão a feliz formulação político-jurídica dessa realidade, de que a *Pólis* deu, pela primeira vez, luminoso exemplo. Talvez por isso os primeiros tentames de democracia, certamente muito oligárquicos ainda, mas os primeiros, nasceram na *Pólis*.

Necessitam de um estudo autónomo realidades como o feudo e o reino medievais[18], e a sua relação com a ideia e a realidade do "Império" (e com a *translatio imperii*)[19]. A "república" não era contrária ao reino. Não há muito, o rei de Espanha foi apresentado, num país da América Latina, como "Rei da República de Espanha". A República e as "repúblicas" dentro de um reino, merecem também atenção como formas políticas. Assim como as comunas, as cidades livres, etc.

E ao nível mais vasto, as federações, as confederações e, de novo, os impérios. Quer na sua forma monárquica, quer na sua forma republicana.

Os principais conceitos dependem, afinal, da evolução histórica. Como dizia Nietzsche, "o que tem história não tem definição". É essa evolução histórica que passamos, a traços larguíssimos, a enunciar.

---

18 Interessantes aportações in BRUNNER, Otto. *Sozialgeschichte Europas im Mittelalter.* Goetingen: Vandenhoeck und Ruprecht, 1978, reimp. 1984, trad. cast. de Antonio Sáez Aranze, *Estructura interna de Occidente.* Madrid: Alianza Universidad, 1991, com Apresentação e Apêndice de Julio A. Pardos. E ainda o clássico MERÊA, Paulo. *Introdução ao Problema do Feudalismo em Portugal.* Coimbra, 1912; SOARES, Torquato de Sousa. *Feudalismo em Portugal*, in *Dicionário de História de Portugal*, dir. de Joel Serrão. ed. Porto: Figueirinhas, 1981, v. II, p. 572 s.

19 GARCÍA-PELAYO, Manuel. "La Lucha por Roma (sobre las razones de un mito político)". *Los Mitos Políticos.* Madrid: Alianza Editorial, 1981, p. 111 s.

15.2. FUNÇÕES ESSENCIAIS DO ESTADO, HOJE

Independentemente de mais elaboradas e bizarras elaborações teóricas, a cultura constitucional corrente sabe que o Estado constitucional moderno (Estado de Direito, democrático, e ainda social e de cultura – para retomar sobretudo Peter Häberle), no plano das funções mais articuladas com o Poder e os Poderes (porque não há apenas essas) fundamentalmente Governa (decide politicamente e administra, nessa senda), Legisla, e Julga (mesmo a constitucionalidade das Normas). E essas funções estão estampadas nos órgãos que primordialmente as exercem: Governo, Parlamento e Tribunais.

Contudo, uma outra discussão, menos jurídica e mais cultural (e social) não seria descabida, porquanto mesmo as teorias do Direito a ela acabam por chegar, por vezes, embora sem nela se adentrarem. Já o entrevimos um pouco.

Infelizmente, *brevitatis causa*, apenas a podemos enunciar, e não desenvolver.

Que se passa então? O Estado exerce essas três grandes funções referidas (as de Montesquieu, afinal) no que poderia dizer-se ser o contexto restrito da primeira função indo-europeia. Ou seja, na perspetiva daquilo a que, com alguma *décalage* histórico-cultural se chama função (geral) de soberania. Na verdade, os indo-europeus, enquanto povo primordial (*Urvolk*), como magnificamente se pode ver no Vocabulário das Instituições Indo-Europeias de Benveniste, tinham três funções sociais: digamos, *grosso modo*, a político-jurídica-mágica, também dita "soberana" (1ª), a guerreira (2ª) e a da fecundidade e da riqueza, que hoje se mal diria "económica" (3ª).

Pois o que ocorre nas teorias jurídicas das funções do Estado é uma reflexão apenas sobre algumas das que pertenceriam à primeira função, e nem todas. Pois dada a crescente (mas não total) laicização do Estado pouco se teoriza a propósito da dimensão mítica, mágica e religiosa.

Falta, portanto, encontrar uma teorização do Estado que corresponda à passagem, em Direito Constitucional, do paradigma de Constituição meramente "política" para o da Constituição multidimensional ou, se quisermos, social *hoc sensu*, fazendo sentir a sua influência de hegemonia vinculante, como diz Paulo Bonavides (com as suas *têtes de chapitre* de todos os ramos do Direito, como topo da pirâmide normativa e seus efeitos irradiantes e de constitucionalização geral de todo o Direito).

Ou seja, é necessária uma teoria das funções do Estado não enclausurada no olhar para o umbigo do Direito (e um pouco da política), mas perspetivando amplamente, compreensivamente, o todo social. Ora aí avulta a essencialidade de elementos estruturais do Estado e de elementos estruturais da Sociedade.

Há algumas utopias que procuram que as Constituições precisamente correspondam a esses elementos últimos, mais da comunidade, da sociedade ou da nação. Mesmo no plano histórico e comparatísticos há exemplos de consagração até orgânica dessas preocupações. A representação de regiões, interesses (legítimos), atividades, etc., existe. E tanto pode ser soviética, como corporativa, como moderna e democrática (depende do contexto e do timbre dos órgãos constitucionais). Mas note-se que essa divisão é mais social que estatal.

No plano tipicamente estatal, ou num compromisso entre uma e outra das vertentes (e com raízes em autores eutopistas mais clássicos, e até num Orlando Vitorino, entre nós) parece inegável que o Estado precisa de tratar das muralhas da Cidade. Para Heródoto, a Constituição (num sentido vastíssimo, material) corresponde precisamente às Portas ou às Muralhas da *Pólis*.

Pois nesse sentido uma função essencial é a da Defesa, protagonizada pelas Forças Armadas. Ela não está sozinha nessa função geral, antes possui uma retaguarda fundamental: a Educação. António Sérgio dizia que educar um Povo é tão fundamental como opor resistência a uma invasão estrangeira. É a Educação uma forma de resistência e de sementeira. Por isso, Cultura e Agricultura são tão próximas (e isso o viu e na prática instituiu Agostinho da Silva, ao criar o prémio D. Dinis, com essas duas vertentes).

O que na ordem sobretudo externa (nas muralhas) é desempenhado pelas Forças Armadas é-o na ordem sobretudo interna (no Foro) pela Justiça, pelas instituições da Justiça, que são protagonizadas pelos Magistrados. Eles têm o monopólio da decisão dos litígios pela via não violenta (ainda que possam fazer apelo à coação).

Trata-se assim de funções sociais básicas do Estado, das mais essenciais, sem as quais não há comércio, indústria, agricultura, serviços e muito menos finança... Devastadas pela ignorância (sem Educação), assoladas pelo crime e pela discórdia (sem Justiça), amedrontadas pela incursão ou mesmo escravizadas pela invasão (sem Forças Armadas), as sociedades pereceriam na anomia. E contra a anomia necessitam de Educar, Defender, Pacificar e fazer imperar a Justiça. Para o que precisam de saber com que maior financeiros contam, evidentemente, e de minimamente controlar esses meios.

São funções essencialíssimas, que as Constituições, em geral, não deixam de contemplar (seria fastidioso e quiçá pouco útil polvinhar aqui os artigos que facilmente se encontram folheando os textos), embora sem a força que a presente estilização e síntese lhes pretende conferir.

É, portanto, natural – e não falamos *pro domo* na dupla qualidade de jurista e professor – que as sociedades e os poderes devam acarinhar as instituições destes três pilares do Estado, e prestigiar os respetivos rostos, as pessoas que por elas dão a cara, e até a vida.

No renovado debate sobre a soberania bem se tem de observar com subtileza quais são as alavancas de autonomia e identidade que um País deve manter suas, mesmo depois de toda a partilha de poderes e competências em fenómenos de integração regional e até universal. Não se pode deixar de pensar que, embora possa, evidentemente, e até em alguns casos deva ser recomendável alguma partilha de soberania nestes setores, são a Educação, a Defesa, as Finanças e a Justiça três elementos essenciais do Estado e do que se possa hoje compreender como soberania essencial. Com isto, evidentemente, não se quer significar que não se façam planos de mobilidade docente e estudantil, no respeito pela idiossincrasia cultural de cada povo e cultura, sem imperialismos formatadores, que não haja acordos de cooperação militar e que os países não colaborem na segurança e na paz mundiais, sem isolacionismos, mais ou menos orgulhosos, que não possa haver enquadramentos e diálogos na complexa e quase esotérica ciência das Finanças Públicas (como aludia Russell), e que não se aprofunde mesmo o diálogo interjudicial, nomeadamente com mais conhecimento mútuo do Direito dos diversos países, e mesmo instâncias superiores universais, como um futuro Tribunal Constitucional Internacional.

15.3. EVOLUÇÃO DO ESTADO

O Estado que efectivamente importa mais estudar directamente para a compreensão do que levou ao actual Estado Constitucional é o Estado moderno, ou Estado em sentido mais preciso. Evidentemente, não negando o grande interesse formativo do estudo de outras formações políticas anteriores[20], ou eventualmente paralelas ou afins[21].

Começamos por isso a evolução na criação do Estado moderno, ou Estado, Estado *proprio sensu.*

Maquiavel, como sabemos, clama por um Príncipe que faça o Estado italiano. Será o primeiro, ou de todo o modo um dos primeiros, a usar a palavra Estado com um significado moderno. É, contudo, significativo, embora comece por ser intrigante, que Jacob Burckhardt, que exaltaria no século XIX o Estado a obra de arte, comece a sua obra *A Civilização do Renascimento Italiano* falando em sucessivos capítulos de tiranias: tirania do século XIV, tirania do século XV, os pequenos tiranos... Pela leitura do que sucede ficamos a entender. Em tudo, *ubi commoda, ibi incommoda.* Se a preparação do engrandecimento do poder central dos reinos teve de ser feita à custa da tirania, é nesse mesmo momento que vai também nascer a descoberta do indivíduo[22]. Se até aí o homem só se entendia num contexto colectivo, como o da raça, do povo, da corporação, da família, etc., agora, pelo contexto político e também pelo cultural (não o esqueçamos: e de que maneira a cultura é viva e influente no Renascimento italiano), nasce o Homem-indivíduo, e abre os braços, como no conhecido desenho de Leonardo[23]. Na Alemanha, será sobretudo o movimento da Reforma Protestante, tempo de profunda crise, em que ecoa o martelo de Martinho Lutero afixando as suas teses em Wittemberg. Reforma também individualista, que remete a relação religiosa para uma maior interioridade, do crente com Deus, através do texto (sem comentários) da sua Bíblia.

---

20 Sobre estas realidades, conforme, *v.g.*, GOUVEIA, Jorge Bacelar. *Manual de Direito Constitucional.* Coimbra: Almedina, 2005, v. I, p. 167 s.; MIRANDA Jorge. *Teoria do Estado e da Constituição.* Coimbra: Coimbra Editora, 2002, p. 37 s. Conforme ainda, desenvolvida e especificamente: HALL, John. *States in History*, trad. port. de Paulo Vaz *et al. Os Estados na História.* Rio de Janeiro: Imago, 1992. E para os tempos mais antigos, KRADER, Lawrence. *Formation of the State.* Nova Jersey: Prentice Hall, 1967, trad. port. de Regina Lúcia M. Morel. *A Formação do Estado.* Rio de Janeiro: Zahar, 1970.

21 Cf., por todos, e sinteticamente, FRIEDE, Reis. *Ciência Política e Teoria do Estado.* Rio de Janeiro: Forense, 2002, p. 47-70.

22 Cf. a reflexão de CAMPS, Victoria. *Paradojas del Individualismo*, Crítica, 1993, trad. port. de Manuel Alberto. *Paradoxos do Individualismo.* Lisboa: Relógio D'Água, 1996.

23 BURCKARDT, Jacob. *A Civilização do Renascimento Italiano*, trad. port. 2. ed. Lisboa: Editorial Presença, 1983, p. 107 s.

São conhecidos os factores espirituais e culturais, económicos, e de mudanças de mentalidade do advento dos tempos modernos[24]. Todos concorreram para a unidade e centralização do mando, para a racionalização do aparelho do poder, para a acumulação de meios nessa sede, para a maior eficácia da comunicação dos seus comandos, etc.

É também neste tempo que vão surgir os três grandes clássicos da Filosofia Política, que, cada um com o seu estilo, cunharão três formas de criticar o *statu quo*: Maquiavel, numa crítica que é apologia de futuro, *O Príncipe*, Tomás Moro, que critica a velha Inglaterra, e propõe sob forma de utopia, em obra homónima, uma cidade ideal, e Erasmo de Roterdão, que opta pela sátira, no *Elogio da Loucura*[25]. Estava rompida a barreira da invenção, da imaginação social e política. Agora podia pensar-se o estado das coisas, criticar-se, e efabular-se novas concepções de sociedade. Mais que uma conquista política, antes disso, foi uma conquista mental. Rasgaram-se novos horizontes de pensamento e de respiração mental. O paradigma religioso medieval era, no essencial, substituído. Na verdade, passava para segundo plano, porque a sucessão dos paradigmas procede por camadas, por sedimentos. E não ainda plenamente, nem em absoluto, chegara já o paradigma racionalista. Mas eram os primeiros passos[26].

Há inúmeras teorias caracterizadoras do Estado, e tipificadoras dos seus vários momentos evolutivos. Como é habitual, o desacordo nas perspetivas e resultantes classificações é muito significativo. E importa sublinhar que as teorizações são diferentes, muitas vezes (e frequentemente não

---

24 MIRANDA Jorge. *Teoria do Estado e da Constituição.* Coimbra: Coimbra Editora, 2002, p. 61 s. Desenvolvendo, *v.g.*, CROSSMAN, R. H. S. *Government and Governed. A History of Political Ideas and Political Practice.* Londres: Chattu & Windus, 1958, trad. cast. de J. A. Fernández de Castro, *Biografía del Estado Moderno.* 4. ed., 2. reimp. México: Fondo de Cultura Económica, 1994, máx. p. 26 s.; SHENANN, J. V. *The Origins of the Modern European State (1450-1725)*, trad. it., *Le Origini dello Stato Moderno in Europa.* Bolonha, 1991; SOUSA, José Pedro Galvão de. *O Totalitarismo nas Origens da Moderna Teoria do Estado*, s.e, São Paulo, 1972. V. ainda BLUMENBERG, Hans. *Die Legitimitaet der Neuzeit.* 4. ed. Frankfurt: Suhrkamp, 1976, trad. ingl. de Robert M. Wallace. *The Legitimacy of the Modern Age.* Cambridge Mass/London, 1983; TIGAR, Michael E.; LEVY, Madeleine R. *Law and Rise of Capitalism*, trad. port. de Ruy Jungmann. *O Direito e a Ascensão do Capitalismo.* Rio de Janeiro: Zahar Editores, 1978.

25 CUNHA, Paulo Ferreira da. *Repensar a Política. Ciência & Ideologia*, p. 84-85; p. 103 s.

26 Sobre a sucessão de paradigmas culturais e políticos, *Ibidem*, p. 91 s.

há entre elas contacto – o que é lamentável) consoante provenham de juristas, historiadores, sociólogos, politólogos, filósofos ou estudiosos da Filosofia, etc.

Uma teorização ainda recente, e bastante interessante, é a que estrutura precisamente um livro de *História das Ideias Políticas* elaborado em coautoria por um renomado historiador da Filosofia pura, uma professora de Direito e Ciência Política, e um assistente de Direito *tout court*[27].

Consideram, sucessivamente, os seguintes capítulos: O Príncipe-Estado (começando, naturalmente, em Maquiavel), o Estado-Nação (das Revoluções americana e francesa ao liberalismo político), o Estado-Sociedade (do utilitarismo ao anarquismo), o Estado-Gerente (humanismo, pluralismo e reformismo), o Estado-Partido (marxista-leninista), o Estado-Força (direita contrarrevolucionária, fascismos e nazismos e bioideologia), a Nação-Estado (os impérios e as novas nações), o Estado-Cientista (sobre questões teóricas do Estado e os seus teorizadores), e finalmente o Estado em Questão (colocando quatro grandes questões: totalitarismo, História, poder e o próprio Estado). Pensamos que é uma forma inteligente e até fascinante de colocar os vários problemas, embora a pulverização categorial nos desaconselhe a seguir aqui esse caminho. Tomaremos um atalho, mais de acordo com a busca da fisionomia histórico-espiritual de cada fase, a traços largos, e impressionistas – remetendo para algumas memórias culturais do Leitor que, assim, suprirá por si mesmo as lacunas.

Estamos num tempo em que o Estado abre em profundas feridas a sua crise (desde logo, crise do Estado providência, como veremos *infra*, e crise do Estado-Nação[28]), e mostra até, para alguns, sob o seu porte de gigante, pesados pés, mas de barro. As classificações dependeriam de um balanço que, sendo importante, ainda não será o momento de empreender. Assim, recordaremos apenas que, na fase pré-Estadual moderna, e em alguns momentos e regiões convivendo com a Estadual, se fala normalmente (mas com impropriedade) em *Estado estamental*, em que subsistem as ordens e sua estratificação rígida, e um ambiente em geral corporativo, que é em

---

[27] CHÂTELET, François; DUHAMEL, Olivier; PISIER-KOUCHNER, Evelyne. *Histoire des Idées Politiques*. Paris: PUF, 1982, trad. port. de Carlos Nelson Coutinho. *História das Ideias Políticas*. Rio de Janeiro: Jorge Zahar Editor, 2000.

[28] Cf., por todos, NOVAES, Adauto (org.). *A Crise do Estado-Nação*. Rio de Janeiro: Civilização Brasileira, 2003; ROSANVALLON, Pierre. *La Crise de l'Etat Providence*. Paris: Seuil, 1981.

grande medida o contrário da liberdade face à origem, e mobilidade social, de profissão e empresa, tão típicas do tempo do Estado moderno em sentido próprio.

Ao primeiro Estado *stricto et proprio sensu* alguns chamam Estado Renascentista. Outra possibilidade é a designação de Estado absoluto, mas então recobriria muitos mais casos, tendo a expressão absolutismo, aliás, uma aplicação muito vasta, para um conjunto grande de situações diferentes[29]: nalguns casos pré-estaduais, o que complica ainda mais a questão.

Em todo o caso, e independentemente das subdivisões, há um Estado moderno pré-Iluminista, a que não será errado chamar, Renascentista e Barroco *lato sensu* (séculos XVI e XVII), em que se começam a elaborar a que se segue o Estado Iluminista (século XVIII), e depois da Revolução Francesa (1789), ao mesmo tempo herdeira e antagonista das Luzes, as várias formas de Estado pós-revolucionário, de que somos todos herdeiros ainda hoje, por continuidade e desenvolvimento ou por reacção.

O Estado Iluminista não deixa de ser um Estado absolutista, e por vezes bem duro, mas move-o uma demofilia sincera. Está longe de ser democrático, nas suas instituições (em grande medidas a estrutura tradicional do Estado, aqui e ali *aggiornata*) e nos seus procedimentos. Reforçou mais ainda a ideia da realeza de direito divino, e prescindiu do Povo como intermediário dessa legitimação. É, contudo, um Estado que procura a Cultura, o Progresso e a Educação. Os seus fins multiplicam-se, e as suas realizações são para ver, admirar, esmagar na sua sumptuosidade e magnificência. Herda do Estado Barroco o gosto pelo dramatismo e encenação do poder, pelo poder-espectáculo.

Em Portugal, é o Estado da Mafra do *Memorial do Convento*, de Saramago, e é o Estado do Terramoto de 1755 e da reconstrução-terramoto do Marquês de Pombal[30]. É um Estado de grandes empreendimentos, com grandes ambições, muitas delas goradas, mas cujo sonho e o mito fica.

A este Estado se chama por vezes também Estado de Polícia (*Polizeisstaat*). Nesta época a expressão adquiria uma conotação muito positiva aos olhos dos governantes e alguns intelectuais afectos ao poder. O *policiado*

---

29 MACEDO, Jorge Borges de. *Absolutismo*, in "Dicionário de História de Portugal", dir. de Joel Serrão. Lisboa: Iniciativas Editoriais, 1963, v. I, p. 8-14.

30 Cf. CUNHA, Paulo Ferreira da. "O Marquês de Pombal: Estado *vs.* Liberdade", in *Faces da Justiça*. Coimbra: Almedina, 2002, p. 75 s.

era o culto, o ilustrado, por outras palavras. Era, afinal, o *polido*. Um lugar paralelo a apreciar é o facto de, nos EUA, ainda no século XX se falar de *police power* do Estado (*v.g.* Lochner *vs.* Nova Iorque), como poder deste desenvolver actividade legislativa em prol do interesse público[31].

Mas a ideia desses tempos absolutistas de que falávamos era realmente uma outra: a de um controlo e vigilância. Como patentemente se vê, por exemplo, no Projecto de Novo Código de Direito Público, de Melo Freire, entre nós: registos, rondas, autorizações e exames (até para casamento), policiamento efectivo, geometrismo, iluminação, salubridade, urbanismo, etc. – tudo formas de controlo social. Estas características ganham assim outra conotação aos olhos mais liberais, democráticos, e pluralistas dos nossos dias. Por isso, passam por vezes a chamar-se estados de polícia estados modernos, mas considerados policiais, alegada ou realmente com falta ou ausência de liberdades, etc., englobando por vezes um leque muito vasto[32]. Cremos que é mais uma acha para a fogueira da confusão conceitual. Seria preferível considerar estado de polícia precisamente o iluminista, e simbolicamente ilustrado por José II, esse mesmo que, bom "polícia", corrigiu Mozart por ele compor óperas com demasiadas notas[33].

E é contra este Estado Iluminista, mas alimentados culturalmente por ele, que se levantam os *philosophes* (que tinham tido o sonho de ser filósofos-conselheiros de reis: desde a Rússia à Prússia – onde foram recebidos sem o entusiasmo que desejavam, e de onde voltaram desiludidos e revolucionários). Eles serão o fole da fogueira da Revolução Francesa, que, depois de muitas perturbações, dará lugar ao Estado liberal burguês, o Estado d'*O Conde de Monte-Cristo*, por exemplo. Além de uma política, trata-se de uma mentalidade, que se pretende ainda hoje universalista, mas que é localizada, e particular: a mentalidade burguesa[34], capaz de mover montanhas com

---

31 Sobre esta última noção, cf. SOARES, Rogério Ehrhardt. *Interesse Público, Legalidade e Mérito*. Coimbra: Atlântida, 1959.

32 Um exemplo dessa abrangência conceptual, que se nos afigura dissolvente do próprio conceito: <http://de.wikipedia.org/wiki/Polizeistaat#Literatur_und_Film>. Embora haja uma ressalva linguística. Já não nos chocaria chamar aos referidos estados não "Estados de Polícia", mas "estados policiais"...

33 Cf., *v.g.*, FONTES, Cecília. "*Le Nozze di Figaro, by Mozart*", in *Fides. Direito e Humanidades*, Porto: Rés, 1992, v. II, p. 123.

34 Cf., *v.g.*, SOMBART, Werner. *Le Bourgeois*, trad. fr., Paris: Payot, 1966; ROMERO, José Luis. *Estudio de la Mentalidad Burguesa*. Madrid: Alianza Editorial, 1987.

a sua autoconfiança empreendedora, como Marx e Engels reconheceram no *Manifesto Comunista*. No Brasil, é o tempo de Machado de Assis e das suas personagens. E, em Portugal, dos romances de Camilo, Júlio Dinis e Eça de Queiroz. Ou (apesar de se duvidar se há Estado no Reino Unido[35]) dos de Jane Austen, *Orgulho e Preconceito*, e outros, com notáveis adaptações cinematográficas, aliás.

O Estado Liberal é apenas teoricamente não intervencionista. Os seus empreendimentos bélicos, designadamente colonias, vão demonstrá-lo e requerê-lo. Por outro lado, os próprios liberais (e mesmo os ideólogos liberais) evoluirão num sentido social, e de tal forma que, como veremos, serão os pioneiros da legislação social no Reino Unido. Porém, os direitos reconhecidos por este Estado são, sobretudo, os de participação e representatividade, civis e políticos, sem dimensão económica, social, ou cultural, etc.

Estado em grande medida construído por burgueses juristas, será, sobretudo, um Estado de Direito (*Rechtsstaat* é expressão que se deve a Von Mohl, apenas em 1832), e fará também a sua transição para Estado Democrático. Aliás, Estado de Direito é expressão que tem outros equivalentes (mas só equivalentes) jurídicos noutros ambientes culturais, como o francês (que aborda a questão por meio do princípio da legalidade e supremacia da lei por imposição da *volonté générale*), ou o de língua inglesa, que fala em *Rule of law*. Parece que houve dificuldade em traduzir este conceito para Russo, ainda não há muitos anos, o que nos não espanta, na medida em que, em um dos livros traduzido para chinês se não encontrou palavra, naquela língua, para a simples (e complexa) palavra portuguesa "Direito"[36].

O Estado liberal, democratizado e porejado de Direito, terá ainda uma fase intermédia antes de dar lugar ao Estado Social, de que falaremos mais no final deste livro. Foi dominado pelo chamado *regime administrativo de serviço público*. Aí reconhecidamente os fins do Estado evoluem muito, desde a época anterior, que tem também (erradamente por vezes abarcando todo o Estado Liberal) o nome de *État gendarme*, ou Estado-guarda-nocturno, o qual tinha, como a classificação indica, muito menos funções que o Estado de polícia. O aumento das funções do Estado prendeu-se com a evolução económica, e o progresso técnico. Foi sobretudo arrastado pelo

---

35 MENAUT, Antonio-Carlos Pereira. *El Ejemplo Constitucional de Inglaterra*. Madrid: Universidad Complutense, 1992.

36 Cf. CUNHA, Paulo Ferreira da. *Res Publica. Ensaios Constitucionais*, p. 51 s.

caminho de ferro, tão discutido ainda n'*A Morgadinha dos Canaviais*, de Júlio Diniz. E entre nós o progresso das comunicações (ou o seu mito) faria a glória dos governos fortes, musculados, como os dos Cabrais (desses de que fala o Hino da Maria da Fonte) e de Fontes Pereira de Melo.

As guerras se encarregariam do resto[37]. A Primeira Guerra Mundial começará a mudar o rosto da Europa, dando a grande machadada no que restava de liberal no Estado. Depois do fim da Primeira Grande Guerra multiplicaram-se medidas proteccionistas. A Grã-Bretanha, por exemplo, pública a sua Lei da Saúde Pública em 1921.

E a Segunda Grande Guerra será decisiva na instauração do Estado social. Mas começa com transformações sociais, como o emprego das mulheres, e a quebra de resistência a empreendimentos colectivos, como, por exemplo, a alimentação em cantinas, que só começaria a generalizar-se nas empresas após o estalar do conflito de 1939-1945. Pense-se só nos problemas da produção rápida e massiva de armamento, dos abastecimentos de combustível, ou no racionamento alimentar para se aquilatar da enorme máquina não puramente fiscal do Estado.

Depois da Segunda Guerra, multiplicam-se os serviços nacionais de saúde, e afins, por exemplo. Em 21 de março de 1943, já Churchill, numa alocução radiofónica a todo o Império Britânico traçava o programa de um "campo cada vez mais largo para a propriedade e a iniciativa da parte do Estado"[38].

E Churchill, como é bem sabido, oscilou politicamente entre o partido liberal e o partido conservador.

Nos anos 80 e 90 do século XX, começa uma viragem, sobretudo ideológica, proclamando a falência do Estado social, sob a inspiração dos *Chicago boys* e das teorias ditas neoliberais, mais propriamente anarcocapitalistas. E o Estado social começa realmente a recuar, tendo como emblemáticas figuras Margaret Thatcher, no Reino Unido, e Ronald Reagan, nos EUA. Apesar das proclamações, e sem dúvida de cortes fatais em algumas funções sociais do Estado, não se foi tão longe no desmantelamento do Es-

---

[37] Cf., em geral, JOUVENEL, Bertrand de. *Du Pouvoir. Histoire Naturelle de sa Croissance*, nova edição. Paris: Hachette, 1972-1977. V. ainda, subsidiariamente, CUNHA, Paulo Ferreira da. *Da Guerra Ideológica à Guerra Cultural*. Separata do volume de Homenagem ao Prof. Doutor André Gonçalves Pereira. Coimbra: Faculdade de Direito da Universidade de Lisboa, Coimbra Editora, 2006, p. 149-160.

[38] Apud *A Consciência Social na Grã-Bretanha*, Serviços de Imprensa e Informação da Embaixada Britânica, 1944, p. 80.

tado social como pretenderiam os ideólogos. Em Portugal, por exemplo, a panaceia da privatização para resolver problemas do tesouro público é um sintoma de que o neoliberalismo está a lançar raízes, embora conte com a barreira de uma cultura social muito forte, e mais ainda, dos países europeus.

Falam alguns já de Estado Pós-social. Cremos hoje ser apressado para declarar essa abertura de um novo ciclo. O que parece estar aí é apenas o simples e normal nestes casos. Há uma luta entre dois paradigmas: o de um Estado social que tem de se reformar para sobreviver, evoluindo; e o de um anarcocapitalismo que roça o Antiestatismo, nas suas versões mais agressivas. O futuro dirá se algum deles triunfará, ou se algo de novo poderá emergir, como síntese ou como superação desta luta, que não deixa de atravessar a teoria do Estado e a teoria da Constituição.

BIBLIOGRAFIA

DALLARI, Dalmo de Abreu. *Elementos de Teoria Geral do Estado.* 24. ed. São Paulo: Saraiva, 2013.

HELLER, Herman. *Teoría del Estado*, trad. cast., México: F. C. E., 1974

JELLINEK, G. *Teoría General del Estado.* trad. cast. de Fernando de los Ríos Urruti. Granada: Comares, 2000

KELSEN, Hans. *Teoría General del Estado.* 14. ed. cast. México: Editora Nacional, 1979.

KRIELE, Martin. *Introducción a la Teoría del Estado.* trad. cast. Buenos Aires: Depalma, 1980

PAUPERIO, J. Machado. *Teoria Geral do Estado.* Rio de Janeiro: Forense, 1983.

ZIPPELIUS, Reinhold. *Teoria Geral do Estado*, trad. port. Lisboa: Fundação Calouste Gulbenkian, 1974.

LIÇÃO 16

ESTADO CONSTITUCIONAL E ESTADO SOCIAL

16.1. ESTADO DE DIREITO DEMOCRÁTICO E SOCIAL DE CULTURA

O fenómeno que terá despertado a maioria das pessoas para o desfasamento entre as clássicas teorias do Estado e a realidade dinâmica da História e do Direito terá sido o da Constituição Europeia. Mas de há muito que os mais atentos viam as dificuldades em fazer caber a realidade movente e multímoda das sociedades políticas de hoje no leito de Procusto dos paradigmas estadualistas cunhados para outros tipos históricos de "Estado".

O Estado que vamos tendo, independentemente de evoluções europeias até, é um novo tipo de Estado. É, desde logo, Estado de Direito, democrático, e social. Mas é, numa outra classificação, Estado Constitucional.

O Estado Constitucional constrói-se a partir da tríade (ela própria evoluindo, como vimos já) mítica da Constituição moderna, que funciona como seu pano de fundo e esteio. Afinal, ele desenvolve esse projecto e esse legado. Quais os elementos através dos quais se realiza essa evolução?

A própria *soberania popular*[1], já o vimos, parecer ser um quarto elemento a acrescentar à tríade do constitucionalismo liberal, que se torna democrático. Ela será talvez a ponte primeira para o Estado Constitucional.

Mesmo princípios pertencentes à tríade mítica moderna são reelaborados nesta nova forma de Estado.

Por exemplo, a *separação dos poderes*[2] deixa de ser apenas forma de distribuição dos mesmos pelos diferentes pretendentes sociais e políticos, e método de organização do Estado, para, por um lado, ao menos idealmente, se passar a repercutir em todos os domínios em que tenha pertinência o

---

1 Cf., por todos, BAPTISTA, Eduardo Correia. *A Soberania Popular em Direito Constitucional*, in *Perspectivas Constitucionais* (Org.), de Jorge Miranda. Coimbra: Coimbra Editora, 1986, v. I, p. 481 s.

2 Cf., *v.g.*, PIÇARRA, Nuno. *A Separação dos Poderes como Doutrina e Princípio Constitucional*. Coimbra Editora: Coimbra, 1989.

equilíbrio dos freios e contrapesos (designadamente ao nível infraestadual, ou em entes estaduais diferentes das clássicas sedes dos três tradicionais poderes); e, por outro lado, passa a separação dos poderes a transmutar-se e a redimensionar-se numa mais vasta ideia de pluralismo. Além disso, a separação de poderes, hoje, num Estado Constitucional, leva muito a sério a dignidade dos Parlamentos e a independência dos Tribunais, assim como a independência e a inviolabilidade de deputados e magistrados.

Do mesmo modo, os *direitos fundamentais* ou humanos de proclamatórios (crítica que tradicionalistas e colectivistas muitas vezes lhes faziam) passam a usufruir de rigorosa tutela, designadamente jurisdicional[3]. O que lhes confere uma outra legitimidade e dignidade, tornando-os afinal tão reais, que o seu clássico e inteligente crítico Michel Villey teria passado a acreditar neles (ou terá sido ironia?), num processo de que a sua última entrevista ao jornal "Le Monde" viria a coroar[4]. Além disso, de entre os direitos fundamentais começaram a avultar (o que confundiu espíritos menos permeáveis à mudança), e hoje têm plenos foros de cidade (apesar das críticas) direitos fundamentais sociais. Estes direitos são parte integrante e indissociável do novo Estado constitucional.

A seguir, mas mais importante em hierarquia, virá a *dignidade humana*[5]. Uma ideia de dignidade humana não absolutizada de forma idealista, mas encontrada em cada momento na intersecção crítica e criadora dos princípios universais de Direito (e dos Direitos Humanos

---

3 No Brasil, veja-se, *v.g.*, VIEIRA, Óscar Vilhena (colaboração de Flávia Scabin). *Direitos Fundamentais. Uma Leitura da Jurisprudência do STF.* São Paulo: Malheiros Editores, 2006.

4 VILLEY, Michel. *Le Droit et les Droits de l'Homme.* PUF: Paris, 1983; *Idem. Polémique sur les 'Droits de l'Homme'*, in «Etudes Philosophiques», n. 2, 1986, p. 191 s.; *Idem. Réflexions sur la Philosophie et le Droit. Les Carnets.* Paris: PUF, 1995 (póstumo).

5 Em geral, ANDRADE, José Carlos Vieira de. *Direitos Fundamentais.* 2. ed. Coimbra: Almedina, 2001 (há novas edições); QUEIROZ, Cristina. *Direitos Fundamentais (Teoria Geral).* Coimbra, Coimbra Editora/Faculdade de Direito da Universidade do Porto, 2002. Concretizando, em Portugal, COSTA, José Manuel M. Cardoso da. *O Princípio da Dignidade da Pessoa Humana na Constituição e na Jurisprudência Constitucional Portugueses*, Separata de *Direito Constitucional. Estudos em Homenagem a Manoel Gonçalves Ferreira Filho*, coord. de Sérgio Resende de Barros e Fernando Aurélio Zilveti. São Paulo: Dialética, 1999; CUNHA, Paulo Ferreira da. *Teoria da Constituição*, v. II, passim; *Idem. Direitos Fundamentais. Fundamentos e Direitos Sociais.* Lisboa: Quid Juris, 2014.

universais – ou direitos naturais, como se preferir) e a radicação e a riqueza do local (tradicional, histórica, nacional, comunitária, como se desejar). No fundo, trata-se da *globalização*[6] de uma das grandes premissas (talvez a mais importante, a seguir à vida humana) dos próprios valores jurídicos.

O Estado passa a sofrer, em si, importantes transformações.

Claro que o Estado com uma Constituição liberal começa por se submeter ao Direito (Estado de Direito), por se democratizar (Estado democrático), e por se preocupar socialmente com muito mais empenhamento, ao ponto de, por vezes, se transmutar (Estado Social). Mas o passo seguinte é o de um Estado de Cultura (*Kulturstaat*), obviamente para os casos em que a sociedade e os seus políticos e governantes, a todos os níveis, tenham conseguido ultrapassar o espectro do ministro de Hitler, Goebbels: "quando oiço falar em cultura, puxo logo da pistola". Ora o Estado Constitucional é um Estado de Direito democrático e social de cultura.

16.2. TÓPICAS DOS ELEMENTOS DO ESTADO

E neste caso nem sequer como projecto, mas como verificação de um facto não apercebido, mas que hoje avulta, a Teoria Geral do Estado tem de acolher no seu seio, desde logo na enunciação dos "elementos" do Estado, a dimensão "cultura", pelo menos a par dos clássicos "território", do "povo" e do "poder político" (com as alternativas "governo"[7] ou "soberania"[8] – mas apontando sempre mais ou menos para a mesma concepção).

Mas nem se pense que sempre houve, apesar de muito psitacismo, completa unanimidade quanto a estes traços característicos do Estado, os quais funcionam na prática como tópica legitimadora e como cabeças de capítulo do estudo das suas matérias: portanto tópicos ideológicos e tópicos pedagógicos.

Cremos que mais na perspetiva do tópico pedagógico, Kelsen, por exemplo, acrescenta ao catálogo o "tempo" – pensando, claro está, na sua

---

6 CUNHA, Paulo Ferreira da. *Globalização*, in "Verbo. Enciclopédia Luso-Brasileira de Cultura. Edição século XXI". Lisboa/São Paulo: Verbo, 1999, v. XIII, col. 634 s.

7 Marcelo Caetano, Santi Romano, Donato Donati e outros optaram em algum momento por esta perspetiva.

8 Ponto de vista, por exemplo, de Michel Temer, Sahid Maluf e Anderson de Menezes, no Brasil.

limitação temporal: os Estados (mesmo numa perspetiva mais internacionalista que constitucional) nascem e morrem, no tempo, outros lhes sucedem, etc.[9].

Além disso, o próprio empenhamento internacional e comunitário dos Estados (ou abertura participante e construtiva à integração e ao Direito Internacional), designadamente dos Europeus, acaba por se integrar nos próprios fins do Estado, ou nos seus grandes princípios fundantes e rectores[10]. E daqui decorrem imensas e muito interessantes e promissoras consequências. Este é, irrecusavelmente, um tópico ideológico. O Estado liberal, romântico, era nacionalista e reforçava o tópico da soberania de cada Estado.

Outros autores advertem justamente para o facto de que a teoria tripartida tradicional confunde planos, ou níveis, junta o que não pode ser agregado. E quando se começa a organizar, não raro se acaba por colocar mais elementos no catálogo. Por exemplo: o Direito. Como pode, hoje (e por que não sempre?), realmente, descrever-se o Estado sem o Direito? Assim, por exemplo, para Torres del Moral, o Estado tem como elementos a que chama "formais" o Direito e o poder político, e como "pressupostos materiais", o povo e o território[11].

Não importa aqui e agora comprometermo-nos com uma teoria em concreto. Visa-se é problematizar, e pluralizar as fontes, numa matéria controversa e ao mesmo tempo dogmatizada.

16.3. TÓPICAS DOS FINS E FUNÇÕES DO ESTADO

Também no atinente aos fins (e funções) do Estado há tópicas adversas, designadamente mais liberais e mais sociais. Não nos esqueçamos de que a questão dos fins, sobretudo, é, antes de mais, um problema de filo-

---

[9] KELSEN, Hans. *Teoria Geral do Direito e do Estado*, cit., p. 314 s. Não é o único a sublinhar a relevância do tempo em matérias constitucionais e políticas. Por todos, *v.g.*, LINZ, Juan. *El Factor Tiempo en un Cambio de Régimen*. México: Instituto de Estudios para la Transición Democrática, 1994.

[10] Cf., *v.g.*, CANOTILHO, J. J. Gomes. *Direito Constitucional e Teoria da Constituição*, 7. ed., p. 367 s.; AMARAL, Maria Lúcia. *A Forma da República. Uma Introdução ao Estudo do Direito Constitucional*. Coimbra: Coimbra Editora, 2005, p. 390 s.

[11] TORRES DEL MORAL, Antonio. *Introducción al Derecho Constitucional*. Madrid: Universidad Complutense, 1996, p. 22 s.

sofia política[12], com grande coloração ideológica até, como sucede nas discussões actuais sobre o problema.

Tradicionalmente, entretanto, continua a dizer-se (com mais ou menos variantes) que os fins essenciais ou jurídicos do Estado são a segurança e a justiça. Colocando-se o fim benévolo e demofílico, o bem-estar, como um fim não essencial. E assim, muitas vezes, na lógica liberal de *laissez faire* que preside a uma teorização que não é, evidentemente, inocente, estes elementos são colocados de forma instrumental. Explicando-se, assim, que a *segurança* é o exercício do poder de polícia na ordem interna e a defesa das fronteiras (territoriais e simbólicas) no plano externo (ou seja, defesa da soberania – que tem estes dois elementos de supremacia), que a justiça é, afinal, a capacidade legislativa e a judiciária (de produção normativa e sua tutela em tribunal)[13]. O *bem comum* acaba por reconduzir-se aos fins não essenciais (sociais) do Estado, tais como a Educação, a Segurança Social, a Saúde, os Transportes públicos, etc. E esta teoria, considerando apenas essencial o mínimo, típico de um Estado guarda-nocturno, abre obviamente a porta a uma sua retracção ou alijamento das funções que, desde o Estado Iluminista, e sobretudo desde as duas guerras mundiais, se lhe foram incorporando naturalmente.

Contudo, partindo, embora, da mesma teorização de base, outros autores suavizam e actualizam a rigidez do esquema. Na linha do pensamento social cristão, Freitas do Amaral, entre nós, depois de ponderar a ideia precisamente contrária à liberal, de S. Tomás de Aquino, segundo a qual a finalidade essencial do Estado, sempre e em toda a parte, seria o *bem comum*[14],

---

[12] V., desde logo, QUEIRÓ, Afonso Rodrigues. *Os Fins do Estado (Um Problema de Filosofia Política)*. Suplemento ao v. XV do "Boletim da Faculdade de Direito". Coimbra: Universidade de Coimbra, 1939, p. 1 a 72.

[13] Uma boa estilização desta perspetiva é relatada em FRIEDE, Reis. *Ciência Política e Teoria do Estado*, p. 36 s., máx. p. 38.

[14] Bem-Comum não é, em rigor, idêntico a Bem-Estar, como é óbvio. Por outro lado, há quem o considere um valor jurídico: o que ainda torna a questão mais complexa. Cf. GUILLERMO PORTELA, Jorge. *Breve Análisis de los Valores Jurídicos*, "Cultura Jurídica". México: Tribunal Superior de Justicia del Estado de México, n. 1, 2005, p. 127 s., máx. p. 162 s. O problema parece ser o de se tentar fazer conviver categorias com tempos diferentes, de tempos diferentes, na verdade. Já é complicado fazer caber num mesmo tempo valores, virtudes e princípios... Uma visão hodierna da tradição aristotélica do "Bem comum" e da chamada "vida boa", in BERTEN, André. *Philosophie Politique*, trad. port. de Márcio Anatole de Souza Romeiro. *Filosofia Política*. São Paulo: Paulus, 2004, p. 70 s.

teoria que não pretende contrariar, apresenta uma visão tripartida, em que se acolhem os dois elementos essenciais, tipicamente liberais, e o elemento cristão, considerando, assim, como fins do Estado cumulativos e implicando realização simultânea a segurança, a justiça e o bem estar[15]. Além disso, é susceptível de poder extravasar uma perspetiva simplesmente funcional a forma como o autor densifica os conceitos de segurança, na linha, aliás, do que fazia já Marcello Caetano, que cita:

> "a sociedade política existe para substituir, nas relações entre os homens, ao arbítrio da violência individual certas regras ditadas pela Razão que satisfaçam o instinto natural de Justiça."[16]

Outra dificuldade, nestes temas, é que se confundem muitas vezes os fins com as funções. A forma como a doutrina liberal restritiva apresenta os fins do Estado é muitas vezes excessivamente funcional. Se pensarmos a Justiça numa interpretação abrangente da quase antropológica (de antropologia filosófica) citação de Marcello Caetano, ligando a Justiça ao instinto natural de Justiça de uma natureza humana, afinal, evidentemente que essa Justiça é um fim, e se diria mesmo que habita no Reino dos Fins. Se identificarmos, por outro lado, a Justiça com a aplicação da justiça, e mesmo, também, com a legiferação, ela não passa da adição das funções legislativa e jurisdicional do Estado.

16.4. ESTADO DE CULTURA E ESTADO SOCIAL: SÍNTESES HODIERNAS

Mas não esqueçamos que as ideias têm processos andarilhos de torna-viagem. Glosa-se muito a teoria de Jellinek, mas esquece-se que ele considerava fins jurídicos e fins culturais do Estado. O Estado Constitucional vai retomar num outro nível a ideia de fins culturais, tornando-os consubstanciais ao mesmo Estado.

Sendo o Estado Constitucional um Estado que absorve e integra harmônica e progressivamente todos os legados das precedentes etapas do Estado Moderno, contudo tem como uma das suas mais relevantes diferenças específicas o tónus de Estado de Cultura – que é, realmente, o culminar de um processo de libertação.

---

15 AMARAL, Diogo Freitas do. *Estado*, col. 1140 s.

16 CAETANO, Marcello. *Manual de Ciência Política e Direito Constitucional*, 6. ed., v. I, p. 145, apud AMARAL, Diogo Freitas do. *Estado*, col. 1142.

Contudo, em boa medida, quer Estado Constitucional, quer Estado de Cultura (assim como o entendimento do Direito Constitucional como disciplina de Cultura – como no título de Peter Häberle) são projectos, são anelos. São, pelo menos, projectos abertos, a necessitar de contínua constituição e até permanente luta.

Além do mais, o tempo presente não é de modo algum unânime, inclusivamente sobre algumas dimensões anteriores ao novo paradigma. E uma das dimensões que está em causa, e é motivo de luta ideológica, é o paradigma "Estado social", cujo próprio recorte teórico, como é hábito neste tipo de disputas, não é consensual, provocando, não raro, mal entendidos que derivam de se estar a falar de coisas diferentes[17].

Importa, por isso mesmo, determo-nos com mais cuidado sobre a própria noção de Estado social, cuja teoria primeira se deve a Herman Heller[18].

16.5. APROXIMAÇÕES AO ESTADO SOCIAL

No seu clássico *L'Etat providence*, François Ewald chegava a comparar a aventura teórica do Estado Social[19] à grande etapa anterior, a do Direito natural, nestes termos:

> "(...) la pensée juridique (...) est désormais engagée dans une aventure qui n'aura rien à céder à celle dont elle a encore la nostalgie, celle du droit naturel."[20]

Talvez a comparação seja exagerada, mas a problemática do Estado social, pela crítica ou pela defesa, pela constatação da sua hipotética falência e mesmo óbito, ou pela vindicação da sua excelência, está, sem dúvida, na ordem do dia.

---

[17] Cf. RAMAUX, Christophe. *L'Etat social: une Révolution qui n'as pas sa Théorie*, Actes de l'Université d'été, ed. Mille et une nuits, 2004.

[18] HELLER, Hermann. Op. cit., p. 241 s. (sobre a função social do Estado).

[19] Cf., em geral, *v.g.*, Aportações muito pertinentes sobre esta questão poderão colher-se ainda in NABAIS, José Casalta. *Algumas Reflexões Críticas sobre os Direitos Fundamentais*, Separata do volume comemorativo "Ab Uno ad Omnes – 75 anos da Coimbra Editora", s.d., máx. p. 268 s., designadamente com as plásticas designações de *Estado ausente*, *Estado ubíquo* e *Estado "salamizado"*, além dos mais ortodoxos Estado democrático e Estado Social.

[20] EWALD, François. *L'Etat Providence.* Paris: Grasset, 1986, p. 11.

Ela é mesmo, além, antes da sua importância prática evidente (está em causa um modelo de sociedade, e, pelo menos em parte, a própria vida material de qualquer de nós, agora ou no futuro, além da das gerações vindouras), uma sensitiva para os estudos constitucionais de índole interdisciplinar, porquanto, sendo tão interpelante e actual, obriga a que se convoquem inúmeros conhecimentos (jurídicos, políticos, filosóficos, económicos, financeiros, demográficos, sociológicos, etc.), e no debate a seu propósito não raro se invocam argumentos da mais variada índole (além destes, normalmente históricos, ideológicos, utópicos e míticos).

Essa interdisciplinaridade funciona em grande medida de uma forma performativa e tópica. A convocação preferencial deste ou daquele elemento não é inocente, e esconde, não raro, uma perspetiva. Sem querer tornar inócua uma abordagem do problema, tentemos indagar agora apenas do conceito ou noção de Estado social, precisamente começando por desvelar algumas aproximações históricas que logo se tornam míticas e assumem contornos ideológicos. Finalizaremos com uma teorização cuja abrangência, sem lhe retirar posicionamento, esperemos venha a tornar mais claro o problema e o conceito mais seguro e com mais efeito útil no léxico jurídico-político, logo, também, constitucional.

Em grande medida, trata-se de uma perspetiva já muito adoptada, com este ou aquele matiz, pela corrente doutrina jurídico-política. Mas têm as páginas seguintes o intuito de uma circum-navegação, detendo-nos, mais que o habitual neste estudo, sobre várias perspetivas actuais – precisamente pela actualidade do tema.

O pós-guerra (falamos ainda do da II Guerra Mundial, de 1939 a 1945) levou, como é sabido, a ajustamentos constitucionais de relevo num mapa da Europa em que o triunfo da democracia pluralista e representativa no Ocidente teve que ser partilhado na divisão de Yalta, consagrando, até à queda do muro de Berlim, umas Tordesilhas *da vergonha*, apartando povos politicamente livres e economicamente capitalistas de outros povos, sujeitos à hegemonia totalitária soviética. Tudo isto é muito sabido, embora as novas gerações precisem cada vez mais que se lhes recordem destas coisas, pela simples razão de que as não presenciaram, e ninguém nasce ensinado. Uma das falhas mais graves das mesmas democracias que puderam na Europa ocidental triunfar nessa partilha tem sido a incapacidade de transmitir o seu legado de símbolo e de memória – permeabilizando as jovens gerações à sementeira dos autoritarismos e até dos totalitarismos, que espreitam sempre à esquina de cada crise. E a crise está aí.

Mas voltemos ao pós-guerra. Quer nos países ganhadores, quer nos perdedores, o impacto social da guerra – as guerras, sobretudo as modernas, são sempre de algum modo colectivizadoras, como bem sublinharia Bertrand de Jouvenel[21] – levou ao colapso do que ainda restava do idílico mundo liberal do século XIX (simbolicamente retratado no filme *The remains of the day*[22]), tornando clara, ao lado da necessidade internacional de Paz no espaço europeu (semente das instâncias que viriam a desembocar na União Europeia), a urgência no plano interno de pacificação social e alguma colaboração de classes, só possível por uma manutenção de um quadro capitalista suficientemente melhorado com progressos de índole social.

É natural que a necessidade (também mítica) de refundação da *Polis* se haja feito sentir mais profundamente nos países vencidos na guerra: designadamente na Itália e na Alemanha. E o mesmo, de forma aparatosa até, se viria a passar no terceiro membro do eixo, o Japão – que passaria, sob real influência americana, de uma ordem constitucional assente na divindade do Imperador para o constitucionalismo moderno, no seguimento da derrota. Mas não é este o local para analisar este caso particular.

Uma das primeiras manifestações desses *ajustamentos constitucionais*, na Europa, foi a Constituição italiana, de 1947, a qual, declarando no seu art. 1º a República italiana como "república democrática fundada no trabalho" (fórmula, aliás, bastante original), aponta como um fim a "igualdade material" dos cidadãos no art. 3º, cometendo ao Estado o dever de efectivar a liberdade e a igualdade.

Mas será na Lei Fundamental de Bona, de 23 de maio de 1949, que ficará plasmado constitucionalmente de forma simbólica (pois uma carga mítica se associa a esta Constituição) o Estado social (arts. 20, 1 e 28, 1):

No primeiro número do art. 20, afirma-se, com efeito:

> "Die Bundesrepublik Deutschland ist ein demokratischer und sozialer Bundesstaat."

---

[21] Cf., especialmente, DE JOUVENEL, Bertrand. *Du Pouvoir.* Paris: Hachette, 1972.

[22] Guião Ruth Prawer Jhabvala, de Direcção de James Ivory, a partir de um romance de Kazuo Ishiguro.

Na própria "definição" da República Federal da Alemanha fica ínsito o estado social, embora, temos de convir, a "autonomização" do conceito não seja total, pelo contexto e como que pela coexistência de outros polos de atracção semântica (democracia e federalismo): a República Federal Alemã é um estado federal, democrático e social.

No primeiro período do art. 28, reforça-se a ideia, ainda que acresça mais um polo de interesse conceitual – o Estado é também (além de democrático e social), republicano:

> "Die verfassungsmäßige Ordnung in den Ländern muß den Grundsätzen des republikanischen, demokratischen und sozialen Rechtsstaates im Sinne dieses Grundgesetzes entsprechen."

Antes e depois deste marco, podem invocar-se outras aflorações ou positivações do conceito, dependendo do cunho ideológico que se lhe tem pretendido atribuir.

Algumas constituições mais recentes, inspiradas por aspirações generosas, expressamente incluem a expressão "Estado social", associando-o, não raro, já para prevenir confusões, à democracia e ao Estado do Direito.

Não nos debruçaremos agora, *brevitatis causa*, sobre a Constituição portuguesa de 1976, que, aliás, emprega a expressão "democracia social" (art. 2º), a par de outros qualificativos da democracia, compreendida, assim, multidimensionalmente. Não pensamos, porém, que seja aí que exclusivamente reside a ponte ou a chave para a detecção do Estado social, mas no conjunto do texto – a começar no Preâmbulo, que dele, na sua integralidade, é indissociável.

A Constituição espanhola, de 27 de dezembro de 1978, define Espanha, no seu art. 1º, como um estado social e democrático de direito. A Constituição espanhola, das mais recentes na Europa, tem com efeito, como afloramos já, uma característica de assinalável apuramento conceitual, a nosso ver mérito da qualidade dos seus constituintes e da sua atenção às aquisições entretanto alcançadas noutras constituições, como a portuguesa, que permitiriam uma ulterior organização conceitual. Salvo um ou outro caso, quase se poderia falar de uma dimensão "doutrinal" deste texto normativo. Assim, não só acolhe a fórmula mais completa e mais específica do Estado social, o Estado social democrático de direito, como também, por exemplo, define, como se sabe, com incontestável clareza os valores políticos (apenas cedendo com inclusão de mais um, por cautela natural: o pluralismo político).

Na América Latina, sob o impacto dessa influência (ou ao menos inspiração), e, no caso do Brasil, quiçá também da portuguesa (apraz-nos, pelo menos, pensar que assim terá sido – sem esquecer que a Constituição de 1976 terá influído na própria constituição espanhola de 1978), várias leis fundamentais se fazem eco desta preocupação, embora exprimindo-a com letra naturalmente diversa entre si.

A Constituição da Colômbia, de 6 de julho de 1991, inclui o conceito no primeiro artigo: visando um Estado social de Direito. A Constituição da Venezuela, datada de 1999, no seu art. 2º, vai um pouco mais longe, embora, para o nosso propósito actual, a sua carta fundamental seja equivalente: a Venezuela passa a definir-se como um Estado democrático e social de Direito e de Justiça, propugnando os valores que já se encontravam plasmados na Constituição espanhola, a que acrescenta uns tantos mais.

A Constituição brasileira apresenta-se-nos como mais abundante, detalhista, se quisermos. Mas será interessante citá-la para compreendermos também como a aparente ausência da fórmula não invalida o *quid*, antes o exprime de forma mais pormenorizada e, certamente, mais adaptada à situação concreta. A Constituição da República Federativa do Brasil, logo no art. 3º, estabelece como objectivo fundamental a construção de uma sociedade em tais termos que dificilmente poderão ser interpretados fora desse paradigma: sociedade livre, justa e solidária, com erradicação da pobreza, da marginalização, visando reduzir as desigualdades sociais e regionais – que outra coisa poderá ser, atento o contexto de democracia e primado do Direito, senão o mesmo *estado social e democrático de direito*?

Não há, felizmente, um epílogo para esta História. Embora pareça haver um momento de declínio, que pode resultar naquele, ou não.

Entre os anos de 1945-1975 o ambiente geral era amigo do social e a palavra de ordem dominante era protectiva. Então, os direitos sociais, económicos e culturais (que se sintetizam, não raro, na simples expressão "direitos sociais", ou "direitos fundamentais sociais") cresceram e foram-se consolidando, quer na teoria constitucional, quer na prática prestativa, em muitos países. Uma das teorizações mais fecundas neste âmbito é precisamente o princípio da não reversibilidade (uma forma de "proibição do retrocesso") em matéria de direitos sociais[23].

Já, pelo contrário, no período que começa, em geral, em 1975 (em Portugal mais tarde, porque a Constituição consagradora de mais direitos sociais é de 1976) e vai quase até hoje (e se prolonga pelo presente em muitos casos ainda – embora se sintam já reacções, ou resistências – ou um refluxo) se foi sentindo regressão desse espírito social e protector, ganhando uma inusitada dimensão, como verdadeira ideologia dominante, uma versão aguerrida de liberalismo (ou pseudoliberalismo) que recusa as raízes sociais deste e o seu legado social (importante, como veremos, em momentos fundadores, como no Reino Unido).

Não cremos, contudo, que se possa falar de verdadeira "crise"[24] do Estado social, mas de alguma prevalência (em grande medida impulsionada por alguns *media*, que pertencem a quem pertencem...) de um pensamento a ele contrário, e do pôr em prática de medidas de "flexibilidade", "desregulação" e afins[25] que vão consumando, na prática, o afastamento do modelo social. Ainda que por vezes feitas com argumentos não totalmente neoliberais ou mesmo até de tentativa de salvação do Estado social. Poderá ele não perecer dos males, mas dos remédios?[26]

A *reserva do possível*, por exemplo, é uma dessas categorias dogmáticas que tanto pode ser um cavalo de Troia, como uma ponderação muito adequada. Nascida da questão do *numerus clausus* para entrada nas Universidades públicas, pode ser um moderador de loucuras voluntaristas, ou um álibi para tudo restringir: mesmo quando hoje um dos dramas da nossa Universidade é a falta de alunos em alguns cursos.

---

23 Cf. QUEIROZ, Cristina. *O Princípio da Não Reversibilidade dos Direitos Fundamentais Sociais. Princípios Dogmáticos e Prática Jurisprudencial.* Coimbra: Coimbra Editora, 2006; *Idem. Direitos Fundamentais Sociais.* Coimbra: Coimbra Editora, 2006, p. 101 s.

24 Negando os discursos do declínio, decadência, degenerescência e outros, em idêntica clave, recorde-se o imponente volume de EWALD, François. *L'Etat providence*, cit.

25 LYON-CAEN, Gérard. "Informe de Síntesis", in *Crisis del Estado de Bienestar y Derecho Social,* ed. de Antonio Marzal. Barcelona: J. M. Bosch Edit/ESADE, Facultad de Derecho, 1997, máx. p. 194.

26 Para o particular caso das instituições de protecção social entre nós, conforme HESPANHA, Pedro *et al. Entre o Estado e o Mercado. As fragilidades das instituições de protecção social em Portugal.* Coimbra: Quarteto, 2000, com muitas interessantes conclusões, sem deixar de aludir, ainda que muito brevemente (como seria, aliás, natural, dada a natureza da obra), à questão constitucional.

16.6. IDEOLOGIA E MITO NA ANÁLISE HISTÓRICA DO ESTADO

Tem havido muitíssimos tipos de focalização do Estado social, dependendo de opções ideológicas, mas também – valha a verdade, que tem dimensões também subjectivas – da mais ou menos profunda erudição histórico-jurídico-política dos seus autores, e ainda da sua maior ou menor audácia e "imaginação histórica". É assim que o conceito tem funcionado, quer no plano crítico, quer no plano apologético, ao sabor de perspetivas mais ou menos empenhadas. E a história do conceito não se pode considerar inocente: está impregnada das perspetivas ideológicas de cada intérprete, e estas estão, não raro, prenhes de mitos.

As modas chegaram indiscutivelmente ao Direito, e ao direito da política, à filosofia política e afins. Por vezes, sob o nome, mais pomposo, de sucessão de paradigmas[27]. Seja como for, muito na moda está o englobar dentro do mesmo saco, não diríamos teórico, porque o não é, mas argumentativo, todos os tipos de intervenção estadual mais sistemática na economia e no domínio social, confundindo múltiplas modalidades, certamente com o fito de sublinhar a crise e enaltecer o puro e simples *laissez faire*. É normalmente essa a posição neoliberal mais extremada.

Além do mais, esta perspetiva, ou o feixe de perspetivas que se abrigam sob sua geral influência mental, também não são inocentes em considerar que o Estado social estaria irremediavelmente ultrapassado, sendo coisa de ontem. A ele se teria substituído o Estado pós-social, regulador, mínimo, ou outro, consoante os matizes de cada doutrina.

Uma outra perspetiva, pelo contrário, distingue claramente Estado social de Estado de bem-estar social (*Welfare State*), dando ao primeiro um timbre internacional e "quase socialista" (presumimos que num sentido marxizante ou dele muito próximo) e ao segundo uma conotação norte-americana e claramente capitalista. Para esta perspetiva, a crise é do segundo modelo, saído do Plano Marshall, e não do primeiro, que teria tido várias aflorações históricas diversificadas.

---

[27] Paradigma num sentido comum na comunidade científica, cunhado no diálogo, a partir do já clássico KUHN, Thomas S. *The Structure of Scientific Revolutions*. Chicago: Chicago University Press, 1962. Quanto à sucessão de operadores, teorias, ou "paradigmas" em Direito, cf. a breve reflexão de HASSEMER, Winfried. *História das Ideias Penais na Alemanha do Pós-Guerra, seguido de A Segurança Pública no Estado de Direito*, trad. port. Lisboa: AAFDL, 1995, p. 30.

Uma terceira visão simultaneamente abrange no conceito de Estado social várias modalidades de protecção social sistemática e enquadrada, de forma latíssima (desde o comunismo ao nazismo, passando pelas democracias com consequente preocupação social), mas centra-se na identificação do Estado social, hoje, como Estado social e democrático de direito.

Vejamos rapidamente alguns exemplos, um para cada uma das três perspetivas. As duas primeiras podemos colhê-las sem dificuldade através de um motor de busca na *Internet*. Presumimos que as fontes aqui citadas, apesar de quiçá não muito conhecidas nos nossos meios académicos mais circunscritos, serão das mais consultadas. Logo, esse peso sociológico das opiniões ou das doutrinas tem também um certo valor, a ser tido em conta. Na verdade, a meditar.

Uma manifestação da perspetiva ultraliberal é a de James Bartholomew[28], sobretudo na interpretação que dele faz um Miguel Noronha[29]. Tem a singular vantagem de construir uma narrativa mítica, através do recurso a uma espécie de *estações da cruz* da liberdade, momentos míticos em que o estado social teria maltratado uma situação idílica, como veremos.

Assim, tudo teria começado a ficar mal na Inglaterra, com um muito recuado nascimento, ou pelo menos pré-história do "Estado social" com a *poor laws* e a intervenção económica e social do "Estado" (resta saber se o Estado realmente existiu no Reino Unido[30]) a partir da extinção das ordens religiosas, com a instituição da Igreja Anglicana.

É interessante notar que o autor britânico reconhece que foram os liberais, no governo de Lloyd George, que começaram a introdução de medidas sociais no seu país. O comentador português acrescenta que por temer a influência crescente dos trabalhistas...

Finalmente, o terceiro momento desta lenda negra do Estado social (que é sempre confundido com *Welfare State* – e como distam as *poor laws* deste último) seria o governo trabalhista de Clement Attle, considerado o "derradeiro passo" na construção do *Welfare State*. O comentário de Miguel

---

28 BARTHOLOMEW, James. *The Welfare State We're In*, Politico's, 2004.

29 NORONHA, Miguel. *As Agruras do Estado Social*, in "Causa Liberal", <http://www.causaliberal.net/documentosMN/TWSWI.htm>.

30 Cf., por todos, PEREIRA MENAUT, Antonio-Carlos. *El Ejemplo Constitucional de Inglaterra*. Madrid: Universidad Complutense, 1992, p. 27 s.; STRAYER, Joseph R. *On the Medieval Origins of the Modern State*. Princeton University Press, trad. port. *As Origens Medievais do Estado Moderno*. Lisboa: Gradiva, s/d.

Noronha parece-nos muito esclarecedor quanto à avaliação deste, o que, aliás, é patente desde o seu título, "Agruras do Estado Social":

> "O irónico ou, melhor dizendo, o trágico desta história é que, na maior parte dos casos, aquando da intervenção estatal, a iniciativa privada já supria de forma conveniente as necessidades da população (como no caso do sistema de ensino [cf. "Government Failure: E. G. West on Education", IEA, 2003] ou na assistência aos mais pobres) não se justificando, de qualquer forma, a acção do Estado. Substituiu-se um sistema descentralizado e adaptativo por outro centralizado, estático e ineficiente. O resultado é trágico."

Neste pequeno texto final se assinala por duas vezes o carácter "trágico" do Estado social – ou do que a tal se assimila. E se evoca idilicamente o *statu quo ante*. Parece que tudo estava bem, numa mítica idade do oiro, antes de Henrique VIII e do fim das ordens religiosas... Mito é também o Estado como bode expiatório de todos os males...

Mais perto do que poderia ser um conceito operatório cientificamente válido de Estado Social, está a visão, por exemplo, de um Vinício C. Martínez. Mas não parece escapar também à mitificação e à ideologização, parecendo ainda aderir a uma certa utopia, "socialista"... Mas vamos por passos.

O autor tem o grande mérito de, ao contrário da corrente anterior, distinguir com clareza *Estado Social* de *Estado de Bem-estar Social*, ou *Welfare State*. Uma caracterização que, além do mais, parece consistente no plano ideológico e histórico.

O Estado social derivaria de um processo evolutivo e internacional, começando simbolicamente na revolução de 1848, em França, prolongando-se pela Comuna de Paris (1871), tendo aflorações revolucionárias mais institucionalizadas a revolução mexicana (1910) e a revolução russa (1917), seguidas da Alemanha da República de Weimar, consequente à I Guerra Mundial, e só depois se exprimindo pela vaga keynesiana do *New Deal* (1933-1938) do Presidente Franklin D. Roosevelt.

Em contrapartida, o Estado de Bem-estar Social, o *Welfare State*, é ulterior, obra abstracta e académica norte-americana, começando com a emergência subsequente à II Guerra Mundial, com o Plano Marshall (1945-1947).

Contudo, afigura-se-nos que esta perspetiva sobre o sentido de um e outro dos conceitos e realidades, embora em geral equilibrada e assente sobre um critério histórico-ideológico razoável, decerto animada precisamente por algum entusiasmo ideológico, parece de algum modo derrapar, ao assimilar o Estado social a uma espécie de pré ou proto-Estado socialista. Afirma, com efeito, o autor cujo pensamento vimos acompanhando:

> "O Estado Social é um Estado quase socialista, pois afirma direitos e políticas socializantes (a maioria das conquistas da classe trabalhadora), a exemplo dos próprios direitos sociais e trabalhistas. Ocorre que o Estado Social não foi capaz de romper os limites e as barreiras do capitalismo, uma vez que se desenvolveu em países de economia capitalista. De qualquer forma, no entanto, tratava-se de um processo de intensas lutas operárias e sindicais anarquistas e socialistas (...) que se iniciou nos anos 1848-1850, em países como França, Alemanha e Inglaterra e formou a base ideológica do Estado Social. Já o Estado do Bem-estar Social é uma resposta eminentemente capitalista ao desenvolvimento e avanço do socialismo que vinha do Leste Europeu (a Revolução Russa foi apenas o primeiro passo). Portanto, o núcleo do *Welfare State* sempre esteve permeado por um posicionamento conservador diante das propostas socialistas testadas na prática desde o início do século XX."[31]

Ora este tipo de argumentação parece acabar, na confluência objectiva dos aproveitamentos ideológicos, por levar água ao moinho neoliberal, que rejubilará ao ver o Estado Social como apenas um estado de caminho para o socialismo, e, sobretudo, para um socialismo cuja caracterização democrática poderá não ficar clara... Logo, daí à afirmação de um estado social como cripto-comunismo, poderá ir um passo, nas perspetivas mais "fundamentalistas".

A perspetiva de Martínez tem um elemento de procedimento mítico-ideológico na própria apresentação da evolução histórica como uma narrativa carregada de sentido, espécie de longa marcha a caminho do socialismo...

A solução a que aderimos, nesta matéria, andará muito próxima da de um emérito constitucionalista brasileiro: o Professor Paulo Bonavides.

Importará, desde já, sublinhar que nem a sua teoria é inócua ideologicamente (nenhuma o é), nem deixa de apelar para um certo mito. Mas

---

31 MARTÍNEZ, Vinício C. *Estado do Bem-estar Social ou Estado Social?* Teresina, "Jus Navigandi", ano 9, n. 656, 24 abr. 2005. Disponível em: <http://jus2.uol.com.br/doutrina/texto.asp?id=6623>. Acesso em: 21 abr. 2006.

preferimos este mito aos outros: é o mito (não utópico, mas utopista, princípio esperança, vector de transformação[32]) do Estado social e democrático de direito.

O clássico livro de Paulo Bonavides, *Do Estado Liberal ao Estado Social*, tese de concurso para a Cátedra na sua Faculdade de Direito da Universidade Federal do Ceará, escrito nos fins da década de 50 do século passado, mantém, em linhas gerais, a clarividência ao mesmo tempo abrangente e especificadora do conceito. Por algum motivo, há dois anos, saía a segunda tiragem da sua sétima edição.

No plano conceptual, em que nos centramos, esta terceira teorização (embora cronologicamente surgida antes das já referidas) não deixa de comungar com a segunda em alguns pontos. Desde logo, um entusiasmo sincero pelo legado francês, mas que faz recuar pelo menos o anelo do Estado social à própria Revolução Francesa (1789). Assim, afirma-se:

> "Nós vivemos e viveremos sempre da Revolução Francesa, do verbo dos seus tribunos, do pensamento de seus filósofos, cujas teses, princípios, ideias e valores jamais pereceram e constantemente se renovam, porquanto conjugam, inarredáveis, duas legitimidades, duas vontades soberanas: a do Povo e a da Nação."[33]

Para logo de seguida especificamente se sublinhar:

> "Aquela Revolução prossegue, assim, até chegar aos nossos dias, com o Estado social cristalizado nos princípios da liberdade, igualdade e fraternidade."[34]

Para quem assimilasse, pela cartilha, esta tríade ao credo puramente liberal, aqui estaria uma refutação solene.

Com a mesma teorização, tem em comum a de Paulo Bonavides um fundo ideológico, embora matizado. Ainda na perspetiva do enraizamento

---

[32] Para a distinção entre utopia e utopismo, o final de CUNHA, Paulo Ferreira da. *Constituição, Direito e Utopia. Do Jurídico-constitucional nas Utopias Políticas.* Coimbra: 'Studia Iuridica', Boletim da Faculdade de Direito, Universidade de Coimbra/Coimbra Editora, 1996.

[33] BONAVIDES, Paulo. *Do Estado Liberal ao Estado Social.* 7. ed., 2. tir. São Paulo: Malheiros Editores, 2004, p. 36.

[34] *Idem, ibidem.*

histórico e francófilo, afirma, numa imagem certamente a reter, um paralelo entre religião e ideologia. Diz, pois, o jurista cearense:

> "(...) mas só os franceses, ao lavrarem a *Declaração Universal dos Direitos do Homem*, procederam como havia procedido o apóstolo Paulo com o Cristianismo. (...) em Roma, universalizou-se uma religião; em Paris, uma ideologia."

Contudo, esta sensibilidade ao ideológico e suas margens e relações, não leva o autor a uma ideologização *pro domo* do conceito, antes a um reconhecimento da variedade ideológica das suas aflorações. Com plena consciência das várias dimensões implicadas, pode afirmar:

> "Enfim, o Estado social não é artigo ideológico nem postulado metafísico nem dogma religioso, mas verdade da Ciência Política e axioma da democracia."[35]

Aproximemo-nos agora mais do recorte mais completo do conceito. Assim, começa por dizer o autor, no Prefácio:

> "Distinguimos em nosso estudo duas modalidades principais de Estado social: o Estado social do marxismo, onde o dirigismo é imposto e se forma de cima para baixo, com a supressão da infraestrutura capitalista, e a consequente apropriação social dos meios de produção (...) e o Estado social das democracias, que admite a mesma ideia de dirigismo, com a diferença apenas de que aqui se trata de um dirigismo consentido, de baixo para cima, que conserva intactas as bases do capitalismo."[36]

Há nesta formulação qualquer coisa que poderá chocar a nossa sensibilidade linguístico-conceitual de hoje. Talvez utilizar a expressão "marxismo" (entretanto suavizado pela difusão de um rosto humano, humanístico e "não marxista" do próprio Marx) seja ainda pouco diferenciador, preferindo-se-lhe uma expressão como "colectivismo", "comunismo", ou "marxismo-leninismo", ou até a palavra (hoje com sabor um tanto arcaico) "bolchevismo", posto que não sejam sinónimas. Também o vocábulo "dirigismo", ainda que "consentido", aplicado a sociedades democráticas, talvez possa chocar alguns. O próprio autor tem no Prefácio desta obra um

---

[35] *Ibidem*, p. 22.

[36] *Ibidem*, p. 25.

passo matizador da expressão[37]... Mas independente de matizes linguísticos, e das sempre muito susceptíveis conotações que a linguagem mais tingida de ideologia possui, a ideia é clara, a distinção evidente.

Ela se concretizará ainda mais no corpo do livro, podendo alguma clareza chocar alguns, pelo *Verfremdungseffekt* provocado pelo dizerem-se coisas pouco habituais. Mas é precisamente para isso que servem as citações, para recordar as vozes inconfundíveis, e por vezes estranhas, porque pouco familiares, dos próprios autores. Citemos, de novo:

> "A Alemanha nazista, a Itália fascista, o Portugal salazarista foram 'Estados sociais'. Da mesma forma, Estado social foi a Inglaterra de Churchill e Attlee; os Estados Unidos, em parte, desde Roosevelt (não esqueçamos que aqui o autor escreve em 1958), a França, com a IV República, principalmente; e o Brasil desde a revolução de 1930 (lembremos de novo a data do escrito).
>
> Estado social foi, por último, na órbita ocidental, a República Federal Alemã, que assim se confessava e proclamava textualmente e sua Constituição adoptada em Bonn (...)."[38]

E, deste rol que pode causar estranheza, tira-se a conclusão teórica que se impunha, de uma variedade e pluralidade de Estados sociais:

> "Ora, evidencia tudo isso que o Estado social se compadece com regimes políticos antagônicos, como sejam a democracia, o fascismo e o nacional-socialismo. E até mesmo, sob certo aspecto, fora da ordem capitalista, com o bolchevismo!"[39]

Comparando Bonavides com Martínez nesta fulcral questão ideológica, apercebemo-nos de que enquanto este de algum modo parece deplorar a não desvinculação do Estado social face ao capitalismo (nomeadamente quando afirma: "Ocorre que o Estado Social não foi capaz de romper os limites e as barreiras do capitalismo, uma vez que se desenvolveu em países de economia capitalista"), pelo contrário aquele sublinha o carácter

---

37 *Ibidem*, p. 25: "O dirigismo, conceito político formal, não comporia acaso, sob esse ponto de vista, a essência do Estado social? Por esse caminho, acabaríamos na mesma conclusão que Stammler com o direito natural: um Estado social com conteúdo variável".

38 *Ibidem*, p. 184.

39 *Idem, ibidem*.

capitalista do Estado social, como regra, admitindo o alargamento do conceito ao estado socialista ou "bolchevista" apenas como excepção (como acabamos de ver no final da última citação). E mais claro fica ainda o pensamento de compatibilização e até de alguma naturalidade de casamento entre Estado social e capitalismo em Paulo Bonavides, se pesarmos esta sentença, do texto dos anos 50 – e na verdade mais válida para essa época:

> "O conflito essencial se trava, pois, a esta altura, entre o Estado socialista e o Estado social das democracias ocidentais."[40]

16.7. PARA UMA TEORIA DO ESTADO SOCIAL

Do exposto, muito resumidamente, e elegendo apenas três tipos-ideais, a nossa adesão à terceira tese merece, contudo, algumas precisões.

Para tanto, devemos começar por recuar à tese anterior.

Parece claro que, para Martínez, o polo aglutinador e ao mesmo tempo irradiante não é o Estado social, mas as conquistas socialistas. Daí que o mesmo autor chegue a fazer uma comparação entre Estado social e Estado de direito. Adiante, ao analisar juridicamente a questão, este autor apresenta-se-nos mais claro ainda:

> "O Estado Social está assentado em três documentos históricos: Constituição Mexicana, de 1917; Constituição Alemã, de 1919; Declaração dos Direitos do Povo Trabalhador e Explorado, advinda da Rússia revolucionária (socialista) e datada de 1917-1918. O Estado Social, desse modo, é um Estado que já nasceu pautado por pelo menos dois documentos históricos de cunho jurídico, ou seja, teve a garantia legal de duas Constituições (Mexicana e Alemã), além de uma Declaração de direitos proletários e socialistas. Portanto, um importante avanço do Estado Social foi ter conseguido *constitucionalizar* direitos sociais e trabalhistas."

Em contrapartida, e como que num polo oposto neste aspecto, Paulo Bonavides prefere, sobretudo, sublinhar o carácter não revolucionário do Estado social, que se pode aquilatar em diversos pontos do estudo, de que salientamos um só, do Prefácio:

---

[40] *Ibidem*, p. 23.

> "O Estado social do moderno constitucionalismo europeu e americano emprega assim, nos países de sua órbita, como último recurso, técnica de compromisso, que embora consagre modificações secundárias e progressistas, deixa, contudo, conforme vimos, intacta, em grande parte, a infraestrutura económica, isto é, o sistema capitalista."[41]

E, contudo, defendendo o Estado social nestes termos, que é já estado social e democrático de direito, naturalmente, nem por isso Paulo Bonavides deixa de ser um acérrimo adversário do neoliberalismo, ou daquilo a que chama "Capitalismo de agressão"[42], o que é muito visível no mais recente paratexto, o notável prefácio da sétima edição.

Saber se o Estado social é ou não é socialista ou capitalista, ou mais uma coisa do que outra, acaba por ser hoje em dia, para um observador rigoroso, muito complexo (e em certo sentido quiçá estéril). O que sejam terceiras vias, por exemplo, engloba um sem-número de possibilidades, de resto todas mais ou menos no sentido do Estado social *lato sensu*: vai já do socialismo terceiro-mundista ou autogestionário a formas de trabalhismo (como o do *New Labour*) e até à própria democracia cristã. O Papa João Paulo II também se deteve sobre os dois sentidos hodiernos de que se pode revestir a expressão "capitalismo", com interessante distinção: uma coisa é o capitalismo como economia de mercado (e que pode ser até economia social de mercado), outra, bem diferente, é a pura exploração materialista. Portanto, sem dúvida de que o Estado social, na sua dimensão democrática e de direito, só é compatível com o funcionamento, ainda que não desregulado e anárquico, do mercado, e dir-se-ia até que o modelo de concorrência pura, de capitalismo puro e duro, seria, outrossim, o criticado por Paulo Bonavides na sua mais recente verdadeira catilinária antineoliberal.

Mas os ensinamentos do grande jurista cearense não se ficam por aqui. E transcendem a perspetiva simplesmente utópica de um Estado social concebido como um *quid* a alcançar. O próprio Marx teria dito *não fazer as ementas para as tasquinhas do futuro.*

Pois bem, há um alicerce do Estado social não teórico e abstracto, mas humano e subjectivo, capaz de ser propulsor e garante quotidiano do Estado social: e esse esteio são os juristas, que já Ulpiano nos recordara serem

---

41 *Ibidem*, p. 26.

42 *Ibidem*, p. 10.

sacerdotes da Justiça. Assim, não se queda Bonavides por uma proclamação ideológica, mas também metodológica, separando uma constitucional liberal, positivista, de uma hermenêutica constitucional dos juristas do Estado social. Mais que uma etiquetagem, passa-se a um espírito. E não tenhamos dúvidas de que o espírito do Estado social, apesar do império dos economistas, continua a ser questão dos sacerdotes do Direito. Daí que o autor cearense nos coloque perante as nossas responsabilidades hermenêuticas, afirmando:

> "(...) os juristas do Estado social, quando interpretam a Constituição, são passionais fervorosos da justiça; trazem o princípio da proporcionalidade na consciência, o princípio igualitário no coração e o princípio libertário na alma; querem a Constituição viva, a Constituição aberta, a Constituição real."

Poupamos o leitor à explicitação daquilo que quererão os juristas do Estado liberal na perspetiva do insigne autor – o que é também convite à leitura directa do livro, já muito glosado aqui.

Como afirma o Preâmbulo da Constituição Federal Suíça de 1999, redigido pelo poeta A. Mushg, "die Stärke des Volkes sich misst am Wohl der Schwachen"[43].

BIBLIOGRAFIA

BONAVIDES, Paulo. *Do Estado Liberal ao Estado Social.* 7. ed., 2. tir. São Paulo: Malheiros Editores, 2004.

FERREIRA DA CUNHA, Paulo. *Direitos Fundamentais. Fundamentos e Direitos Sociais.* Lisboa: Quid Juris, 2014. *Idem. O Contrato Constitucional.* Lisboa: Quid Juris, 2014. *Idem. Constituição e Política.* Lisboa: Quid Juris, 2012; *Direito Internacional. Raízes & Asas.* Belo Horizonte: Fórum, 2017, Prefácio de Marcílio Franca e Posfácio de Sérgio Aquino, máx. p. 67 ss.

[43] Versão francesa: "la force de la communauté se mesure au bien-être du plus faible de ses members"; versão italiana: "a forza di un popolo si commisura al benessere dei più deboli dei suoi membri".

PARTE VI

ESTADO E POLÍTICA, ESTABILIDADE E CONFLITO

LIÇÃO 17

17.1. "Amigo" e "Inimigo" (*Freund/Feind*): Força, Coação, Guerra, Poder

17.2. Liberdade, Propriedade e Igualdade. Justiça Económica, Social e Internacional. O Problema das Discriminações

17.3. Liberdade e Responsabilidade. A Cidadania

17.4. Democracia, Representação e Interesse Público

17.5. Ideologias e Forças Políticas

LIÇÃO 17

17.1. "AMIGO" E "INIMIGO" (FREUND/FEIND): FORÇA, COAÇÃO, GUERRA, PODER

Ao longo desta nossa síntese, pôde sem dúvida ir-se observando que as questões políticas não são questões suaves (embora possam ser subtis e diplomáticas), e que a oposição entre amigo e inimigo, *Freund* e *Feind*, bem como do amigo do amigo e, sobretudo, do inimigo do inimigo, num jogo quase algébrico, ou poligonal, têm um papel importantíssimo. E não é apenas na macropolítica internacional, na geopolítica. Mesmo ao nível micro se vê como estas regras elementares funcionam na perfeição.

Mas, evidentemente, uma das matérias mais candentes da política é a que se joga ao nível internacional. Epistemologicamente, não raro se enquadra na disciplina das Relações Internacionais (v., entre nós, Adriano Moreira, *Teoria das Relações Internacionais*). Um clássico é, por exemplo, *Paz e Guerra entre as Nações*, de Raymond Aron, para além da *Arte da Guerra*, de Sun Tzu e de *Vom Kriege*, de Clausewitz. Nada se sabe sem os clássicos.

O poder anda sempre ligado à coação, ainda que latente, potencial ou subliminar, e a coação é o uso da força, assimilando-se à coercibilidade a suscetibilidade do seu uso ou a possibilidade legal ou legitimidade para o seu uso. Sacrifício, sagrado e violência estão na raiz e são seiva das fundações do político e da "cidade" (parece poder extrair-se da obra de René Girard).

A guerra, além de ter, desde os tempos arcaicos, uma função ritual de "juízo de deus", secularizou-se, tendo-se tornado em oposição humana, em que se presume (nem sempre bem) que ganhe o mais forte. Em todo o caso, num mundo que pretendeu arvorar o pacifismo como ideologia internacional não há muito, e que a cada passo tenta estabelecer mecanismos que dotem o Direito Internacional ainda do "juiz" e do "polícia" que tradicionalmente se dizia faltarem-lhe, o recurso à guerra, além de excecional, e de balizado afinal pelas velhas, mas sempre novas teorias da "guerra justa" (voltamos sempre ao passado), tem de que ser subsidiário de outras formas do Direito Internacional. E assim sendo, funcionará como legítima defesa, própria ou de terceiro (embora esta haja de entender-se moderadissimamente), ou como forma de coação, dissuasiva ou persuasiva. Oscila, assim, a consideração da guerra entre um Direito "atípico" e uma Política "nua".

Do que não pode haver dúvida é que as guerras são as mães de grandes transformações sociais e políticas. O mundo não é o mesmo depois da I e da II Guerras Mundiais... E não será certamente o mesmo depois de uma III...

De qualquer forma, não cessam as tentativas de domesticar a política selvagem, que no plano internacional se manifesta ainda em guerra, genocídio, e barbárie afim. Como é habitual, tem cumprido ao Direito essa função domesticadora, disciplinadora. Hoje já não se pode dizer da mesma forma que há anos que a sociedade internacional não tem legislador, juiz ou polícia. Está em funcionamento um Tribunal Penal Internacional, além de várias outras instâncias, permanentes ou *ad hoc*. E fazem-se esforços internacionais para a criação de um Tribunal Constitucional Internacional.

Se o mundo de um Estado mundial sem lugar para onde pudessem fugir os dissidentes seria potencialmente infernal, já os esforços para coordenação de uma globalização jurídica, desenvolvidos de forma democrática e pluralista, nos parecem ser um aspeto positivo na evolução das relações internacionais, e um salto qualitativo para o Direito.

17.2. LIBERDADE, PROPRIEDADE E IGUALDADE. JUSTIÇA ECONÓMICA, SOCIAL E INTERNACIONAL. O PROBLEMA DAS DISCRIMINAÇÕES

O discurso ideológico coletivista dominante nos anos 60 e 70 do século XX, que ainda tem muitos adeptos e deixou o seu legado, fez esquecer em grande parte ao homem médio algumas coisas elementares. E teve como *revanche* um neo/ultraliberalismo virulento, resistente a todas as provas e a todas as crises, mais fanático até que os fanáticos de manual que nessa altura pontificavam.

Uma das coisas que se esqueceram, e não voltaram a reencontrar-se (por razões de sinal contrário) foi que Liberdade, Propriedade e Igualdade (e Justiça! e naturalmente Solidariedade, etc.) andam juntas. Ou devem andar. Felizmente que a nossa Constituição (e mais claramente ainda a Espanhola) considera como importantes valores a Justiça, Liberdade e Igualdade, e também não esquece a propriedade, embora lhe não confira, e muito bem, um lugar tão relevante, e a sujeite a certos limites. Mas, independentemente da prescrição constitucional, a verdade é que a hipervalorização de qualquer delas que não seja a Justiça (que as reúne a todas – como era classicamente visto, quando se encarava a Justiça como virtude) ou, mais além ainda, a Fraternidade (que é um valor ainda mais nobre) corresponde a uma compressão das demais – criando, efetivamente, injustiça.

Por outro lado, tem-se esquecido também (apesar de o pensamento marxista o lembrar, por outro modo: não há liberdade sem os instrumentos ou as condições da liberdade) o que os liberais tradicionais já sabiam – que a liberdade só se consegue afirmar quando apoiada na suficiente propriedade que permita, nomeadamente, a autonomia pessoal, a educação pessoal, algum ócio, sem o qual é impossível o pensamento, a cultura e a formação da opinião, etc., etc. O sufrágio censitário, que hoje pensamos ser um elitismo ou um obscurantismo de Oitocentos, tinha como justificação teórica (na prática, qualquer teoria serve os interesses do momento...) precisamente a exigência de alguma fortuna para evitar caciquismos e afins, em votantes e em elegíveis.

Além disso, a Igualdade não é – ao contrário do que muitos ainda julgam – o nivelamento por baixo, e a parificação matemática de todos, com uniforme padronizado e leito de Procusto. Já Camille Desmoulins criticava ao jacobinismo triunfante fazer os concidadãos "tão iguais quanto a tempestade torna iguais os que naufragam" (*Vieux Cordelier*, n. 6). A dimensão solidária, fraterna e de justiça social da igualdade não tem sido sempre posta em relevo.

Lutar pela Igualdade não é (dir-se-ia até: pelo contrário) desejar que os homens sejam réplicas de um modelo, mas procurar que a cada um sejam dadas iguais condições (ou equivalentes, claro) para que possa afirmar-se, para que possa ser diferente.

Tal implica, evidentemente, uma conceção da democracia e da justiça não apenas no clássico plano jurídico e político, mas também nos planos social e internacional.

A grande questão é que, de acordo com os princípios, divergimos todos muito quanto às políticas a pôr em marcha. E está, aliás, também provado que o processo de decisão sobre tais políticas, mesmo democrático, pode ser manipulado, não só pela propaganda como pelas próprias regras de decisão: por exemplo, pela ordem de decisão entre várias propostas antagónicas.

Um dos problemas mais candentes nessa tentativa de repor a igualdade de condições é o da *ação afirmativa* ou *discriminação positiva*. Esquece-

-se muito que favorecer um grupo, mesmo um grupo que no passado ou no presente tenha sido ou esteja a ser alvo de discriminação, é uma outra forma de discriminação: discriminam-se todos os que não pertencem a esse grupo. Coisa diferente é acabar com a discriminação pura e simples. E, contudo, há situações tão gritantes, e tão ancestralmente chocantes, que pode ser que apenas essa intervenção de alguma forma violenta e aparentemente desmedida conseguirá minimizar a subsistente desigualdade. É preciso estudar mais, e sem preconceitos, os casos concretos de ação afirmativa já ensaiados no terreno, em diversos países.

Levantam-se alguns problemas, que devem ser devidamente ponderados. Um deles é que quem é realmente vítima de segregação, de discriminação, é a gente miúda, que raramente consegue usufruir das "quotas", dos "subsídios", dos novos privilégios ("leis privadas" ou "privativas" de alguns). No limite, os cidadãos na força da vida, saudáveis, com emprego, do sexo masculino, de raça branca (ou, diriam alguns, "caucasiana" – o que é uma forma discriminatória face a outros, desde logo aos ditos "latinos", "hispânicos", etc...), heterossexuais, com a religião do lugar onde vivem (ou sem religião minoritária ou sectária), naturais do país que habitam, etc., embora pobres, embora explorados, serão esses os novos discriminados, por não poderem ostentar perante os poderes que alteraram as regras do jogo nenhuma especificidade, nenhum pretexto para subirem uns pontos na nova escala humana?... Porque não quotas simplesmente para "pobres"?

Evidentemente que não se pretende dizer que esse grupo seja melhor ontologicamente ou axiologicamente (nem ética nem esteticamente) que qualquer outro. Não se trata nada disso. São apenas apreensões, reticências a um discurso triunfalista politicamente correto. Se se provar que essas políticas públicas são, realmente, eficazes meios para a Igualdade, então não se precisa de as advogar com axiomas e *slogans* dogmáticos. Bastará (oxalá ocorra) mostrar factos.

Outra questão é a dos critérios de discriminação positiva. O grande critério para a alteração das regras não pode ser por simpatia por certos grupos (porque não se privilegiam os feios, baixos, gordos, fumadores de cachimbo? – todas essas características são altamente discriminatórias nos nossos dias...), mas, simplesmente, saber-se se quem temos diante de nós é necessitado (pobre ou indigente) ou não, atualmente. Um multimilionário de uma etnia minoritária no seu país, doente, "desempregado" (obviamente: desocupado, vivendo dos rendimentos), poderá aspirar a melhor tratamento (por exemplo, quota para entrada na universidade) atendendo aos referidos fatores de pretensa discriminação?

Mas este discurso não compensa. Não convence. Distraídos com a proibição do fumo em lugares públicos fechados e das toiradas e outras causas, sem dúvida em alguma medida corretas, mas laterais, não compreendemos que temos de voltar a olhar para e pelos indigentes e pobres, para e pelos que realmente precisam, de forma clara, imediata, gritante. E nem sempre apenas vendo a declaração de rendimentos: porque os capitalistas e os profissionais liberais, ao contrário dos desgraçados dos trabalhadores por conta de outrem, e especialmente do Estado, podem facilmente fugir ao fisco. Mas haverá que ponderar tudo com calma e cuidado. Com a discriminação positiva também se pode ganhar.

Além dos pobres, outras categorias há que claramente continuam vítimas de ancestrais segregações: em muitos casos é a situação de minorias (ou maiorias) nacionais, étnicas, religiosas, etc. Todos esses certamente necessitariam de ser considerados, de forma inteligente, em formas de ação afirmativa.

Sempre muito se aprende com Montesquieu:

> "*Il faut bien connaître les préjugés de son siècle, afin de ne les choquer pas trop, ni trop les suivre*" (*Mes Pensées*, XVIII).

Enquanto não recuperarmos o bom senso, continuará a haver clamores contra os cânones europeus na educação, exílio das Humanidades e tecnologização dos *curricula* – até porque o técnico não faz revoluções e muito menos o burocrata.

No plano internacional é evidentemente chocante o mosaico de desgraças em tantos lugares do mundo, como as agressões, o terrorismo, a exploração internacional, o rol de misérias que todos conhecemos. Todavia, é também preocupante a forma como intelectuais desgarrados da realidade (normalmente antigos adeptos de regimes de força e incompetência, incapazes de solucionar os problemas dos seus povos) proclamam agora, muitos deles do alto de cátedra, as receitas para o restaurante universal.

Se os que *pensam como homens de ação e agem como homens de pensamento* nada fizerem, ou continuarem no seu ritualismo cómodo e suicida, a nova ordem mundial será mesmo um novo caos mundial. Na verdade, não haverá é ordem alguma.

A loucura entrou já no mundo do jurídico. Agora, só a política a poderia curar...

17.3. LIBERDADE E RESPONSABILIDADE. A CIDADANIA

A Cidadania é uma expressão de novo na moda. Como, aliás, a dignidade. Mas as confusões (e as corrupções) imperam – mas onde não imperam?

A Cidadania não é apenas essa qualidade de ser cidadão – não se confunde, desde logo, com a nacionalidade... Obviamente.

Ser cidadão também não é ser *livre porque obediente às leis.*

Sócrates, ao beber a sua taça envenenada, terá sido bom cidadão?

Ele achava que sim, porque dessa forma mostrava aceitar as regras do jogo da Cidade: tinha usufruído da sua proteção, agora, a cidade mandava-o morrer e ele obedecia. Preferimos, todavia, Platão, retirando-se para longe das invejas assassinas de Atenas, evitando que a cidade cometesse novo crime contra a Filosofia.

Cumprir a lei injusta, ou a sentença injusta, ou não as cumprir (com a responsabilidade de todas as consequências dos seus atos) – neste dilema se explica o que é realmente a cidadania.

A cidadania é, por um lado, cívica participação na vida pública, é o "sentar-se na primeira fila" nas conferências e nas reuniões comunitárias, participar dos clubes, das agremiações, interessar-se pela sua terra, votar, etc. E, nesse sentido, o bom cidadão é o que cumpre, e pelo exemplo (e até por uma inteligente e benévola vigilância e uma atenta pedagogia: por exemplo, sobre os mais novos) faz cumprir as determinações da cidade – leis, sentenças, etc. Nesse sentido, Sócrates morre. Aliás, no tempo do filósofo, a conceção de liberdade era ainda aquela a que mais tarde, muito mais tarde, chamar-se-á "liberdade dos Antigos", na qual a pessoa contava bem menos que na "liberdade dos Modernos", onde podem florescer os direitos individuais, e até, mais perto de nós, os Direitos Humanos.

A cidadania é também, por outro lado, uma fidelidade a deuses maiores que os concretamente venerados por quem manda.

Pode parecer inglória, cobarde mesmo, a atitude de Platão. Mas temos exemplo melhor, mais heroico, da mesma recusa em ser cúmplice com o crime dos chefes: Antígona. No caso dela, perante uma sentença do rei de Tebas, aliás, seu tio, que condenava um dos seus dois irmãos mortos em combate a ser devorado pelos abutres, ameaçando com a morte quem lhe desse sepultura, não teve dúvidas em desobedecer, porque devia obediência a leis mais altas que as humanas.

Nem todos podemos ser Antígona, Platão e Sócrates. O quotidiano da cidadania põe, por vezes, angústias, dilemas éticos, que devemos resolver serenamente, e pensando sempre no menor mal para a Justiça e o Bem Comum, respeitada a nossa consciência (a qual temos a obrigação de bem formar: outro dever de cidadania).

Mas a maior parte das vezes do que se trata é da diuturna tarefa de agir retamente, de participar na vida pública com reta intenção e espírito de colaboração, de sacrifício mesmo. E com rasgo, ou seja, cidadania é o preciso contrário da atitude conformista: "Resta-me ver televisão, votar, passear o cão (a cidadania!) (...)" – como satiriza Manuel António Pina[1].

Nos nossos dias, a promoção da cidadania entre os jovens esquece muito do que é político e cívico. Alguns quase só ouviram falar no respeito pelo ambiente e pelos animais, "nossos amigos". Cidadania seria reciclar o lixo, não abandonar o cachorro nas férias, e pouco mais...

Já é alguma coisa... Mas pouquíssimo. Aliás, antes mesmo da cidadania está a civilidade, as normas de trato social. É constrangedor ver como se esqueceram não apenas das regras básicas da delicadeza, como a da mais elementar urbanidade. A convivência é assim muito mais dura e conflituosa. Faltam, desde logo, as palavras "mágicas": "por favor", "obrigado", "desculpe", etc.

17.4. DEMOCRACIA, REPRESENTAÇÃO E INTERESSE PÚBLICO

Continuemos com os preconceitos correntes. Para os desfazer. Para os desmontar.

A voz corrente identifica democracia e representação eletiva. Ou seja, confunde o valor geral, a virtude, a cosmovisão, a *Paideia* até que é a democracia, com um aspeto particular a ela, um aspeto técnico, na qual toda a sua riqueza, complexidade e força está longe de se esgotar. Haverá democracia sem representação, e representação, hoje, sem eleição? Não o cremos possível. Mas será a democracia apenas um tipo de política em que há votação e se elegem representantes para decidir? Não, é muito mais que isso.

---

1 PINA, Manuel António. *Os Livros*. Lisboa: Assírio & Alvim, 2003, p. 14.

Em rigor, devemos, então, opor *democracia técnica*, essa que de democrática tem apenas a aparência, a "casca", ou seja, o ritual, a legitimação pelo procedimento das voltas da eleição, a uma *democracia ética*, que procura que o governo do Povo, pelo Povo e para o Povo corresponda realmente ao interesse do Povo: uma democracia não apenas democrática mas também demofílica, com conteúdo.

Esta última formulação é resultado do processo de vaivém ou torna-viagem dos conceitos. A (alegada) demofilia era própria do despotismo esclarecido das Luzes. O soberano iluminado não era de forma alguma um democrata, mas era demófilo: gostava do Povo, queria obrar para o bem do Povo (ou pelo menos essa era a ideologia de legitimação do seu poder absolutíssimo). Ora, quando afirmamos que a democracia ética é demofílica não queremos, nem por sombras, afirmar que tenha qualquer semelhança com esse período de ferocíssimo poder autocrático. Apenas se visa sublinhar que a democracia não pode apenas ser somente pelo Povo, e servida ao Povo, mas tem também de curar dos interesses públicos. Em suma: não pode ser demagógica, mas verdadeiramente popular. A demofilia, aqui, significa que se não deseja o lisonjear do Povo, mas o promover do Povo, interpretando os seus interesses profundos e não as simples reivindicações pontuais de grupos, de ativistas, de modas...

A democracia ética não torna a vida fácil ao Povo, antes pelo contrário: coloca-o perante dilemas, opções, responsabilidades. Mas só assim o Povo assume as rédeas do poder e chega àquela maioridade de que, para as Luzes, falava Kant. E cuja promessa continua por cumprir, na semi ou total tutela em que tantos vivem ainda. Desde logo, a paradoxal tutela dos *media*, tão certeiramente detetada por Adorno e Horkheimer[2].

Evidentemente, o Direito conhece de forma muito mais rigorosa um conceito de "interesse público". É sempre utilíssima a consulta da tese de Rogério Ehrhardt Soares, *Interesse Público, Legalidade e Mérito*[3].

Do ponto de vista da Política, a democracia não se esgota, de modo nenhum, na representação, a qual, além de estar condicionada pelo inte-

---

[2] ADORNO, Theodor W.; HORKHEIMER, Max. *Dialektik der Aufklärung*. S. Fischer, 1969, trad. ing. de John Cumming, *Dialectic of Enlightenment*. Londres/Nova Iorque: Verso, 1997.

[3] EHRHARDT SOARES, Rogério. *Interesse Público, Legalidade e Mérito*. Coimbra: Atlântida, 1959.

resse (e pelo bem) público, se encontra ainda limitada pelo Direito e mesmo pela Ética, que, obviamente, aquele deve tutelar no seu mínimo socialmente indispensável. Esta limitação do que se julga ser ilimitado encontra-se exposta, *v.g.*, por Alberto Montoro Ballesteros[4]. Contudo, há que ter um cuidado especial para que os limites materiais e naturais, ou a ideia de lei justa não venham a funcionar apenas como "trunfos" do naipe de certa ou certas posições ideológicas, contra outras.

Embora se tenha de reconhecer que há ideologias ou práticas ideológicas que ferem, como que "por definição", a Pessoa e seus direitos: como muitos reconhecerão terem sido os totalitarismos. Mas hoje já há mais novidades e o rol de políticas contra a Pessoa vai crescendo.

17.5. IDEOLOGIAS E FORÇAS POLÍTICAS

O debate teórico sobre as ideologias é também ideológico.

É impossível expor com objetividade as diferentes ideologias, e até dissertar com total isenção sobre o próprio conceito de ideologia.

Cada um de nós pode não ser defensor fiel de uma ideologia, mas é evidente que umas nos seduzem mais que outras, e umas nos causam mais que outras aversão ou até repulsa ou indignação. Daqui, e da subjetividade inerente ao Homem, mas mais apaixonada em coisas de fação, decorre que a exposição é sempre contaminada pelas ideias próprias.

Um admirador de Jorge Luís Borges não poderá nunca falar muito bem do peronismo; é possível que mesmo um esquerdista reconvertido ao capitalismo ou à social-democracia se entusiasme ou comova (pelo menos no seu íntimo) com Che Guevara; a apresentação do tradicionalismo por um tradicionalista não é igual à sua apresentação por um anarquista, ou por um simples conservador; a análise do marxismo-leninismo difere muito se for visto por um trotsquista ou por um estalinista, ou por um libertário, mais ainda por um neoliberal; a social-democracia tem cores "social-fascistas" para uns e socialistas para outras; aliás, social-fascista é também insulto volvido por outros contra outros ainda; os mesmos maoístas que para uns são de esquerda, e extrema, para outros se incluem na direita; e os nazis, que passam, por exemplo, acabado da extrema direita

---

4 MONTORO BALLESTEROS, Alberto. *Razones y Limites de la Legitimación Democrática del Derecho*. Murcia: Universidad de Murcia, 1979.

para uns, são até de esquerda para outros; e ser conservador em tempo revolucionário não se sabe bem o que seja, ou será algo *sui generis*, como assinalou Sottomayor Cardia, etc.

Direita e esquerda são, é verdade, conceitos abrangentes, e por isso em alguns casos vacilantes e oscilantes: a uma direita e esquerda fixas, mais ou menos clássicas e consensuais internacionalmente, correspondem variantes exóticas locais, *chassés croisés*, e também um espectro político dinâmico, em que direita e esquerda não são lugares inamovíveis, mas posições relativas, entre partidos e políticas, que mudam com o tempo.

E, todavia, em muitos aspetos históricos, simbólicos e programáticos, todos mais ou menos sabem distinguir uma coisa da outra, como duas famílias distintas ou, talvez melhor, quatro famílias ou grupos: no campo democrático, uma direita e uma esquerda democráticas; no campo ditatorial ou autoritário/totalitário, também uma esquerda e uma direita. Assim, é difícil haver enganos.

A melhor maneira de aprender o que são os partidos é conhecê-los por dentro, embora não se aconselhe, como método científico, essa observação participante por simples sacrifício à ciência. Como a lei portuguesa impõe que só se pertença a um apenas (de cada vez), a experiência teria as suas limitações...

Sem ironia, a verdade é que a melhor forma de conhecer o sistema de partidos é conviver com eles, acompanhar com atenção e zelo a política. Não se entende muito da irracionalidade efetiva do fascinante jogo partidário, intrapartidos e interpartidos, sem uma qualquer paixão... Aqui o cientista frio não vai muito longe. Pior em matéria política. Contudo, o militante empenhado também não conseguirá decerto ver com clareza... E o mesmo vale para sindicatos, grupos de pressão, etc.

Não se pode, contudo, ficar pelo empirismo, pelo conhecimento da conversa de café. Somos obrigados a ir mais além.

Embora mesmo em Marx, um dos principais (senão o principal) autores que falou sobre ideologia, o termo se revista de um sem-número de significados, e noutros autores a questão se torne caleidoscópica, importa reter algumas ideias.

O termo ideologia nasceu no século das Luzes, no âmbito filosófico, como ciência das ideias, para Destutt De Tracy, e parece que no ideolecto privado de Napoleão isso de ser ideólogo não era muito bem cotado. Para um certo quadrante, passou a designar afinal uma vulgarização adaptada a ideias políticas de algumas ideias (ou filosofia políticas) dos filósofos. Uma das visões marxistas mais correntes é a de ideologia como falsa consciência, uma manifestação da superestrutura cultural. Karl Mannheim opõe ideologia a utopia (*v.g.* na sua obra homónima), sendo, afinal, a utopia a ideologia dos não detentores do poder, e ideologia o conjunto de artefactos culturais (legitimadores) dos que mandam. Roland Barthes prosseguiria na impiedosa desmontagem dos aparelhos ideológicos em sociedade e na cultura (Althusser fá-lo para o Estado), através da semiótica. O seu livro *Mitologias* é insubstituível. Ainda hoje, uma obra de teoria de comunicação como a de John Fiske é, em grande medida, ideológica: até na medida em que pretende desmontar a ideologia burguesa. E fá-lo com afinco e eficácia[5].

Um dos grandes problemas na análise ideológica consiste em que só se vê a tranca no olho do vizinho: os outros é que são ideológicos, os outros é que propagam um discurso falseador, legitimador, etc.

Independentemente dessa vastíssima ideologia de classe (como a burguesa e a antiburguesa – e a esquecida aristocrática), há ideologias que, *grosso modo*, correspondem a forças políticas, normalmente partidos políticos. Um partido pode conter em si uma amálgama de ideologias (por exemplo, um partido – de direita ou de esquerda – de tipo frentista, um *catch-all-party*), assim como uma ideologia pode estar representada por diversos partidos. Normalmente quando este último caso ocorre ou propendem à aliança – o que acontece mais à direita, e com vista à governação – ou à disputa pela pureza ideológica, por vezes muito feroz – o que ocorre, sobretudo, na extrema esquerda.

As ideologias podem ser vulgarizações para consumo de massas, mas constituem, apesar de tudo, a alma dos partidos e das organizações políticas afins. Um partido sem ideologia é apenas uma grande máquina em luta pela conquista, manutenção e expansão do seu poder, sem qualquer idealismo, sem qualquer projeto consistente: porque a ideologia é o pano de fundo homogeneizador de todos os projetos. É o que lhes dá consistência e sentido, alma.

As ideologias podem morrer, mas também podem renovar-se.

Um dos motes de ainda há não muito era o da morte das ideologias.

---

5 Cf. o nosso livro *Desvendar o Direito*. Lisboa: Quid Juris, 2014.

Foi na verdade uma cortina de fumo para fazer prevalecer a ideologia neoliberal como pensamento único. E ajudou muito a conversão até de socialistas a esse neoliberalismo, a começar pelo Reino Unido e pelas "terceiras vias" que o não foram. Parecia, assim, que não mais haveria ideologia, pois se até a esquerda mais significativa se convertia ao pensamento dominante...

O que parece, todavia, ter ocorrido é que os abalos da contemporaneidade, e sobretudo a queda do Muro de Berlim, obrigariam a uma grande *metanoia* das esquerdas, a qual ainda está longe de ficar concluída. Mas nem sequer seria precisa grande mudança da parte dos trabalhistas, socialistas e afins, que nunca se haviam enfeudado aos "amanhãs que cantam".

Há muita coisa a mudar (e muita coisa ainda para mudar), agora que se entendeu que as ideologias subsistem, ainda que numa situação de beligerância ideológica aguerrida, e ambiente educativo, cultural e mediático muito adverso a tudo o que não seja a TINA do pensamento único.

O comunismo ortodoxo recicla-se e capitaliza em alguns casos o enorme descontentamento com tudo o mais. As esquerdas extremas e revolucionárias, que tinham conseguido em alguns casos, como o português, alguma união, de novo se desunem, fazendo perigar o capital de esperança que, na área mais contestatária, tinham conseguido granjear, e em pouco tempo.

O socialismo democrático, que um dia Eduardo Lourenço de algum modo pareceu considerar em estado ideologicamente deficitário face ao socialismo marxista, vulgarmente designado por comunismo, esse, precisa de uma profunda autocrítica e depuração de oportunismos e carreirismos claudicantes. O perigo que enfrenta é o de cair definitivamente num irenismo nem sequer já reformista, numas meias tintas de pose governamentalista, sendo pouco ou nada diferente que os seus mais diretos competidores da direita.

Acaba por não ser verdadeiramente um perigo perder a especificidade pela esquerda (já não corre esse risco), deixando-se seduzir por uma fórmula não criativa e inovadora de marxismo, seja a mais ortodoxa, seja a de nova fórmula, mescla libertária, ambientalista, populista, frentista, etc. Mas, nas ideologias "discretas" e moderadas (como à social-democracia *lato sensu* parece considerar um Francisco Puy), as fraquezas e as hibridações são, não raro, forças. E tal como o liberalismo e a democracia se fundiram harmonicamente, assim também o socialismo e a democracia o fizeram já. E novos elementos serão assimiláveis.

Mas no centro e na direta muita coisa há a mudar. Nesse setor se instalou, sem pedir licença, um ultraliberalismo guerrilheiro, que parece ter apeado os moderados conservadores, os democratas cristãos com preocupações sociais, os velhos liberais, os liberais sociais, etc. Todos esses estão como que órfãos e não se reveem nos *neocons* e nos libertários de direita, anarcocapitalistas e afins. E há – independentemente agora de direitas e de esquerdas – um fator novo: o Papa Francisco e o novo impulso que está a dar, desde logo com a sua exortação apostólica *Evangelii Gaudium*, à doutrina social da Igreja, totalmente condenatória da ideologia materialista, gananciosa, desapiedade e argentarista que governa o Mundo.

Na verdade, a globalização do capitalismo atirou para a ribalta e para um sucesso raro o até há pouco estigmatizado liberalismo. O qual, se em teoria se encontra dividido na sua versão social, quase social-democrática, e o anarcocapitalismo, de pendor sobretudo conservador mas aguerrido na prática. A primeira de "centro", quiçá eventualmente centro-esquerda, a segunda de "direita". Como perderam com esta ascensão os conservadores, os tradicionalistas e os democratas cristãos (também histórica e internacionalmente divididos entre o centro esquerda e o centro direita – o que nem sempre é recordado)! Na prática, porém, o liberalismo está a ser, pela força das circunstâncias, identificado com a versão neo e ultra, que é a que mais se vê, e de forma conquistadora. Poucos são os que se afirmam hoje liberais à maneira antiga. Um deles é o cientista político José Adelino Maltez, mas não conhecemos muitos mais...

Certa juventude é em alguns países tentada por neoautoritarismos ou neototalitarismos, alguns violentos: sinal da crise que alguns ainda não querem reconhecer. E em larga medida também se inclinam outros para um desespero ou hedonismo sem horizonte político. A causa "verde" foi sendo assimilada por quase todos, e a extrema-esquerda teve conversões e reconversões. Mas ainda longe de conquistar as grandes massas jovens, hoje mais pragmáticas, até excessivamente.

Outro perigo: infiltrando-se em todos os quadrantes e como fenómeno realmente preocupante aí está o pensamento único, o politicamente correto. Monstro que se metamorfoseia parcialmente à esquerda, se encarna na esquerda; à direita, se a direita o acolhe. Mas que tem uma feição comum: o abstracionismo, a falta de bom senso, o voluntarismo, o corte com os valores, o mundo às avessas. É uma ideologia nova, sem partido, mas de todos os partidos, sem bandeira, mas de todas as bandeiras. Um novo totalitarismo das consciências aspirando ao totalitarismo das sociedades.

Há apenas a esperança de que as "velhas" ideologias, renovadas, saibam, cada uma por si, continuar a *tornar-se no que são*, não cedendo aos cantos de sereia. Ou que surja algo de verdadeiramente novo, e renovador.

É tempo de um grande debate ideológico. E, mais ainda, de uma ponderada e sólida formação política nos diferentes partidos – para que saibam o que são, pelo que foram, pelo que os inspirou, para que continuem. Senão, podendo eventualmente continuar a ter votos, perecerão na alma. Mas suspeitamos que mesmos os votos irão desertar dos que não se venham a definir muito bem, num tempo de pouco pão e que, por isso, pode levar a muita exaltação. Oxalá a democracia encontre, na sua imensa maleabilidade e inventiva, formas de persistir, para o bem geral.

BIBLIOGRAFIA

GOODWIN, Barbara. *Using Political Ideas*. 4. ed., 2. reimp. Chichester, 1999.

MOSSÉ, Claude. *Le Citoyen dans la Grèce Antique*. Paris: Nathan, 1993.

LOURENÇO, Eduardo. "Ideologia e Dogmatismo", in *Heterodoxia*, II. *Ensaios*, Coimbra, Coimbra Editora, 1967, p. 159 s.; *Idem*, *Esquerda na Encruzilhada ou Fora da História?*, in "Finisterra. Revista de Reflexão e Crítica", outubro 2002, n. 44, p. 7-11.

MOUNIER, Emmanuel. "Court traité de la mythique de gauche", *OEuvres de...*, v. IV, Paris: Seuil, 1963.

CONSTANT, Fred. *La Citoyenneté*. Paris: Montchrestien, 1998.

ALMOND, Gabriel; VERBA, Sydney. *The Civic Culture: Political Attitudes and democracy in Five Nations*. Princeton: Princeton University Press, 1963.

CORÇÃO, Gustavo. *O Século do Nada*, Rio de Janeiro/São Paulo, Record, s/d, p. 75-109.

DENQUIN, Jean-Marie. *Science Politique*. 4. ed. Paris: PUF, 1992.

DONEGANI, Jean-Marie; SADOUN, Marc. *La démocratie imparfaite, Essai sur le parti politique*. Paris: Folio-Essais, 1994.

OFFERLE, Michel. *Les partis politiques*. Paris: PUF, 1987.

CAMINAL BADIA, Miguel (ed.). *Manual de Ciência Política*. 2. ed., reimp., Madrid: Tecnos, 2001.

FERREIRA DA CUNHA, Paulo. *Repensar a Política*. Coimbra: Almedina, 2005, máx. p. 213 s.; *Idem*, *O Século de Antígona*. Coimbra: Almedina, 2003.

DE LA CIERVA, Ricardo. *La Derecha Sin Remedio (1801-1987)*. Barcelona: Plaza & Janes, 1987.

EHRHARDT SOARES, Rogério. *Interesse Público, Legalidade e Mérito*. Coimbra: Atlântida, 1959.

ROSEN, Michel; WOLFF, Jonathan (eds.). *Political Thought*. Oxford: Oxford University Press, 1999.

STIRK, Peter M. R.; WEIGALL, David. *An Introduction to Political Ideas*. Londres: Pinter, 1995.

ABREU FERNÁNDEZ, Victor, *et al*. *Curso de Partidos Políticos*. Akal, 1997.

BIBLIOGRAFIA GERAL

1. CIÊNCIA POLÍTICA

BESSA, António Marques; PINTO, Jaime Nogueira. *Introdução à Política.* Lisboa/São Paulo: Verbo, 1999 (2 v. editados).

CAETANO, Marcello. *Manual de Ciência Política e Direito Constitucional.* 6. ed. Coimbra: Almedina, 1989. v. I.

EHRHARDT SOARES, Rogério. *Direito Público e Sociedade Técnica.* Coimbra: Atlântida, 1969.

FERNANDES, António José. *Introdução à Ciência Política.* 3. ed. Porto: Porto Editora, 2012.

GUEDES, Armando Marques. *Ciência Política – Teoria Geral do Estado.* Lisboa: AAFDL, 1982.

______. *Ideologias e Sistemas Políticos.* Lisboa: Instituto de Altos Estudos Militares, 1984.

LARA, António de Sousa. *Ciências Políticas – Metodologia, Doutrina e Ideologia.* Lisboa: ISCSP, 1998.

MALTÊS, José Adelino. *Princípios de Ciência Política.* Lisboa: ISCP, 1996 (2 v. editados).

MIRANDA, Jorge. *Ciência Política – Formas de Governo.* Lisboa: edição do PBX da FDUL, 1996.

MOREIRA, Adriano. *Ciência Política.* 8. ed. Coimbra: Almedina, 2014.

ROGEIRO, Nuno. *Política.* 3. ed. s/l: Quimera, 2002.

PIRES, Francisco Lucas. *Introdução à Ciência Política.* Porto: Universidade Católica, 1998.

SOUSA, Marcelo Rebelo de. *Ciência Política. Conteúdos e Métodos.* Coimbra: Coimbra Editora, 1989.

2. TEORIA GERAL DO ESTADO E AFINS

ALTHUSSER, Louis. *Idéologie et Apareils Idéologiques d'Etat*, La Pensée. Trad. port. de Joaquim José de Moura Ramos. *Ideologia e Aparelhos Ideológicos do Estado.* Lisboa: Presença, 1974.

BARRET-KRIEGEL, Blandine. *L'Etat et les Esclaves*. Paris: Payot, 1989.

BOBBIO, Norberto. *A Teoria das Formas de Governo*. 4. ed., trad. bras. Brasília: Universidade de Brasília, 1985.

BURDEAU, Georges. *L'Etat*. Paris: Seuil, 1970.

CUNHA, Paulo Ferreira da. *Nova Teoria do Estado*. São Paulo: Malheiros, 2013.

______. *Pensar o Estado*. Lisboa: Quid Juris, 2009.

DALLARI, Dalmo de Abreu. *Elementos de Teoria Geral do Estado*. 24. ed. São Paulo: Saraiva, 2013.

DALLARI JR., Hélcio de Abreu. *Teoria Geral do Estado Contemporâneo*. 4. ed. São Paulo: Rideel, 2010.

EWALD, François. *L'Etat Providence*. Paris: Grasset, 1986.

HELLER, Herman. *Teoría del Estado*, trad. cast. México: F. C. E., 1974.

JELLINEK, G. *Teoría General del Estado*, trad. cast. de Fernando de los Ríos Urruti. Granada: Comares, 2000.

KELSEN, Hans. *Teoria General del Estado*. 14. ed. cast. México: Editora Nacional, 1979.

KRIELE, Martin. *Introducción a la Teoría del Estado*, trad. cast. Buenos Aires: Depalma, 1980.

LUCAS VERDÙ; Pablo Lucas; MURILLO DE LA CUEVA. *Manual de Derecho Político*. v. I. *Introducción y Teoría del Estado*. Madrid: Tecnos, 1987.

MALTEZ, José Adelino. *Curso de Relações Internacionais*. Estoril: Princípio, 2002.

MARITAIN, Jacques. *L'Homme et l'Etat*. Paris: PUF, 1953 (2. ed., 1965).

MOREIRA, Adriano. *Teoria das Relações Internacionais*. 8. ed. Coimbra: Almedina, 2014.

______ *et al*. *Legado Político do Ocidente. O Homem e o Estado*. Lisboa: Estratégia, 1995.

NEGRO, Dalmacio. *Gobierno y Estado*. Madrid/Barcelona: Marcial Pons, 2002.

NOVAIS, Jorge Reis. *Contributo para uma Teoria do Estado de Direito, do Estado de Direito Liberal ao Estado Social e Democrático de Direito*. Coimbra: separata do v. XXIX du Suplemento ao "Boletim da Faculdade de Direito" da Universidade de Coimbra.

PAUPERIO, J. Machado. *Teoria Geral do Estado*. Rio de Janeiro: Forense, 1983.

SOUSA, José Pedro Galvão de. *O Totalitarismo nas Origens da Moderna Teoria do Estado*. São Paulo: s.e., 1972.

______. *Política e Teoria do Estado*. São Paulo: Saraiva, 1957.

______. *Da Representação Política*. São Paulo: Saraiva, 1971.

ZIPPELIUS, Reinhold. *Teoria Geral do Estado*, trad. port. Lisboa: Fundação Calouste Gulbenkian, 1974.

3. HISTÓRIA POLÍTICA E DAS IDEIAS POLÍTICAS E AFINS

AMARAL, Diogo Freitas do. *Ciência Política*, I, nova edição, Lisboa, 1994; II, 2. ed. Lisboa, 1991 (policóp.).

______. *História do Pensamento Político Ocidental*. reimp. Coimbra: Almedina, 2012.

ARON, Raymond. *Les Étapes de la Pensée Sociologique*. Paris: Gallimard, 1967. Trad. port. de Miguel Serras Pereira, *As Etapas do Pensamento Sociológico*. s. l: Círculo de Leitores, 1991.

BRONOWSKI, J.; MAZLISCH, Bruce. *The Western Intelectual Tradition*, 1960. Trad. port. de Joaquim João Braga Coelho Rosa, *A tradição intelectual do Ocidente*. Lisboa: Edições 70, 1988.

BURNS, J. H. (ed.). *The Cambridge History of Political Thought. 1450-1700*. Cambridge: Cambridge Univ. Press, 1991.

CALMON, Pedro. *História das Ideias Políticas*. Rio de Janeiro/São Paulo: Livraria Freitas Bastos, 1952.

CHÂTELET, F.; DUHAMEL, O.; PISIER, E. *Dictionnaire des OEuvres Politiques*. Paris: PUF, 1986 (há nova edição).

CHEVALIER, Jean-Jacques. *Histoire de la pensée politique*. nova edição. Paris: Payot, 1993.

______. *Les Grandes Œuvres Politiques de Machiavel à nos Jours*. Paris: Colin, 1986.

COSTON, Henri (dir.). *Dictionnaire de la Politique Française*. Paris: La Librairie Française, 1967.

GETTELL, Raymond G. *História das Ideias Políticas*. Trad. e nota final de Eduardo Salgueiro. Lisboa: Editorial Inquérito, 1936.

GOYARD-FABRE, Simone. *Philosophie Politique, XVIe-XXe siècle.* Paris: PUF, 1987.

LARA, António Sousa. *Da História das Ideias Políticas à Teoria das Ideologias.* 3. ed. Lisboa: Pedro Ferreira, 2000.

MONCADA, Cabral de. *Filosofia do Direito e do Estado*, II v., Coimbra: Coimbra Editora, I, 2. ed. 1953, II, 1966, nova ed. em um único volume, *ibidem*, 1995 (interessa sobretudo a I parte ao nosso presente estudo).

MOSCA. G.; BOUTHOUL, G. *Histoire des Doctrines Politiques.* Paris: Payot. Trad. port. de Marco Aurélio de Moura Matos, *História das Doutrinas Políticas.* 3. ed. Rio de Janeiro: Zahar, 1968.

ORY, Pascal (dir.). *Nouvelle Histoire des Idées Politiques*. Paris: Hachette, 1987.

PISIER, Evelyne *et al. Histoire des Idées Politiques.* Paris: PUF. Trad. port. de Maria Alice Farah Calil Antonio, *História das Ideias Políticas.* Barueri, São Paulo: Manole, 2004.

PRÉLOT, Marcel; LESCUYER, Georges. *Histoire des Idées Politiques.* Paris, Dalloz, 1997. Trad. port. de Regina Louro e António Viana, *História das Ideias Políticas.* Lisboa: Presença, 2000, 2001, 2 v.

RAYNAUD, Philippe; RIALS, Stéphane (dir.). *Dictionnaire de Philosophie Politique.* 3. ed. Paris: PUF, 2003.

RENAUT, Alain (dir.). *Histoire de la Philosophie Politique.* Paris: Calman-Lévy, 1999, trad. port., *História da Filosofia Política.* Lisboa: Instituto Piaget, 2000, 5 v.

SABINE, George. *A History of Political Theory.* Nova Iorque: Holt, Rinehart e Winston, 1937, 20ª reimp. da ed. em língua castelhana, *Historia de la Teoría Política.* México: Fondo de Cultura Económica, 1945.

THEIMER, Walter. *História das Ideias Políticas*, trad. port. Lisboa: Arcádia, 1970.

TOUCHARD, Jean (org.). *História das Ideias Políticas*, trad. port. Lisboa: Europa-América, 1970, 7 v.

TRUYOL SERRA, Antonio. *História da Filosofia do Direito e do Estado*, II v., Lisboa: Instituto de Novas Profissões, I, 1985, II 1990.

VALLANÇON, François. *L'État, le Droit et la Société Modernes.* Paris: Armand Colin, 1998.

4. FILOSOFIA POLÍTICA, FILOSOFIA DO ESTADO E AFINS

CORCUFF, Philippe. *Philosophie Politique.* Paris: Nathan/Her, 2000. Trad. port., de Duarte da Costa Cabral, *Filosofia Política.* Mem Martins: Europa--América, 2003.

CRICK, Bernard. *In Defense of Politics.* 4. ed. Londres: Weinfeld & Nicolson, 1992.

CUNHA, Paulo Ferreira da. *Filosofia Política.* Lisboa: IN-CM, 2010.

______. *Filosofia do Direito e do Estado.* Belo Horizonte: Fórum, 2013.

FERRY, Luc; RENAUT, Alain. *Philosophie Politique.* Paris: PUF, 1984-1985, 3 v.

FREUND, Julien. *L'essence du Politique.* nova edição. Paris: Sirey, 1986.

JOUVENEL, Bertrand de. *Du Pouvoir.* Paris: Hachette, 1972.

LUKES, Steven. *The Curious Enlightenment of Professor Caritat*, Verso, 1995. Trad. port. de Teresa Curvelo, revisão de Manuel Joaquim Viera, *O Curioso Iluminismo do Professor Caritat.* Lisboa: Gradiva, 1996.

PEREIRA MENAUT, Antonio-Carlos. *Política y Derecho. Doce Tesis sobre la Política*, in AA. VV., *Instituições de Direito.* Coimbra: Almedina, 1998, v. I, p. 149-187 (há novas edições).

SAVATER, Fernando. *Política para Amador.* Barcelona: Ariel, 1992. Trad. port. de Miguel Serras Pereira, *Política para um Jovem.* 2. ed. Lisboa: Presença, 1998.

STRAUSS, Leo. *What is Political Philosophy*? Glencoe: The Free Press, 1959.

STEINER, George. *Nostalgia for the Absolute.* 4. ed. cast. de María Tabuyo e Agustín López. Madrid: Siruela, 2001.

TENZER, Nicolas. *Philosophie Politique.* Paris: PUF, 1994.

THOMAS, Geoffey. *Introduction to Political Philosophy.* London: Dockworth, 2000.

TRIGEAUD, Jean-Marc. *Éléments d'une Philosophie Politique.* Bordeaux: Biere, 1993.

WOLFF, Jonathan. *An Introduction to Political Philosophy*, trad. port. de Maria de Fátima St. Aubyn. Lisboa: Gradiva, 2004.

5. SOCIOLOGIA POLÍTICA

BERTRAND, Badie; BIRNBAUM, Pierre. *Sociologie de l'Etat.* Paris: Grasset, 1982.

DUVERGER, Maurice. *Introduction à la Politique*. Paris: Gallimard, 1963. Trad. port. de Mário Delgado, *Introdução à Política*, ed. esp. Lisboa: Estúdios Cor, 1977.

MOREAU, Jacques; DUPUIS, Georges; GEORGEL, Jacques. *Sociologie Politique*. Paris: Cujas, 1966.

GRAWITZ, Madeleine. *Méthode des Sciences Sociales*. 8. ed. Paris: Dalloz, 1990 (há novas edições).

6. DICIONÁRIOS, ENCICLOPÉDIAS, OBRAS DE REFERÊNCIA

BERTI, Enrico; CAMPANINI (dir.). *Dizionario delle Idee Politiche*. Roma: AVE, 1993.

CHÂTELET, F.; DUHAMEL, O.; PISIER, E. *Dictionnaire des OEuvres Politiques*. Paris: PUF, 1986 (há nova edição).

COLAS, Dominique. *Dictionnaire de la Pensée Politique*. Paris: Larousse, 1997.

Enciclopédia Pólis. Enciclopédia Verbo da Sociedade e do Estado. Lisboa/São Paulo: Editorial Verbo, 1983, 5 v.

GRAY, Christopher Berry (ed.). *The Philosophie of Law. An Encyclopedia*. Nova Iorque/Londres: Garland, 1999, 2 v.

MALTEZ, José Adelino. *Tradição e Revolução. Uma Biografia do Portugal Político do Século XIX ao XXI*. Lisboa: Tribuna da História, 2005, 2 v.

MILLER, David *et al.* (eds.). *The Blackwell Encyclopaedia of Political Thought*. Oxford: Basil Blackwell, 1987.

OUTHWAITE, William *et al. Dicionário do Pensamento Social do Século XX*, ed. port. Rio de Janeiro: Zahar/Dinalivro, 1996.

RAYNAUD, Philippe; RIALS, Stéphane (dir.). *Dictionnaire de Philosophie politique*. 3. ed. Paris: PUF, 2003.

SOUSA, José Pedro Galvão de; GARCIA, Clovis Lema; CARVALHO, José Fraga Teixeira de. *Dicionário de Política*. São Paulo: T. A Queiroz Editor, 1998.

7. ALGUNS TEXTOS CLÁSSICOS

AGOSTINHO, Aurélio. *Cidade de Deus*, há edição Fundação Calouste Gulbenkian.

BÍBLIA, I Samuel, I Reis; Mateus, XXII, 15-22; Atos, XXI, 1-26.

CAMUS, Albert. *Os Justos*, há edição port. Livros do Brasil *(da maior parte destes textos há também, por exemplo, versão inglesa, na coleção* Great Books, *da Enciclopédia Britânica).*

LOCKE, John. *Segundo Tratado do Governo Civil* (trad. port. de João Oliveira Carvalho: *Ensaio sobre a verdadeira origem, extensão e fim do governo civil*, Londres, 1833; trad. port. de Fernando Henrique Cardoso e Leôncio Marins Rodrigues, Brasília, Universidade de Brasília, 1982).

MAQUIAVEL, Nicolau. *O Príncipe*, há edição de bolso Europa-América e Guimarães editores.

HOBBES. *Leviathan.*

MARX, Karl/ENGELS, Friedrich. *Manifesto do Partido Comunista*, várias trads. portuguesas.

MONTESQUIEU. *Do Espírito das Leis*, há tradução brasileira Univ. Brasília.

ROUSSEAU. *Do Contrato Social*, há edição de bolso Europa-América.

PLUTARCO. *Vidas de Gregos e Romanos Ilustres*, vidas de Tibério e Caio Graco e destes comparadas...

SHAKESPEARE, *Henrique IV.*

SÓFOCLES, *Antígona*, há edições de bolso Verbo e Inquérito Platão, *A República*, há edição port. Fundação Gulbenkian Aristóteles, *Políticas*, há edição de bolso Europa-América, *Ética(s)a Nicómaco*, há edição port. Quetzal.

STUART MILL, John. *Da Liberdade.*

TÁCITO. *Anais*, Livro I, XIII-XVI.

TOCQUEVILLE, Alexis de. *Da Democracia na América*, máx. I v., introdução, II parte, cap.

TOMÁS DE AQUINO. *Suma Teológica*, “Tratado da Lei” e “Tratado da Justiça”, máx. Ia IIæ, qq. 90-97; IIa IIæ, qq. 57-61, ed. cast. BAC, ed. fr. Cerf, há ed. brasileira.

OBRAS CITADAS

Para além das obras recomendadas nas Bibliografias finais dos capítulos e na Bibliografia Geral, citamos, a propósito, algumas obras, a título de referência, fonte, ou ilustração. Aqui se registam os estudos expressamente referidos ao longo do livro, excluindo, em geral, os que apenas figuram nas Bibliografias. Não se mencionam de seguida trabalhos do autor, nem referências incidentais.

A Consciência Social na Grã-Bretanha, Serviços de Imprensa e Informação da Embaixada Britânica, 1944.

ACOSTA, Alberto. *O Bem Viver. Uma Oportunidade para imaginar outros mundos*. trad. de Tadeu Breda. São Paulo: Autonomia Literária/Elefante, 2016.

ADORNO, Th. W. *Minima Moralia. Reflexionen aus dem beschaedigten Leben*. Berlim/Francoforte: Suhrkamp, ed. 2001 (1. ed. 1951).

ADORNO, Theodor W.; HORKHEIMER, Max. *Dialektik der Aufklärung*. S. Fischer, 1969, trad. ing. de John Cumming, *Dialectic of Enlightenment*. Londres/Nova Iorque: Verso, 1997.

ALMEIDA-DINIZ, Arthur J. *Novos Paradigmas em Direito Internacional Público*. Porto Alegre: SAFE, 1995.

ALTHUSSER, Louis. *Montesquieu, la Politique et l'Histoire*. Paris: PUF, trad. port., *Montesquieu, a Política e a História*. 2. ed. Lisboa: Editorial Presença, 1977.

AMARAL, Diogo Freitas do. *Estado*, in "Pólis. Enciclopédia Verbo da Sociedade e do Estado", v. II, Lisboa/São Paulo: Verbo, 1984, col. 1126 s.

AMARAL, Maria Lúcia. *A Forma da República. Uma Introdução ao Estudo do Direito Constitucional*. Coimbra: Coimbra Editora, 2005.

ANDRADE, José Carlos Vieira de. *Direitos Fundamentais*. 2. ed. Coimbra: Almedina, 2001.

AQUINO, Tomás de. *Summa Theologiae*, trad. fr., *Somme Théologique*. Paris: Cerf, 1984-86, 4 v.

ARISTÓTELES (Aristote). *Ethique à Nicomaque*, tr. fr., 6. tir. Paris: Vrin, 1987.

ARISTÓTELES. *Política.*

ARON, Raymond. *Paix et Guerre entre les Nations.* Paris: Calmann-Lévy 1962, nova ed. 1984.

ASSMANN, J. *State and Religion in the New Kingdom*, in *Religion and Philosophy in Ancient Egypt.* New Haven: Conn., 1989.

BACHOF, Otto. *Normas Constitucionais Inconstitucionais?*, trad. port. Coimbra: Atlântida, 1977.

BAPTISTA, Eduardo Correia. *A Soberania Popular em Direito Constitucional*, in *Perspectivas Constitucionais.* org. de Jorge Miranda, v. I, Coimbra: Coimbra Editora, 1986, p. 481 s.

BARTHES, Roland. *Mythologies.* Paris: Seuil, 1957, ed. port. com prefácio e trad. de José Augusto Seabra. Lisboa: Edições 70, 1978.

BARTHOLOMEW, James. *The Welfare State We're In*, Politico's, 2004.

BEN ACHOUR, Yadh. *Au Service du Droit Démocratique et du Droit Constitutionnel International. Une Cour Constitucionnelle Internationale*, in "Revue du Droit Public et de la Science Politique en France et à l'estranger". Paris: LGDJ, n. 2, 2014, p. 419-443.

BENDA, Julien. *La Trahison des Clercs.* Paris: Grasset, 1927.

BENVENISTE, Emile. *Le Vocabulaire des Institutions Indo-européennes.* Paris: Minuit, 1969, 2 v.

BERTEN, André. *Philosophie Politique*, trad. port. de Márcio Anatole de Souza Romeiro. *Filosofia Política.* São Paulo: Paulus, 2004.

BESSA, António Marques. *Quem Governa? Uma Análise Histórico-política do Tema da Elite.* Lisboa: ISCSP, março de 1993.

BLOCH, Ernst. *Das Prinzip Hoffnung.* Frankfurt: Suhrkamp, 1959.

BLUMENBERG, Hans. *Die Legitimitaet der Neuzeit.* 4. ed. Frankfurt: Suhrkamp, 1976, trad. ingl. de Robert M. Wallace. *The Legitimacy of the Modern Age.* Cambridge Mass/London, 1983.

BOBBIO, Norberto. *L'età dei Diritti*, Einaudi, 1990, trad. port. de Carlos Nelson Coutinho, *A Era dos Direitos.* 4. reimp. Rio de Janeiro: Campus, 1992.

BODIN, Jean. *Les Six Livres de la République* (1576), trad. cast. e estudo preliminar de Pedro Bravo Gala. *Los Seis Libros de la República.* Madrid: Tecnos, 1985.

BOMFIM, Paulo. *Migalhas de...* São Paulo: Migalhas, 2014.

BONAVIDES, Paulo. *Ciência Política.* 4. ed. Rio de Janeiro: Forense, 1978.

______. *Do Estado Liberal ao Estado Social*. 7. ed., 2. tir. São Paulo: Malheiros Editores, 2004.

BOUDON, Raymond. *Le Juste et le Vrai*. Paris: Fayard, 1995.

BRUNNER, Otto. *Sozialgeschichte Europas im Mittelalter*. Goetingen: Vandenhoeck und Ruprecht, 1978, reimp. 1984, trad. cast. de Antonio Sáez Aranze, *Estructura interna de Occidente*. Madrid: Alianza Universidad, 1991, com apresentação e apêndice de Julio A. Pardos.

BURCKARDT, Jacob. *A Civilização do Renascimento Italiano*, trad. port. 2. ed. Lisboa: Editorial Presença, 1983, p. 107 s.

CAMINAL BADIA, Miguel (ed.). *Manual de Ciencia Política*. 2. ed. reimp. Madrid: Tecnos, 2001.

CAMPS, Victoria. *Paradojas del Individualismo*, Crítica, 1993. Trad. port. de Manuel Alberto. *Paradoxos do Individualismo*. Lisboa: Relógio D'Água, 1996.

CANOTILHO, José Joaquim Gomes. *Direito Constitucional e Teoria da Constituição*. Coimbra: Almedina, vv. eds. (citada designadamente a 1. ed., de 1998).

CARVALHO, José Liberato Freire de. *Memórias da Vida de...*. 2. ed. Lisboa: Assírio & Alvim, 1982 (1. ed. 1855).

CASSIRER, Ernest. *The Myth of the State*. Westport: Greenwood Press, reimp., 1983.

Centro de Estudos do Pensamento Político – <http://www.iscsp.utl.pt/~cepp/indexanu.php3>.

CHARDIN, Pierre Theilhard. *Le Phénomène Humain*. Ed. de Paris: Seuil, 1970.

CHÂTELET, François; DUHAMEL, Olivier; PISIER-KOUCHNER, Evelyne. *Histoire des Idées Politiques*. Paris: PUF, 1982. Trad. port. de Carlos Nelson Coutinho. *História das Ideias Políticas*. Rio de Janeiro: Jorge Zahar Editor, 2000.

CHORÃO, João Bigotte. *Repreensão e Louvor a Ramalho*, in *Os Vencidos da Vida*. Ciclo de Conferências promovido pelo Círculo Eça de Queiroz. Lisboa: Círculo Eça de Queiroz, 1989, p. 117 s.

CHORÃO, Mário Bigotte. *Introdução ao Direito, I. O Conceito de Direito*. Coimbra: Almedina, 1989.

______. *Temas Fundamentais de Direito*. Coimbra: Almedina, 1986.

CHRISTIE, Agatha. *An Autobiography.* Trad. port. de Maria Helena Trigueiros, *Autobiografia.* Lisboa: Livros do Brasil, s/d.

CLAUSEWITZ. *Vom Kriege*; sobre as suas trads.: <http://www.clausewitz.com/CWZHOME/ WhichTrans.html>.

COAGUILA VALDIVIA, Jaime Francisco. *La Postmodernidad Light. Crítica sobre las Nociones de Postmodernidad en el Discurso Jurídico Contemporáneo*, in "Revista Telemática de Filosofía del Derecho". <http://www.filosofiayderecho.com/rtfd/nume- ro5/postmodernidad.htm> (16 – VIII– 2002).

CORTESÃO, Jaime. *Os Factores Democráticos na Formação de Portugal.* 4. ed. Lisboa: Livros Horizonte, 1984.

COSTA, José Manuel M. Cardoso da. *O Princípio da Dignidade da Pessoa Humana na Constituição e na Jurisprudência Constitucional Portugueses*, Separata de *Direito Constitucional. Estudos em Homenagem a Manoel Gonçalves Ferreira Filho*, coord. de Sérgio Resende de Barros e Fernando Aurélio Zilveti. São Paulo: Dialética, 1999.

CROSSMAN, R. H. S. *Government and Governed. A History of Political Ideas and Political Practice*, Londres, Chattu & Windus, 1958, trad. cast. de J. A. Fernández de Castro, *Biografía del Estado Moderno.* 4. ed., 2. reimpr. México: Fondo de Cultura Económica, 1994.

D'ORS, Álvaro. "Sobre el No-Estatismo de Roma", in *Ensayos de Teoria Política.* Pamplona: EUNSA, 1973.

______. *Bien Común y Enemigo Público.* Madrid/Barcelona: Marcial Pons, 2002.

______. *Derecho y Sentido Común. Siete Lecciones de Derecho Natural como Límite del Derecho Positivo.* Madrid: Civitas, 1995.

DE JOUVENEL, Bertrand. *Du Pouvoir.* Paris: Hachette, 1972.

DENQUIN, Jean-Marie. *Science Politique.* 4. ed. Paris: PUF, 1992.

DUGUIT, Léon. *Manual de Derecho Constitucional.* Ed. castelhana com um Estudo Preliminar de Jose Luis Monereo Perez e José Calvo González. Granada: Editorial Comares, 2005.

DUMEZIL, Georges. *Mythes et Dieux des Indo-européens.* Paris: Flammarion, 1992.

______. *Les Dieux Souverains des Indo-Européens.* 2. ed. Paris: Gallimard, 1977.

______. *Mythe et Epopée.* Paris: Gallimard, 1971-1973, 3 v.

DURKHEIM, Emile. *Les Règles de la Méthode Sociologique*. Paris: PUF, 1990.

ECO, Umberto. *O Nome da Rosa*. Trad. port. de Maria Celeste Pinto. 5. ed. Lisboa: Difel, 1984.

EDELMAN, Bernard. *La Personne en Danger*. Paris: PUF, 1999.

______. *Le Droit, les "Vraies" Sciences et les "Fausses" Sciences*, in "Archives de Philosophie du Droit", XXXVI. Paris: Sirey, 1991, p. 55 s.

______. *La Personne en Danger*. Paris: PUF, 1999.

ELLUL, Jacques. *Histoire des Institutions*. Paris: PUF, 5 v., 1961-1969.

ENDRES, Josef. *Gemeinwohl heute*, Innsbruck/Viena, 1989.

ENZENSBERGER, Hans Magnus. *Aussichten auf den Buergerkrieg*. Frankfurt: Suhrkampf, 1993. Trad. cast. de M. Faber-Kaiser, *Perspectivas de Guerra Civil*. Barcelona: Anagrama, 1994.

ESPADA, José Carlos. *A Tradição Anglo-Americana da Liberdade*. Cascais: Principia, 2008.

ÉSQUILO (ESCHYLE). *Prometeu Agrilhoado, Agamémnon*, n/ ed. em trad. fr. de Jean EWALD, François. *L'Etat providence*. Paris: Grasset, 1986, p. 11.

FERRY, Luc (e Claude Capelier). *La Plus Belle Histoire de la Philosophie*. Paris: Laffont, 2014.

FISCHER, Louis. *The Life of Lenin*, 1964, trad. port. de Pedro Ferraz e Maurício Queiroz, *A Vida de Lenine*. Rio de Janeiro: Civilização Brasileira, 1967, 2 v.

FONTES, Cecília. *'Le Nozze di Figaro', by Mozart*, in "Fides. Direito e Humanidades", v. II, Porto: Rés, 1992.

FREITAS, Juarez. *A Substancial Inconstitucionalidade de Lei Injusta*. Petrópolis, RJ; Vozes, Porto Alegre, RS: EDIPVCRS, 1989.

FREUND, Julien. *L'essence du Politique*, nova ed. Paris: Sirey, 1986.

FRIEDE, Reis. *Ciência Política e Teoria do Estado*. Rio de Janeiro: Forense, 2002.

FUKUYAMA, Fancis. *The End of History and the last Man*. Trad. port. de Maria Goes, *O Fim da História e o Último Homem*. Lisboa: Gradiva, 1992.

GARCÍA-PELAYO, Manuel. "La Lucha por Roma (sobre las razones de un mito político)", *Los Mitos Políticos*. Madrid: Alianza Editorial, 1981, p. 111 s.

______. *La Constitución Estamental*, in "Revista de Estudios Políticos", v. XXIV, Madrid, 1949, p. 105 s.

GIRARD, René. *Le Bouc Émissaire*. Paris: Grasset, 1982.

______. *Das Choses Cachées Depuis la Fondation du Monde*. Paris: Grasset, 1978.

______. *La Violence et la Sacré*. Paris: Grasset, 1972.

GIRARDET, Raoul. *Mythes et Mythologies Politiques*. Paris: Seuil, 1986.

GOUVEIA, João Velasco. *Iusta Aclamação do Serenissimo Rey de Portugal D. Ioão o IV...*, Lx.: Officina de Lourenço de Anveres, 1644.

GOUVEIA, Jorge Bacelar. *Manual de Direito Constitucional*. Coimbra: Almedina, 2005, v. I.

GRAWITZ, Madeleine. *Méthodes des Sciences Sociales*. 7. ed. Paris: Dalloz, 1986.

Grosjean, ed. Pléiade, in *Tragiques Grecs. Eschyle/Sophocle*. Paris: Gallimard, 1967.

GUILLERMO PORTELA, Jorge. *Breve Análisis de los Valores Jurídicos*, "Cultura Jurídica". México: Tribunal Superior de Justicia del Estado de México, n. 1, 2005, p. 127 s.

HÄBERLE, Peter. *El Estado Constitucional*, estudo introdutório de Diego Valadés, trad. e índices de Héctor Fix-Fierro. México: Universidad Nacional Autónoma de México, 2003.

HALL, John. *States in History*. Trad. port. de Paulo Vaz *et al*. *Os Estados na História*. Rio de Janeiro: Imago, 1992.

HASSEMER, Winfried. *História das Ideias Penais na Alemanha do Pós--Guerra, seguido de A Segurança Pública no Estado de Direito*, trad. port., Lisboa: AAFDL, 1995.

HESPANHA, Pedro *et al*. *Entre o Estado e o Mercado. As fragilidades das Instituições de Protecção Social em Portugal*. Coimbra: Quarteto, 2000.

HEYWOOD, Andrew. *Political Theory. An Introduction*. 2. ed. Houndmills/Nova Iorque, 1999.

HOMERO. *Odisseia*, VIII, 390; ÉSQUILO. *Agamémnon*, V, 369.

ISIDORO DE SEVILLA, *Etimologias*, ed. bilingue preparada por José Oroz Reta e Manuel-A. Marcos Casquero, com introd. geral de Manuel C. Díaz y Díaz, I, 2. ed. Madrid: B.A.C., 1993.

JACOBS, Edgar P., *Le Piège Diabolique*. Bruxelles: Le Editions Blake et Mortimer, 1990, trad. port., *A Armadilha Diabólica*. Lisboa: Meribérica, 1993.

JELLINEK, Georg. *Algemeine Staatslehre*, 1900, trad. cast. *Teoría General del Estado*, nova ed. cast. Buenos Aires: Editorial Albatros, 1978.

JHERING, Rudolf von. *Les Indo-Européens avant l'Histoire*, op. post., trad. de O. de Meulenaere. Paris: A. Maresq, 1995.

JOHNSON, Nevil, *The Limits of Political Science*, Oxford University Press, 1989. Trad. cast. de Julia Moreno San Martín, *Los Límites de la Ciencia Política*. Madrid: Tecnos, 1991.

JOUVENEL, Bertrand de. *Du Pouvoir. Histoire Naturelle de sa Croissance*, nova edição. Paris: Hachette, 1972-1977.

KANTOROWICZ, Ernst, *The Kings Two Bodies. A Study in Mediaeval Political Theology* [1. ed. 1957], trad. fr. de Jean Philippe Genet e Nicole Genet, *Les Deux Corps du Roi. Essai sur la Théologie Politique au Moyen Âge*. Paris: Gallimard, 1989.

KANTOROWICZ, Ernst. *The Kings two Bodies. A Study in Mediaeval Political Theology* [1. ed. 1957], trad. fr. de Jean Philippe Genet e Nicole Genet, *Les Deux Corps du Roi. Essai sur la Théologie Politique au Moyen Âge*. Paris: Gallimard, 1989.

KELSEN, Hans. *Essência e Valor da Democracia*, 1929.

KELSEN, Hans. *General Theory of Law and State*, 1945. trad. port. de Luís Carlos Borges, Teoria Geral do Direito e do Estado, 4. ed. port., São Paulo: Martins Fontes, 2001.

KOSLOWSKI, Peter (org.). *Das Gemeinwohl zwischen Universalismus und Particularismus: zur Theorie des Gemeinswohls und der Gemeinwohlwirkung von Ehescheidung, politischer Sezession und Kirchentrennung*. Stuttgart/Bad Cannstatt, 1999.

KRADER, Lawrence. *Formation of the State*. Nova Jersey: Prentice Hall, 1967. Trad. port. de Regina Lúcia M. Morel. *A Formação do Estado*. Rio de Janeiro: Zahar, 1970.

KUHN, Thomas. *The Structure of Scientific Revolutions*. Chicago: Chicago University Press, 1962, trad. port., *Estrutura das Revoluções Científicas*. São Paulo: Perspectiva, 1978.

LACOSTE, Yves. *La Géographie, ça Sert, d'abord, à Faire la Guerre*. Paris: Maspero, 1976.

LANE, Gilles. *À Quoi bon la Philosophie*. 3. ed. Québec: Bellarmin, 1997.

LATOUR, Sophie Guérard. *La Societé Juste. Égalité et Différence*, trad. port. *A Sociedade Justa, Igualdade e Diferença*. Porto: Porto Editora, 2003.

LECLERCQ, Jacques. *Du Droit Naturel à Ia Sociologie*, trad. port. *Do Direito Natural à Sociologia*. São Paulo: Duas Cidades, s/d.

LEIBHOLZ, Gerhardt. *Conceptos Fundamentales de la Política y de la Teoría de la Constitución*, trad. cast. Madrid: Instituto de Estudios Políticos/Civitas, 1964.

LENOBLE, Jacques/OST, François. *Droit, Mythe et Raison – Essai sur la Derive Mythologique de la Rationalité Juridique*. Bruxelas: Fac. Univ. Saint-Louis, 1980.

LEPENIES, Wolf. *Ascesa e Declinio Degli Intellettuali in Europa*. Roma/Bari: Laterza, 1992. Trad. port. de João Gama. *Ascensão e Declínio dos Intelectuais na Europa*. Lisboa: Edições 70, 1995.

LEWIS, C. S. *The Four Loves*, trad. port., *Os Quatro Amores*. São Paulo: Martins Fontes, 2009.

LINZ, Juan. *El Factor Tiempo en un Cambio de Régimen*. México: Instituto de Estúdios para la Transición Democrática, 1994.

LLOYD-JONES, Hugh. *The Justice of Zeus*, ed. revista. Berkeley, Los Angeles, London: Univ. of California Press, 1983.

LOCKE, John, *Second Treatise of Government* [1690], ed. by C. B. Macpherson, Indianapolis, Hackett, 1987, trad. port. de João Oliveira Carvalho: *Ensaio sobre a Verdadeira Origem, Extensão e Fim do Governo Civil*. Londres, 1833; trad. bras. de Fernando Henrique Cardoso et Leôncio Marins Rodrigues, Brasília: Universidade de Brasília, 1982.

LUHMANN, Niklas. *Legitimation durch Verfaheren*. 2. ed. Neuwid, 1975, trad. port. *Legitimação pelo Procedimento*. Brasília: Ed. Univ. Brasília, 1980.

LUKES, Steven. *O Curioso Iluminismo do Professor Caritat*. Trad. port. de Teresa Curvelo. Lisboa: Gradiva, 1996.

LYON-CAEN, Gérard. "Informe de Síntesis", in *Crisis del Estado de Bienestar y Derecho Social*, ed. de Antonio Marzal. Barcelona: J. M. Bosch Edit/ESADE, Facultad de Derecho, 1997.

MACEDO, Jorge Borges de. *Absolutismo*, in "Dicionário de História de Portugal", dir. de Joel Serrão. Lisboa: Iniciativas Editoriais, 1963, v. I, p. 8-14.

MALHO, Levi. *O Deserto da Filosofia*. Porto: Rés, 1987.

MALLORY, J. P. *In Search of the Indo-Europeans*, reimp. Londres: Thames & Hudson, 2003.

MALTEZ, José Adelino. *A Procura da Ciência Política*, relatório de Agregação no ISCSP, 1997. <http://maltez.home.sapo.pt/.>.

______. *Princípios de Ciência Política*. Lisboa: ISCP, 1996.

MAN, Paul de. *The Resistance to Theory*. Trad. port. de Teresa Louro Pérez, *A resistência à teoria*. Lisboa: Edições 70, 1989.

MAQUIAVEL, Nicolau. *O Príncipe*. Trad. port. de Carlos Eduardo de Soveral. Lisboa: Guimarães, 1984.

MARÍAS, Javier. *Todas las Almas*. Trad. port. de Salvato Telles de Menezes, com Prefácio de António Lobo Antunes, *Todas as Almas*. Lisboa: Dom Quixote, 2002.

MARQUES, Fernando Pereira. *Introdução aos Estudos dos Partidos Políticos e Sistemas Eleitorais*. Lisboa: Âncora, 2016.

MARTÍNEZ, Vinício C. *Estado do Bem Estar Social ou Estado Social*? Teresina, "Jus Navigandi", ano 9, n. 656, 24 abr. 2005. Disponível em: <http://jus2.uol.com.br/doutrina/texto.asp?id=6623>. Acesso em: 21 abr. 2006.

MARTINS, Ives Gandra da Silva. *Uma Breve Teoria do Poder*. 2. ed., revista e ampliada. São Paulo: Revista dos Tribunais, 2011.

MARTINS, Oliveira. *História da Civilização Ibérica*. 12. ed. Lisboa: Guimarães Editores, 1994.

MARTINS, Oliveira. *História de Portugal*. Lisboa: Europa-América, s/d.

MENAUT, Antonio-Carlos Pereira. *El Ejemplo Constitucional de Inglaterra*. Madrid: Universidad Complutense, 1992.

MERÊA, Paulo. *Introdução ao Problema do Feudalismo em Portugal*. Coimbra, 1912.

MIRANDA, Jorge. *Constituição. Direito Constitucional*, in "Pólis", v. I, Lisboa/São Paulo: Verbo, 1983, col. 1156 s.

______. *Manual de Direito Constitucional*, vv. vols, vv. Eds., Coimbra, Coimbra Editora.

______. *Teoria do Estado e da Constituição*. Coimbra: Coimbra Editora, 2002.

MONTESQUIEU. *De l'Esprit des Lois*, n/ ed. in *Oeuvres Complètes*. Paris: Seuil, 1964, p. 527 s.

MONTORO BALLESTEROS, Alberto. *Razones y Limites de la Legitimación Democrática del Derecho*. Murcia: Universidad de Murcia, 1979.

MOREIRA, Adriano. *Nação*, in "Pólis. Enciclopédia Verbo da Sociedade e do Estado". Lisboa/São Paulo: Verbo, v. IV, 1986, cols. 492-503.

______. *Teoria das Relações Internacionais*. 8. ed. Coimbra: Almedina, 2014.

MOREIRA, Adriano. *Nação*, in *Enciclopédia Pólis*. Lisboa/São Paulo: Verbo, v. IV, 1986, col. 493 s.

MUCCHIELLI, Roger. *Le Mythe de la Cité Idéale*. Brionne: Gérard Monfort, 1960. (reimp. Paris: PUF, 1980).

MYRDALL, Gunnar. *A Objectividade nas Ciências Sociais*, trad. port. Lisboa: Assírio & Alvim, 1976.

______. *The Political Element in the Development of Economic Theory*. 3. ed. Londres: Routledge & Kegan Paul, 1961.

NABAIS, José Casalta. *Algumas Reflexões Críticas sobre os Direitos Fundamentais*, Separata do volume comemorativo "Ab Uno ad Omnes – 75 anos da Coimbra Editora", s.d., máx. p. 268 ss.

NEVES, Fernando dos Santos. *Introdução ao Pensamento Contemporâneo. Razões e Finalidades*. Lisboa: Edições Universitárias Lusófonas, 1997.

NIETZSCHE, Friedrich. *Also Sprach Zarathustra*.

NORONHA, Miguel NORONHA. *As Agruras do Estado Social*, in "Causa Liberal", <http://www.causaliberal.net/documentosMN/TWSWI.htm>.

NOVAES, Adauto (org.). *A Crise do Estado-Nação*. Rio de Janeiro: Civilização Brasileira, 2003.

O'NEILL, Alexandre. "Idiotia e Felicidade", in *Uma Coisa em Forma de Assim*. Lisboa: Assírio & Alvim, 2004, p. 189 s.

ORTEGA Y GASSETT Jose. *História como Sistema. Mirabeau ou o Político*, trad. port., Brasília: Ed. Univ. Brasília, 1982.

OTTONELLO, Pier Paolo. *La Barbarie Civilizzata*. Génova: Arcipelago, 1993.

PASCOAES, Teixeira de. *Arte de Ser Português*, nova ed. com prefácio de Miguel Esteves Cardoso. Lisboa: Assírio & Alvim, 1991.

PEREIRA MENAUT, Antonio-Carlos. *El Ejemplo Constitucional de Inglaterra*. Madrid: Universidad Complutense, 1992.

PEREIRA, Miguel Serras. *Exercícios de Cidadania*, Lisboa: Fim de Século, 1999.

PEREIRA, Miguel Serras. *Exercícios de Cidadania*, Lisboa: Fim de Século, 2007, p. 45.

PIÇARRA, Nuno. *A Separação dos Poderes como Doutrina e Princípio Constitucional*. Coimbra Editora: Coimbra, 1989.

PIEPER, Josef. *Offenheit fuer das Ganze – die Chance der Universitaet*, trad. bras. de Luiz Jean Lauand e Gilda N. Maciel de Barros. *Abertura para o Todo: A Chance da Universidade*. São Paulo: APEL, 1989.

PINA, Manuel António. *Os Livros*. Lisboa: Assírio & Alvim, 2003.

PIRES, Francisco Lucas. *Introdução à Ciência Política*. Porto: Universidade Católica, 1998.

POCOCK, John G. A. *Linguagens do Ideário Político*, org. de Sérgio Miceli, trad. port. de Fábio Fernandez. São Paulo: Editora da Universidade de São Paulo, 2003.

PUHVEL, J. (ed.). *Myth and Law Among the Indo-Europeans*. Berkeley-Los Angeles/London, 1970.

QUEIRÓ, Afonso Rodrigues. *Os Fins do Estado (Um Problema de Filosofia Política)*, Suplemento ao v. XV do "Boletim da Faculdade de Direito". Coimbra: Universidade de Coimbra, 1939, p. 1 a 72.

QUEIROZ, Cristina. *Direitos Fundamentais (Teoria Geral)*. Coimbra: Coimbra Editora/Faculdade de Direito da Universidade do Porto, 2002.

______. *O Princípio da Não Reversibilidade dos Direitos Fundamentais Sociais. Princípios Dogmáticos e Prática Jurisprudencial*. Coimbra: Coimbra Editora, 2006; *Idem*. *Direitos Fundamentais Sociais*. Coimbra: Coimbra Editora, 2006, p. 101 s.

QUENTAL, Antero de. *Causas da Decadência dos Povos Peninsulares*. 6. ed. Lisboa: Ulmeiro, 1994.

RAMAUX, Christophe. *L'Etat Social: Une Révolution qui n'as pas sa Théorie*. Actes de l'Université d'été, ed. Mille et une nuits, 2004.

RAMIRO AVILÉS, Miguel Ángel. *Utopía y Derecho*. Madrid/Barcelona: Marcial Pons, 2002.

RÉGIO, José. "Cântico Negro", in *Poemas de Deus e do Diabo*, 1925.

RODRIGUES, Nelson. "Assim é um Líder", in *O óbvio Ululante. Primeiras Confissões*. 8. reimp. São Paulo: Companhia das Letras, 2002, p. 90 s.

ROGEIRO, Nuno. *Política*. 3. ed., s/l, Quimera, 2002.

ROMERO, Jose Luis. *Estudio de la Mentalidad Burguesa*. Madrid: Alianza Editorial, 1987.

ROSANVALLON, Pierre. *La crise de l'Etat Providence*. Paris: Seuil, 1981.

ROSEN, Michael & Wolff, Jonathan (eds.). *Political Thought*. Oxford: Oxford University Press, 1999.

ROUSSEAU, Jean Jacques. *Du Contrat Social* (n/ed. in *Oeuvres Complètes*. Paris: Seuil, 1971, 3 vols).

RUSSELL, Bertrand. *In Praise of Idleness*. Trad. port. de Luiz Ribeiro de Sena, O *Elogio do Lazer*. São Paulo: Companhia Editora Nacional, 1957.

SALDANHA, Nelson. *Da Teologia à Metodologia. Secularização e Crise no Pensamento Jurídico*. Belo Horizonte: Del Rey, 1993.

______. *O Conceito de Nação e a Imagem do Brasil*, "revista brasileira", fase VII, Janeiro-Fevereiro-Março 2006, ano XII, n. 46, p. 215 s.

SANTOS, Delfim. "O Normativo e o Humano", in *Obras Completas*. Lisboa: Fundação Calouste Gulbenkian, 1982, v. I, p. 367 s.

SARTRE, Jean-Paul. *Les Mains Sales* (*v.g.* in ed. de bolso, com trad. port. de António Coimbra Martins, *As Mãos Sujas*. Lisboa: Europa-América, 1972).

SÉRGIO, António. *Cartas de Problemática*, Carta n. 4, Lisboa, 1952.

______. *Diálogos de Doutrina Democrática*, e *Democracia* in *Democracia*. Lisboa: Livraria Sá da Costa, 1974.

______. *Democracia*. Lisboa: Sá da Costa, 1974, p. 89.

______. *Diálogos de Doutrina Democrática*, in *Democracia*. Lisboa: Livraria Sá da Costa, 1974.

SHENANN, J. V. *The Origins of the Modern European State (1450-1725)*, trad. it., *Le Origini dello Stato Moderno in Europa*. Bolonha, 1991.

SILVA, Agostinho da Silva. *Ir à Índia sem Abandonar Portugal*. Lisboa: Assírio & Alvim, 1994.

SILVA, Lúcio Craveiro da. *Ensaios de Filosofia e Cultura Portuguesa*. Braga: Faculdade de Filosofia, 1994.

SOARES, Rogério Ehrhardt. *Constituição. Política*, in Enciclopédia Pólis, v. I, Lisboa/São Paulo: Verbo, 1983, col. 1164 s.

______. *Direito Público e Sociedade Técnica*. Coimbra: Atlântida, 1969.

______. *Interesse Público, Legalidade e Mérito*. Coimbra: Atlântida, 1959.

______. *O Conceito Ocidental de Constituição*, in "Revista de Legislação e Jurisprudência", Coimbra, ns. 3743-3744, p. 36 s.; p. 69 s., 1986.

______. *Direito Constitucional: Introdução, O Ser e a Ordenação Jurídica do Estado*, in *Instituições de Direito*, coord. de Paulo Ferreira da Cunha, Coimbra, Almedina, 1998 e 2000, 2 v.

______. *Direito Público e Sociedade Técnica*. Coimbra: Atlântida, 1969.

SOARES, Torquato de Sousa. *Feudalismo em Portugal, in Dicionário de História de Portugal*, dir. de Joel Serrão. ed. Porto: Figueirinhas, 1981, v. II, p. 572 s.

SÓFOCLES. *Édipo Rei*, trad. fr. de Jean Grosjean, ed. Pléiade, in *Tragiques Grecs. Eschyle/ Sophocle*. Paris: Gallimard, 1967.

SOMBART, Werner. *Le Bourgeois*, trad. fr., Paris: Payot, 1966.

SOUSA, José Pedro Galvão de; GARCIA, Clovis Lema; CARVALHO, José Fraga Teixeira de. *Dicionário de Política*. São Paulo: T. A. Queiroz Editor, 1998.

SOUSA, José Pedro Galvão de. *Da Representação Política*. São Paulo: Saraiva, 1971.

______. *Política e Teoria do Estado*. São Paulo: Saraiva, 1957.

______. *O Totalitarismo nas Origens da Moderna Teoria do Estado*. s.e. São Paulo, 1972.

______. *Política e Teoria do Estado*. São Paulo: Saraiva, 1957.

SOUSA, Marcelo Rebelo de. *Ciência Política. Conteúdos e Métodos*. Coimbra: Coimbra Editora, 1989.

STIRK, Peter M. R.; WEIGALL, David. *An Introduction to Political Ideas*. Londres: Pinter, 1995.

STRAYER, Joseph R. *On the Medieval Origins of the Modern State*. Princeton University Press, trad. port., *As Origens Medievais do Estado Moderno*. Lisboa: Gradiva, s/d.

SUN TZU. *A Arte da Guerra*. Trad. inglesa: <http://www.clas.ufl.edu/users/gthursby/taoism/suntzu.htm>.

TARDE, Gabriel de. *Les Lois de L'imitation*. Paris, 1895, trad. port. *As Leis da Imitação*. Porto: Rés, s/d.

TEIXEIRA, António Braz. *Breve Tratado da Razão Jurídica*. Lisboa: Zéfiro, 2012.

______. *Sentido e Valor do Direito. Introdução à Filosofia Jurídica*. 2. ed. Lisboa: Imprensa Nacional-Casa da Moeda, 2000.

TIGAR, Michael E.; LEVY, Madeleine R. *Law and Rise of Capitalism*. Trad. port. de Ruy Jungmann. *O Direito e a Ascensão do Capitalismo*. Rio de Janeiro: Zahar Editores, 1978.

TOCQUEVILLE, Alexis de. *De la Démocratie en Amérique*. Paris: Garnier Flammarion, 1981, 2 v.

TORRES DEL MORAL, Antonio. *Introducción al Derecho Constitucional*. Madrid: Universidad Complutense, 1996.

TOURNIER, Michel Tournier. *Vendredi ou les Limbes du Pacifique*. Paris: Gallimard, 1967.

TRIGEAUD, Jean-Marc. *La Théorie du Droit face Aux Savoirs de Substitution*, in "Persona y Derecho", v. 32, 1995, p. 23 s.

VALLANÇON, François. *L'Etat ou l'Odyssée*, in "EYDIKIA": Atenas, 1991, n. 1, p. 73 s., trad. port. de Clara Calheiros, recolhida in CUNHA, Paulo Ferreira da (org.). *Teoria do Estado Contemporâneo*. Lisboa/São Paulo: Verbo, 2003.

VIEGAS, Francisco José. *A Televisão da Canalha*, in "Jornal de Notícias", 23-1-2003.

VIEIRA, Óscar Vilhena (colaboração de Flávia Scabin). *Direitos Fundamentais. Uma Leitura da Jurisprudência do STF*. São Paulo: Malheiros Editores, 2006.

VILLEY, Michael. *Théologie et Droit Dans la Science Politique de l'Etat Moderne*. Rome: École Française de Rome, 1991.

______. *Le Droit et les Droits de l'Homme*. PUF: Paris, 1983.

______. *Polémique sur les 'Droits de l'Homme*, in "Études Philosophiques", n. 2, 1986, p. 191 s.

______. *Réflexions sur la Philosophie et le Droit. Les Carnets*. Paris: PUF, 1995 (póstumo).

WEBER, Max. *O Político e o Cientista*. 2. ed. port. com introdução de Herbert Marcuse. Trad. de Carlos Grifo. Lisboa: Presença, 1973.

______. *Wirtschaft und Gesellschaft. Grundgriss des verstehenden Soziologie*, trad. ingl., *Economy and Society*, Berkeley *et al.*: University of California Press, 1978, 2 v.

______. *Wissenschaft als Beruf*. Trad. port. de Paulo Osório de Castro, estudo introdutório de Rafael Gonçalo Gomes Filipe. *A Ciência como Profissão*. Lisboa: EUL, 2002.

WOLKMER, Antonio Carlos. Pluralismo jurídico, direitos humanos e interculturalidade. *Sequência*, ano XXVI, dezembro de 2006, p. 113-128.